A Brief History of the
Song
Dynasty

灵犀 著

赵宋王朝
双城记

江苏凤凰文艺出版社

图书在版编目（CIP）数据

赵宋王朝双城记 / 灵犀著. —南京：江苏凤凰文艺出版社，2020.5
ISBN 978-7-5594-4747-0

Ⅰ.①赵… Ⅱ.①灵… Ⅲ.①中国历史—宋代—通俗读物 Ⅳ.①K244.09

中国版本图书馆 CIP 数据核字（2020）第 057220 号

赵宋王朝双城记

灵　犀　著

出 版 人	张在健
责任编辑	高竹君　傅一岑
特约编辑	钟小萌
装帧设计	马海云
责任印制	刘　巍
出版发行	江苏凤凰文艺出版社
	南京市中央路 165 号，邮编：210009
网　　址	http://www.jswenyi.com
印　　刷	江苏扬中印刷有限公司
开　　本	652 毫米×960 毫米　1/16
印　　张	18
字　　数	210 千字
版　　次	2020 年 5 月第 1 版　2021 年 3 月第 2 次印刷
书　　号	ISBN 978-7-5594-4747-0
定　　价	37.00 元

江苏凤凰文艺版图书凡印刷、装订错误可随时向承印厂调换

目　录
CONTENTS

序·文莫盛于宋 / 001

第一章　建国：千秋疑案陈桥驿，一着皇袍遂罢兵

第一节　大唐的最后一缕残阳 / 003

第二节　两只黄雀在身后 / 009

第三节　五代十国的爱恨情仇 / 014

第四节　黄袍加身陈桥驿 / 020

【五代简表】/ 026

【赵匡胤小档案】/ 026

第二章　勃兴：未离海底千山黑，才到天中万国明

第一节　皇帝是怎样炼成的 / 031

第二节　最著名的酒局 / 037

第三节　偃武而不兴文 / 043

第四节　卧榻之侧，岂容他人鼾睡 / 048

【乾德二年(964年)后的中央官制简表】/ 054

第三章　统一：承平无事上元节，丝竹歌声更互发

第一节　"烛影斧声"之谜 / 057

第二节　会升级换代的金匮之盟 / 062

001

第三节　驴车逃命，刻不容缓 / 068
第四节　文治天下自我始 / 074
【赵炅小档案】/ 081
【十国简表】/ 082

第四章　治世：富家不用买良田，书中自有千钟粟

第一节　花钱买来的和平 / 085
第二节　这个真宗不太"真" / 091
第三节　宋仁宗"身前的女人" / 098
第四节　辽、宋、夏三国鼎立 / 104
【赵恒小档案】/ 109
【赵祯小档案】/ 109

第五章　变革：不畏浮云遮望眼，自缘身在最高层

第一节　千嶂里，长烟落日孤城闭 / 113
第二节　苏学士的迷弟来了 / 119
第三节　拗相公拗不过保守派 / 126
第四节　西北望，射天狼 / 132
【赵曙小档案】/ 137
【赵顼小档案】/ 138

第六章　国耻：甘心万里为降虏，故国悲凉玉殿秋

第一节　叛逆少年的逆袭路 / 141
第二节　千里江山，糟糕臣子 / 146
第三节　谁是"海上之盟"的赢家 / 152

第四节　靖康之耻恨千年 / 158

【赵煦小档案】/ 165

【赵佶小档案】/ 165

【赵桓小档案】/ 166

第七章　偏安：遗民泪尽胡尘里，南望王师又一年

第一节　"漏网之鱼"和"断头将军" / 169

第二节　过河！过河！过河！ / 174

第三节　惶惶如丧家之犬 / 179

第四节　包围川陕的英雄们 / 186

【赵构小档案】/ 192

第八章　空怀：三十功名尘与土，八千里路云和月

第一节　青山有幸埋忠骨 / 197

第二节　文臣领兵，亦有采石之胜 / 203

第三节　南宋最靠谱的皇帝 / 209

第四节　"隆兴和议"与"乾淳之治" / 214

【赵昚小档案】/ 220

第九章　内患：祖宗神灵飞上天，可怜九庙成焦土

第一节　不作不死的李皇后 / 223

第二节　如今正如客人卖伞，不油里面 / 228

第三节　史弥远有个牵线木偶 / 234

第四节　不见九州同，谁揾英雄泪 / 239

【赵惇小档案】/ 245

003

【赵扩小档案】/ 245

【赵昀小档案】/ 246

第十章　终局：山河破碎风飘絮，身世浮沉雨打萍

第一节　宋、金、蒙的新局面 / 249

第二节　丧钟因谁敲响 / 254

第三节　从钓鱼城大战，到襄樊之困 / 257

第四节　留取丹心照汗青 / 264

【赵禥小档案】/ 271

【赵㬎小档案】/ 272

【赵昰小档案】/ 272

【赵昺小档案】/ 272

跋·相看只有山如旧 / 275

序·文莫盛于宋

莱布尼茨曾说:"世界上没有两片完全相同的叶子,也没有性格完全相同的人。"这句话同样适用于中国历史上出现过的朝代。

有一个朝代是这样的。

它以科技文化的兴盛而著称。明人宋濂说:"自秦以下,文莫盛于宋。"史家陈寅恪也认为:"华夏民族之文化,历数千载之演进,造极于赵宋之世。"

这是一个偃武兴文的时代。在其三百一十九年的统治时期内,文人的地位得到了空前的提高,庙堂之上者,"满朝朱紫贵,尽是读书人";载入史册者,"诸儒相望,有出汉唐之上者"。因为种种原因,除晚明之外,古代中国再也不曾显现出这样的气象。

这样一个时代,出现过二程、朱熹这样的理学大师;涌现过欧阳修、苏轼、辛弃疾、陆游这样的文坛才俊;浮现出黄庭坚、米芾、蔡襄这样的书法大家。

不仅如此,范仲淹、王安石的改革探索,显现了这个时代的锐意风发;沈括、苏颂的通才博学,显露了这个时代的科技经验主义;活字印刷术、《武经总要》、复闸的运河船闸、依靠人力发动的桨轮船、不断革新的冶金术、实用性的磁化技术、利用风力的风磨,都显证了这个时代的突飞猛进。

正如英国学者李约瑟在《中国科学技术史》中所言:"每当人们在中国的文献中查找一种具体的科技史料时,往往会发现它的焦点在宋代,不管在应用科学方面或纯粹科学方面都是如此。"

为了选拔官员,宋朝的统治者们改革了科举制度,给予寒素学子鲤跃龙门的可能;为了繁荣文化,宋朝的统治者们倡导文治天下,诗、词、散文、话本小说、戏曲剧本、文人笔记全面开花,异彩纷呈;为了接续文脉,宋朝的统治者们格外重视史学发展,官方修史机构数量奇多,《资治通鉴》《通鉴纪事本末》《旧五代史》《新五代史》《册府元龟》,部部都是史学史上的佳构。"宋贤史学,古今罕匹",此言得之。

宋人也是很会玩的。

且不说,发展到成熟阶段的山水画,出现了六个瓷窑系的瓷器业,层出不穷的地方志,单说以茶文化、玉文化和娱乐业为代表的市民生活,都无一不充溢着小资情结,无一不充盈着幸福气息。

然而,就是在这种"鸡唱三声天欲明,安排饭碗与茶瓶"的闲情逸趣里,在这种"杨柳岸,晓风残月"的浅斟低唱里,宋朝这个时代却也走上了日薄西山的不归路。

人们习惯用"积贫积弱""屡战屡败"这样的字眼来给宋朝下定义,然而我们也应该记得,它曾独占了世界一半以上的经济总量,对人类社会的发展做出了杰出的贡献。

"山河破碎风飘絮,身世浮沉雨打萍",在文天祥的涕泪悲歌中,这个时代画上了它的句点,而这个文化空前繁荣的时代,却依然在历史的星空里熠熠生光。

第一章

建国：
千秋疑案陈桥驿，
一着皇袍遂罢兵

九年之后的正月初三日,赵匡胤成了升级版的郭威,就在开封城东二十千米外的陈桥驿,摇身一变,成了北宋的皇帝。"千秋疑案陈桥驿,一着皇袍遂罢兵",在清人查慎行的诗句里,陈桥兵变是一桩疑案,罢兵也意味着这是一场不流血的兵变。

第一节　大唐的最后一缕残阳

如果只能给宋朝一个标签,我想,大多数人脑中都会蹦出"积弱积贫"这四个字来。然而,古今历史从来不可割裂地看,要想知道两宋之时"偃武兴文"的深层原因,至少得从大唐季世说起。

"向晚意不适,驱车登古原。夕阳无限好,只是近黄昏。"这是晚唐诗人李商隐的一首《登乐游原》。乐游原作为唐人的旅游胜地,时常见诸迁客骚人的笔端,印鉴着他们的悲欢喜怒,铭录着时代的风霜雨雪。

应该说,自从公元 618 年李渊建唐以来,这个中国历史上最鼎盛的王朝,便一直为数以万计的诗歌所摹画和预言,纵它彻底消亡也未曾走远。

在会昌四年(844 年)左右,李商隐退居太原,往来于居地与京师之间,在途经乐游原时,写下了这首传世佳作。后人评价说,诗人"盖为武宗忧也"。

原来,开创了"会昌中兴"局面的唐武宗李炎,虽不失为晚唐一明君,大有"夕阳无限好"的温暖辉芒,但他也因耽迷于炼丹服药,而自损其体。为此,李商隐不免忧心忡忡。

要知道,太宗、宪宗、穆宗、敬宗之死,皆少不了仙丹妙药的"助力"。于是乎,在诗人的眼里,颓然欲坠的夕照,似极了回光返照的大唐帝国。故而,由他之口吐出的词句,便是一种时代没落之伤,家国沉沦之痛。

果然,会昌六年(846 年)时,武宗又一次重蹈了前辈们的命运。王夫之曾评价道:"武宗不夭,德裕不窜,唐其可以复兴乎!"仔细思来,此说未免有些一厢情愿的意思。

因为,一个疆域辽阔、国力强盛的朝代,之所以从"如日中天"的盛况走向了"只是近黄昏"的晚景,原因何其多也,这不是一两个杰出的帝王能臣——何况唐武宗的个人才能也比较有限——所能挽回的。

简单说来,唐朝的灭亡,有宦官专权、藩镇割据和朋党之争这三个主要原因。

因为影视剧的渲染,东汉和明朝的宦官形象极为突出,但事实上,唐朝的宦官才是最嘚瑟的,他们的权力甚至大到可以废杀皇帝、罢黜宰臣、干预国策的地步。

就拿明武宗朱厚照时代的刘瑾来说吧。这位炙手可热、私财万贯的宦官,虽然也时常鱼肉百姓、为非作歹,但在其专政之时,也曾针对当时的弊政,推行过一些差强人意的新法。可是,当"坐皇帝"不需要他的时候,"立皇帝"的结局就非常凄惨了。凌迟,是一个听着就让人胆寒的词儿。

而唐朝呢?进行过"永贞革新"的唐顺宗李诵,是为宦官所害的(一说正常死亡);好为神仙之术的唐宪宗李纯,是被宦官陈弘志和王守澄毒死的;沉迷蹴鞠的唐敬宗李湛,是因宦官刘克明而死的;在"甘露之变"中落败的唐文宗李昂,是受宦官软禁而郁郁终老的。

自打唐德宗李适时起,禁军大权便落入了宦官手中。皇帝们不是没想过削弱宦官的势力,但打不死的小强们却越活越滋润,什么"二王八司马",什么"甘露之变",在他们看来,不过是胳肢窝里藏虱子,挠挠就好的事。

不过,所谓"恶人自有恶人磨",一路走高的宦官势力,最后将终结于后梁的建立者朱温,此间详情容后再表。

再来说说藩镇割据。

出于保卫边疆的考虑，唐睿宗李旦在景云年间设置了藩镇，受节度使管制。后来，被"安史之乱"刺激得紧张兮兮的皇帝们，又设置了更多的藩镇——"河北三镇"卢龙、成德、魏博最为出名——来拱卫中央政权，但没承想，野心这块海绵，一旦蘸上权势的水滴，便会逐渐膨胀变异。

因为掌握着地方行政大权和兵权，节度使们一天天地坐大了势力，割据一方，成为拥兵自重的"土皇帝"。他们可以将节度使一职传给子侄或是部将，完全无视御座上的天子。

光是把正宗的皇帝当透明人也就罢了，"土皇帝"们为了争夺人口和土地——这都是税源啊——就跟热血沸腾的斗鸡似的，没过过几天消停的日子。百姓自然也跟着遭了大殃。

根据《旧唐书》的记载，到了唐宪宗元和年间，境内的四十八座藩镇大多各自为政，除了最重要的几个藩镇以外，中央对地方的控制力简直无从说起。

只是，很多问题都得辩证地看，换个角度也可以说，正是由于节度使们能从这"各自为政"中捞到不少好处，反而变相地给毫无向心力的唐王朝续了命。毕竟，短期内谁也没有必要把皇帝拉下马来，打破这种怪异的平衡。

然而，积弊甚重的唐王朝，总有一天会迎来它的掘墓人。

末了，咱们来说说朋党之争。

在唐朝，做官的途径主要有二：一是受荫入仕，二是参加科举。两类入仕者之间，因着出身条件、政治地位和个人情趣的不同，难免产生种种摩擦。一边是贵族子弟们以阀阅自矜，高高在上地藐视"土包子"们；一边是寒门学子们以才华自傲，唾沫横飞地吐槽"花架子"们。

思想相近的人，容易结成党派，这种情况在唐代科举做官者中尤为明显。因为,自从他们参加科考开始,便和"座主""同年"有了亲密接触。作为座主的门生,同年或不同年的士子们彼此之间关系密切,互为援臂。一旦跨进了这些小圈子,他们便不是一个人在战斗。

说起唐朝的朋党之争,最有名的非"牛李党争"莫属。党争始于长庆年间(821—824年),截至大中之年(849—860年),一度让皇帝尴尬为难,却又无可奈何。权德舆的门生牛僧孺、李宗闵、杨嗣复等,被称作"牛党",而"李党"则以李德裕、郑覃这样的士族子弟为核心。

当双方的政治主张,带有明显的门户之见时,无论是科举的改革、藩镇的存留、佛教的废兴,还是冗吏的裁减等诸多问题,都能点燃党争的火苗,喷发灼人的火焰。

抒写季世之哀的李商隐,便是被党争之火烧得遍体鳞伤的一个典型代表。

说到这里,咱们还得说唐诗,还得说诗人。

当大唐的最后一缕残阳匿迹之时,一首《不第后赋菊》已经"刷爆"了唐人的"朋友圈"。"待到秋来九月八,我花开后百花杀。冲天香阵透长安,满城尽带黄金甲。"此等豪言壮语,在它的主人落榜之时,听来只是个笑话。然而,在广明元年(880年)十一月间,人们却不能不为之纷纷点赞。

想不到啊,当年那个在进士科中灰头土脸的人,如今已带着他的义军杀进了长安!这个人,便是唐末农民起义的领袖人物——黄巢。

人们常说,历史往往是被一些小人物所改变的。比如,因名落孙山而悲怒交加的盐贩子黄巢;再比如,因丢失公文而失业无据的驿卒李自成。但其实,纵使黄巢榜上有名,纵使李自成一路高升,也不代表他们所在的时空,不会有另一个"黄巢"和"李自成",因为,连根部都腐烂了的参天大树,即便不死于霹雳雷火,也会死于蛇虫鼠蚁。

在唐武宗之后,唐宣宗李忱、唐懿宗李漼和唐僖宗李儇先后当国。天祐四年(907年),苟延残喘的唐王朝,终于撒手而去。距离黄巢杀进长安的时间,不过二十七年。

唐僖宗乾符元年(874年),水旱灾接连不断,靠天吃饭的人民本就苦不堪言,偏偏还生在了"用兵不息,赋敛愈急"的时代,一时间,"百姓流殍,无处控诉",胸中积愤已久。

私盐贩子王仙芝和尚让等人聚众而起,攻陷了濮州、曹州等地,王又自称"天补平均大将军",兼"海内诸豪都统"。义军号称"草军",听来不太威风,不知是否有"野火烧不尽"之意。

不过,这支草军的声势渐渐大了起来,吸引了黄巢等人的目光。有了推翻朽唐的共同目标,两个私盐贩子不仅不是冤家,还大有相见恨晚之感。黄巢果断地带着族中的老少爷们,一起抱住了王仙芝的大腿。

当然,只抱大腿不干活是不可以的,在已达万人规模的义军队伍里,拥有出色作战能力的黄巢,绝对称得上是一把好手。他们采用流动战术,转战于黄河、淮河流域,多有胜绩。义军声势浩大,朝廷当然格外重视,淮南、忠武、宣武、义成、天平军节度使,很快收到了剿匪的诏令。

其中,平卢淄青节度使宋威,当上了诸道行营招讨草贼使。到了乾符三年(876年),在沂州城下,宋威大败草军,谎报黄巢已死的军情,便遣散了诸道兵马(可能是担心"兔死狗烹")。其后,王、黄二人的势力死灰复燃,旋即攻占了阳翟、郏城等八县。

接下来,在汝州之战中,官军几乎被屠灭殆尽。一夕之间,东都大震,百官逃窜。

镇压这招行不通,那就招抚吧。等到草军出入蕲州、黄州之时,蕲州刺史裴渥便有意为王仙芝上表求官。

打了几年仗,王仙芝也有些累,心说,歇下来谈一谈也行。抱着这个想法,他便带着黄巢一同赴宴,但没想到,他们的关系会因为这次宴席产生巨变。

众所周知,黄巢对于王仙芝打算接受"左神策军押牙兼监察御史"一职的事情极为唾弃,便忍不住拿拳头捶了王的脑袋。而后,黄巢与之分道扬镳,自率两千人马北上而去。

看到这里,我们可能会被黄巢的气节所打动,但其实不然,他之所以会唾弃王仙芝,更主要的原因,是他屁颠屁颠地跟去吃饭,却被告知红包没他的份……太伤自尊了!

最后,宋威(一说曾元裕)擒杀王仙芝,是在乾符五年(878年),此时,他的任职也为人所取代,难免有些郁闷。

无从得知,朝廷这么抠门,是有意还是无意。若是有意为之,那么之后义军的分化,就算是还在掌握之中;若是无意为之,我们只能为之长叹一声,叹息他们目中无人,因小失大了!

比起黄巢来,王仙芝的反唐意志要薄弱一些,因此,在乾符五年(878年)时,他就因为讨要节度使封号一事,而落入圈套之中,导致其实力大减,他本人更是掉了脑袋。

义军群龙无首,公推黄巢为主。就这样,黄巢成了义军队伍里的"扛把子",当即自号为"冲天大将军",并改元"王霸",建立起了自己的政权机构。两年后,黄巢终于走上了逆袭之路的巅峰,一举将唐僖宗逼出长安,并建号为齐,公然称帝。

只是,在这个巅峰之下,还有不少闪着精光的眼睛,在偷偷地窥伺着黄巢的动向,他们耐心地等待这个农民政权打盹的那天。

第二节　两只黄雀在身后

觊觎黄巢势力的人自然是很多的,但这里头最为突出的,一个是李克用,一个是朱温。他们俩,一个是后唐建立者李存勖的老爸,一个是叛齐降唐后又建立后梁的大佬。

"螳螂捕蝉,黄雀在后",曾有人这么比喻黄巢与李克用、朱温的关系。但事实上,农民起义领袖黄巢只咬到了蝉的翅膀,而那蝉腹和蝉首,连带着他自己,都被黄雀们啃了个一干二净。

第一只黄雀,乃是朱温,他本是一个教书先生的儿子,但没继承什么书生气质,自幼便以拳头肌肉著称于乡里。等到乾符四年(877年)时,他和二哥朱存一起加入了义军。

朱温勇悍善战,在黄巢军中本来是很吃香的,而他之所以会叛齐降唐,既因为在中和二年(882年)之前起义形势就陷入了低潮期,也因为他跟黄巢的心腹知左军事孟楷很不对付,得不到来自长安的增援。

这个时候,朱温的身份是同州防御使,隔河对峙的官军以河中节度使王重荣为首领,作战风格极为狠辣,杀得他有些怀疑人生。

权衡之下,朱温决心反戈投诚。先是杀了监军使严实,再是献出了整个同州来表达诚意。唐僖宗得知此事,兴奋不已,立刻授予他左金吾卫大将军之职,充河中行营副招讨使。因为想给天下的草贼们来点正能量,唐僖宗还赐了"全忠"二字给他。

如此一来,朱温便成了朱全忠。说来也很讽刺,这个朱全忠,可以说是浑身上下连毛孔都不忠。倘若唐僖宗知道他后来的恶劣行径,估计会气得从陵墓里跳出来。可惜的是,亡灵对人间万事,都是无知无觉的。

第二年，唐僖宗又将朱温封为汴州刺史、宣武军节度使，命他加紧攻打他的老东家。不过，皇帝的心眼子却也是有的，咱这巨额支票可以先开，但要想拿到手，先把长安后方收复了吧！

这一招果然奏效。在朱温、雁门军节度使李克用和各路官军的通力合作下，四月间，缺衣少食的黄巢被逼出了长安。

关于黄巢之死，有很多个版本。依着《新唐书》的说法，经过两年的苦战，黄巢在狼虎谷（今山东莱芜西南）被叛将尚让逼至绝境，索性自己抹了脖子，痛痛快快地去了。到了这个时候，唐末的农民起义宣告彻底失败。

之后的尾声，是很值得一说的。在中和四年（884年）七月间，唐僖宗在大玄楼举行受俘仪式。一边是黄巢的首级，一边是他的一众姬妾，唐僖宗看得连连冷笑，问她们一些"卿本贵女奈何从贼"的话，却被那为首的女子噎得没话说。

国家守不住宗庙，任着贼寇逞凶作恶，还怪得我们弱质女流？

对方的大意就是这样。唐僖宗虽然无言以对，却很是生气，直接判了她们死刑。身首异处之前，那名女子不哭不惧，慨然赴死。

自然，这样的从容态度与爱情毫无关系，她们本是被黄巢强夺而去的可怜女子，也没患什么斯德哥尔摩综合征，只是，她们对这个摇摇欲坠的国家，这个昏昏欲睡的君王，已经绝望了。不过，要是我们将时钟调到二百四十多年之后，会发现还有更多更多的弱女子死于非命，死于绝望。

在这里，不得不简单插入一句，黄巢在获得巨大的战果之后，不仅沉醉于酒色财气，还产生了骄傲自满的情绪。再加上他从不曾出台稳定人心的措施，"流寇主义"思想又极度盛行——流动战术的负面效应，想要长期处于不败之地，岂是易事？

更何况，啄食螳螂的黄雀还不止一只。

沙陀人李克用,便是紧盯黄巢的第二只黄雀。这个人,带着他的万人骑兵,不仅参与了收复长安的行动,还迫使黄巢撤去了陈州(今河南周口淮阳县)之围,成为对方最为畏惧的一股兵力。

若问这个异族首领,为何对黄巢急追猛打,答案其实只有一个,"拿人钱财,替人消灾"。他们起初是吐蕃人的雇佣兵,而今又和唐王朝签订了"用工合同"。

在过去的历史中,朝廷请派异族骑兵来镇压农民起义的例子并不少见。比如北魏末年时,柔然可汗郁久闾阿那瑰,便曾受邀来镇压六镇起义。好家伙,这一来,就来了十万人。

当然,柔然人和北魏政府的关系从来就不怎么好——太武帝拓跋焘还轻蔑地称他们为"蠕蠕"——过去设立六镇的初衷,就是为了抵御他们的侵袭。

与北魏请柔然助拳的概念有所不同的是,沙陀人不是唐王朝的敌人,而只是雇佣兵团,之前他们也从没建立过自己的国家。不过,不久之后,他们便开创了后唐、后晋、后汉这三个朝代的历史。

根据欧阳修所撰的《新五代史》,咱们习惯把唐亡之后位于中原地区的政权,合称为五代。后梁、后唐、后晋、后汉与后周依次更替,形成了五十四年的大分裂时期。

不难看出,这五个朝代享祚的时间并不长,分别为十七年、十三年、十一年、四年、九年,加起来,便是一个令欧阳修"呜呼哀哉"痛心不已的五代。同样的,咱们也不难看出,沙陀人之所以能赢得乱世中的话语权,靠的便是他们砂钵大的拳头。

好了,截止到中和四年(884年),属于黄巢的历史已经结束了,登上历史前台的朱温和李克用,才是这是时代的主角。而曾经臣服四夷的唐王朝,在他们的眼中,已经沦为一个奄奄一息的配角。

不得不说的是,朱、李这两位主角的关系十分糟糕。就在中和四年(884年)的五月间,李克用率领五万骑兵去援救陈州,之后他们途径汴州,正好帮了暂时失利的朱温一把。

一是活命之恩,二是地主之谊,朱温怎么都该表示一番。可有句话说的是,"大恩如大仇",此时的李克用就犯了一个错误。在酒宴上,这位救人英雄趁着醉意,说了好些"你是弱者"之类的话。一席话听得朱温心火大起。

于是,当李克用喝醉睡下以后,朱温的手下便开始对着这位救命恩人放火烧房。

还好,仆人郭景铢及时泼醒了李克用,接下来的一场好雨也破坏了朱温的计划。黢黢黑夜里,李克用和随从薛铁山、贺回鹘等人,借着雷电的光亮找到了逃生之路,但他的许多弟兄却再也没能出来。

到了七月间,李克用将此事禀奏于唐僖宗,请求出兵汴州,去解决这个恩将仇报的家伙。唐僖宗和了好一阵稀泥,才稍微平息了这件事,还册封李克用为"陇西郡王"。然而,他心里却十分清楚,朱、李之间的矛盾,好比冰山上的雪层,连天上的太阳也未必能烤得化。

再说了,唐僖宗并不是太阳,他身上的能量极为有限,身体状况也江河日下,恰与活力丧尽的唐王朝相仿佛。他当然知道,当前朝廷所能够驭控的范围,不过河西、山南、剑南、岭南西道等数十州,可他又能怎么办呢?

割据太原、上党的李克用,占有汴、滑的朱全忠,屯兵许、蔡的秦宗权,独领浙东的钱镠,傲视蒲、陕的王重荣等十余位土皇帝,都比他更像个皇帝,而他没有丝毫力气,与他们叫板较劲。

文德元年(888年)三月间,身心俱疲的唐僖宗与世长辞,年仅二十七岁。唐僖宗后期,有人曾推举襄王(前废帝)李煴为帝,此事虽已成为他皇帝生涯里的插曲,但依然令他恼恨不已。

其后,大唐王朝的接力棒,传到了唐昭宗李晔的手中。到了这个时候,皇帝的威仪更为淡薄,此间又出现了后废帝(德王)李裕(李缜)篡位之事。

在天复元年(901年)之前,李克用的势力已经令人生畏了。他横行河东,比如,在河中节度使王重荣与宦官田令孜发生矛盾的时候,李克用完全不给唐僖宗面子,直接出兵相助王重荣。再比如,在唐昭宗册封他为晋王之后,他自恃功高盖世,还威胁过皇帝,不准任命张浚为宰相。

不过,李克用再怎么狂妄自大,也不得不承认一点——若问军阀谁家强,童子也知朱温狂。要知道,黄河以南淮河以北的广大地区,可都是朱温的囊中之物呢!

李克用仇恨朱温,朱温焉能不知?唐王朝行将就木,朱温焉能不动心?于是,他也一刻没闲着,一边挖空心思地经营黄河以北的地区,一边处心积虑地从皇帝那里捞好处。

天复元年,朱温中了头等大奖。

当时,与朱温关系极为密切的宰相崔胤,矫诏命他带兵赶赴长安。原因很简单,崔胤想消灭宦官势力。相信熟悉三国历史的朋友,很容易联想到另一个"奉旨"入京对付宦官的人吧。

只不过,那一次,是矫诏者何进被宦官灭了;而这一次,却是终结者朱温把宦官给灭了。但至少还有两点相同之处,董卓和朱温都借机废立了皇帝,专断了朝政;董卓和朱温都拆了一座千年古都,造成了不可挽回的巨大损失。洛阳与长安,在历史上曾多次遭遇兵祸,但我们可以说,带给它们最大伤害的人,非他二人莫属。

拆城这件事,是发生在干掉唐昭宗李晔之前的。朱温把他带回洛阳之后,仅仅让他活了四个月。朱温虽然以曹操为偶像,打定了"挟天子以令诸侯"的主意,但李克用、李茂贞、王建等讨朱兴唐的联盟,却让他有些如坐针毡。

朱温打算举兵西讨,便在天佑元年(904年)八月,指示部下弑杀了唐昭宗,转而立其嫡次子李柷为帝。这个十三岁的孩子,便成了唐王朝的亡国之君,史称唐哀帝。

朱温代唐而立的野心昭然若揭。他先是诛杀了李裕等昭宗九子,再是听纳谋士李振之言,制造了屠杀裴枢等三十余名朝臣的"白马驿之祸"。

北魏末年时,尔朱荣也曾制造了屠杀宗室公卿的"河阴之变",虽说这杀人的数目有两千人和三十人的差别,但古人说得好,五十步有什么资格来笑百步呢?

如此恶劣的行径,从古至今也极为罕见。除了尔朱荣和朱温,我们也很有必要记住,费穆和李振,这两个帮凶的名字。

经过三年的准备工作,朱温终于得偿所愿,于天佑四年(907年)四月,接受了大唐宰相张文蔚的劝进,末代皇帝的"禅让",建号为"梁",史称"后梁"。

朱温更名为朱晃,并改元"开平",就此揭开了中原五代乱世华章的第一幕。

第三节　五代十国的爱恨情仇

从公元907年唐哀帝禅让,到公元960年北宋建立,除了中原的五朝以外,还相继出现了十个割据政权。这里面,除了北汉位于北方之外,前蜀、后蜀、吴、南唐、吴越、闽、楚、南汉、南平都建制于南方,国祚最短的前蜀也享有三十四年的国运。

五代十国,便是对唐宋之间各个割据政权的统称。

之前说过,朱温被唐僖宗改称作朱全忠,然而他一点也不忠,终于结果了唐王朝的性命。当时,皇帝们都特别喜欢给附臣改名字,来达到一定的政治目的,比如朱全忠的手下还有一个张全义,他的名字是由唐昭宗改的。

张全义本来叫张言,和他的顶头上司一样参加过黄巢起义。起义失败后,他先是臣降了大唐,再是归附了朱温,帮他修缮洛阳宫殿——唐昭宗的金丝笼。不知道,赐名于张全义的唐昭宗彼时做何感想,真是生生打脸啊!

大概是张全义自己也不好意思再这么"义"下去,等到后梁建国之后,时封魏王的他,便主动请求梁太祖朱晃赐名。从此,他便改叫"宗奭"了。不过,"宗奭"也不是他最后使用的名头。

在后唐庄宗李存勖攻占梁都时,张宗奭便急火火地跑去讨好新主子,请求恢复他那响亮的大名。只不过,这一次,他的"义"却是向着后唐的。其实,这之前张宗奭就已经和对方暗通款曲了。因为,他受到了梁末帝朱友贞的猜忌,浑身老大不自在,早就做好了拍屁股走人的准备。

生活在一个清浊不明的乱世里,或许张全义的选择也没有错,而且他的政绩也有可圈可点之处,只是由于他的墙头草作风实在过于"出类拔萃",故而沦为后世的笑柄。

继后梁之后,张全义所效忠的政权,史称"后唐"。天祐五年(908年),正是后梁开平二年之时,李克用病死,他的庶子李存勖继承了晋王爵位,时年不过二十四岁。

必须插入一句,"天祐"这个年号,虽说理论上已经消亡于公元907年,但其实,前蜀王建、南汉刘隐、南吴杨渥、晋王李克用、岐王李茂贞、吴越钱镠等割据政权都仍然以之纪年,最后,这个年号竟又沿用了十来年。

这个道理不难明白,既然大家的翅膀都还没长硬,自然只能继续对那个并不存在的唐朝"尽忠"了。

  世言晋王之将终也,以三矢赐庄宗而告之曰:"梁,吾仇也;燕王,吾所立,契丹与吾约为兄弟,而皆背晋以归梁。此三者,吾遗恨也。与尔三矢,尔其无忘乃父之志!"

由于《伶官传序》的知名度很高,这也给文章的主人公李存勖怒刷了一波存在感。一句话概括,李克用没来得及灭掉的刘仁恭、朱温、耶律阿保机,便是他继承人的首要目标。

李存勖,在枭雄们的口中,是近乎孙权一般的存在。

建安十八年(213年),曹操进攻濡须口,孙权以水军反围曹军,斩获甚丰。见此情状,曹操索性屯兵不出,可他没想到的是,对方竟然亲自驾船来探明军情。等到孙权奏乐而归时,曹操远望着他的船队,不禁赞道:"生子当如孙仲谋,刘景升儿子若豚犬耳!"

前有"生子当如孙仲谋",后有"生子当如李亚子"。这个"李亚子",说的便是李存勖。而对他做出这样评价的人,正是父子俩的死敌朱温——甭管他改什么名,都是当年汴州的那个混球。

民国才女张爱玲说"出名要趁早",这话搁在李存勖的身上也是使得的。军事天赋奇高的李存勖,打小便长在军营之中,眼前所见无不是金戈铁马,平生所历无不是戎马倥偬。因此,年仅十一岁的李存勖便得到了唐昭宗"此子可亚其父"的称赞。这便是"亚子"这个小名的由来。

有道是"攘外必先安内",虽然老爹的三个仇敌,让李存勖耿耿于怀,但眼前的危机更是亟待解决。原来,就在李存勖即位不久后,他的叔父李克宁就开始阴谋造反,打算夺取他的王位。此时的李存勖正需树立君威,不铆足劲灭了他们才怪!

接下来,便应该"攘外"了。

按照正常的思维,既然后梁与后唐的梁子已经结死了,朱晃也没必要讲究什么仁义道德,趁着新丧跑来欺负没爹的娃,这不是很好吗?可是,朱晃却没想到,李存勖为了一解潞州之围,竟然主动率军来偷袭后梁军夹寨。

后梁军队猝不及防,被夜袭的敌军搅得一片慌乱。周德威、李嗣源这两路兵马,冲着梁军一顿猛攻,杀得他们满地找牙,终于成功解除了潞州之围。

晋军全胜,李存勖一即位,便为李氏打了个翻身仗,自然很是志得意满。朱晃不仅损兵折将,还折耗了不少粮草辎重,不由叹道:"生子当如李亚子,克用为不亡矣!至如吾儿,豚犬耳!"

豚犬,是说猪和狗,后人多以此谦称自己的儿子,所以我们便有了"景升豚犬"这样的成语。但实际上,朱晃的七个儿子确如他所说,基本没什么大出息。就拿老二梁废帝(郢王)朱友珪,和老三梁末帝朱友贞来说,一个是弑父夺位荒淫骄纵,一个是轻信佞臣败家丧国。

至于老大郴王朱友裕,则因为智勇双全,而遭到老爹的猜忌。想当年,李克用都曾赐给朱友裕以良弓百矢呢,可想"英雄惜英雄"这话一点不假。

只是,无论怎么个"惜"法,都不可能让互有仇隙的人们"一笑泯恩仇"。

李存勖初战告捷后,便着力整顿内政,一时间民风向善,百姓归心。到了天祐七年(910年),李存勖借着成德节度使王镕、义武节度使王处直的求援之机,成为反梁同盟的盟主。在柏乡之战中,盟军取得了压倒性的胜利,但李存勖却遵循老爹的遗命,决定在灭掉幽州那个伪帝的基础上,再将枪头对准后梁的老巢。

根据北宋王禹偁《五代史阙文》的记载，"世传武皇临薨"时，不仅给了李存勖三支箭，还说过"汝不先下幽州，河南未可图也"的话。

不得不说，李克用的安排很有道理，李存勖也是一个深谙人心的军事天才。消灭桀燕的刘仁恭父子，并没花去他多少气力。先采用骄兵之计，让刘守光自我膨胀起来，忙不迭地建号称帝（桀燕乾化元年），再瞅准时机，师出有名地去征讨他们。

第二年，朱晃应邀前来增援桀燕，不料却大受挫折。朱晃羞愤交加，拖着病体返回洛阳之后，便被不孝子朱友珪弑杀了。

根据香艳一点的爆料，朱晃之所以被儿子干掉，主要是因为他把儿媳妇们都"欣赏"个遍，还偏心于干儿子朱友文——大概是因为爱屋及乌。见此情况，次子朱友珪心里憋屈得不行。眼见嘴边的好肉要被人叼了去，也怪不得小狼崽子眼红心急。

对于李存勖来说，父债自然要子还，虽然朱晃已经没了，李存勖也不会放过后梁，一切不过时间早晚问题。历史忠实地记录了李存勖消灭敌人的时间。

天祐十一年（914年），李存勖返回太原，在老爹的陵前献上了刘仁恭父子的人头。

后唐同光元年（923年）十月（当年四月称帝，建号为"唐"，史称"后唐"），后唐庄宗李存勖抵达开封城下，梁末帝朱友贞自杀而死（朱友珪死于政变中）。

后唐同光三年（925年）十一月，王衍投降于后唐，前蜀灭亡。

根据较为靠谱的统计，李存勖灭后梁、前蜀所费的时间，大约是九天和三十天。在李存勖的复仇路上，唯一幸免的就是契丹的耶律阿保机。天祐十九年（922年），李存勖被耶律阿保机重重围困，但他仅以五千骑兵，便打退了契丹军，擒获了耶律阿保机的儿子。

从李存勖攻灭前蜀之事上，不难看出，这个天生的战神，他的理想可不仅仅是复仇。当初建号为"唐"，很显然有承袭李唐之志，自以为正统的用意。何况，老爹还说过"誓复唐家社稷"的话呢。他们还记得，他们本姓为"朱邪"，是在得到唐王朝的册封后，才易姓为"李"的。

在消灭后梁、吞并前蜀的过程中，李存勖废后梁国都开封府为汴州，并迁都洛阳。不过，在五代时期，开封却一点也不寂寞。因为，除了后唐之外，后梁、后晋、后汉、后周的统治者，都对它"青眼有加"。北宋继承了后周的政治遗产，自然也在那里定都安国。

这么一来，被称为"东都"或"东京"的开封，就正式取代了洛阳，成为中原政权的政治、军事、经济、文化中心。这之前，古中国的政治中心主要是在西部。

人们时常说，"成功男人的背后一定有一个伟大的女人"，这话有一定的道理。反过来，一个瞎折腾的女人，也有可能会导致小到家庭大至国家的丧败。很不幸地说，后唐庄宗李存勖就有这么一个糟糕的皇后。

但更严重的问题是，达到事业巅峰的李存勖，并不觉得他亲爱的刘皇后有什么问题。对于她贪婪自私（张全义就曾贿赂过她）、屠戮股肱的恶行，李存勖都选择视而不见。同光三年（925年）时，臣子们纷纷请求开库发军粮，谁知刘皇后竟拽出几个银盆和三个皇子，让大臣们拿去变卖。

这一招自然吓退了群臣，而李存勖丝毫不以为意，照旧打他的猎唱他的戏。最为讽刺的是，称帝三年后，"伶官天子"李存勖死于从马直指挥使郭从谦发动的兵变中。而这个家伙，正是以伶人身份，成为他的幸臣的。

不知道，在绛霄殿前倒下的一代豪杰，在人生的最后时刻，想

起的会是打过他耳光却得到他重赏的伶人,还是杀害过良臣却没受到应有惩罚的皇后……

李存勖身死之后,明宗李嗣源、闵帝李从厚、末帝李从珂,先后成为后唐的皇帝。李嗣源是其中很有意思的一个人,"某蕃人也,遇世乱为众推戴,事不获已,愿上天早生圣人,与百姓为主"这句话,就是他的经典格言。

什么意思呢?就是说,这个六十来岁的老爷子,十分缺乏自信心,经常对月焚香,希望上天能早点给中原大地降下一个好皇帝来。真不知道,他这叫作妄自菲薄,还是谦虚自守!

想当年,楚国讨伐随国的时候,说过什么?"我蛮夷也。"这分明是古代版的"我是流氓我怕谁"啊!这事儿咱们也可以换个角度看,不管怎么说,有自信总不是一件坏事,对吧?

就在李嗣源诚心祷告的时候,上天似乎真的被他感动了,后唐天成二年(927年)春,赵匡胤出生了。

第四节　黄袍加身陈桥驿

曾听说,很多威风八面的皇帝,都有一个"杀马特"的小名,比如,"人道寄奴曾住"的宋(此宋非彼宋,南北朝的刘宋是也)武帝刘裕;比如小名为"佛狸"的北魏太武帝拓跋焘;比如,被称为"菩萨奴"的后唐闵帝李从厚;再比如,不知为啥被称为"小羊"的南宋孝宗赵昚……

相比这些皇帝来说,赵匡胤的小名算是清新脱俗的了,隔着书卷都能闻出香来。因为,自打他出生起,就有一个小名叫作"香孩儿"。

话说,在后唐天成二年三月二十一日夜里,当时掌管禁军的赵弘殷往家里赶路——洛阳的夹马营,远远地便看见上罩红光的家宅。这情形着实将赵弘殷唬了一大跳。进门一问,他才知家里并未起火。更邪门的是,孕妻杜氏已经为他生下一个香喷喷的大胖小子。

这是长子赵匡济(后追赠太师、尚书令,追封曹王)不幸早夭后,赵弘殷所得的第二个男孩。这个孩子,不仅体冒香气,而且患有黄疸,所以父亲对他格外担心,忙不迭跑去应天禅院为他求了个平安符。

赵弘殷本是涿郡(今河北涿州,有争议)人,出身于官宦世家,曾祖父赵朓(详情失载)、祖父赵珽、父亲赵敬,几乎都做过唐朝的武官。这就意味着,赵匡胤自小就浸润在阳刚勇武的家庭氛围中。

此时,我们很有必要来了解一下,在赵匡胤出生当年,五代中后晋、后汉、后周开国皇帝的年龄:后晋高祖石敬瑭三十七岁,后汉高祖刘知远三十三岁,后周太祖郭威二十四岁。

带着后来的赵匡胤在内,这四位皇帝有一个非常突出的共同点,那就是他们都曾在前朝皇帝手下打过工,并凭借军功占据一席之地。不管其得位的具体情况如何,都抹不掉打工仔觊觎老板家产的嫌疑。

到了后周显德年间(954—960年),因为赵弘殷颇有功业,后周世宗柴荣还追赠他父亲为左骁骑卫上将军。单从这点来说,后来赵匡胤抢班夺位的做法,便有些不厚道,尽管他的方式并不暴力。

出生在军人家庭的赵匡胤,幼时是个很乖的孩子,所以咱们在《宋史》中所能找到的记载可说是乏善可陈,此间所录的,无非是他拥有天生的领导能力,无非是他制服了害他出糗的烈马这类小事。

在赵匡胤十岁(936年)那年,外部环境有了一个大的变化。先别忙看契丹和十国中其他政权的纪年方式,只看中原大地所使用的年号,便可以看见后唐清泰三年和后晋天福元年的称法。这自然意味着,石敬瑭已经取唐而代之了。

说来,在这个"不想当皇帝的兵不是好兵"的年代里,改朝换代本不是什么值得大书特书的事,但这一年,却成了当时乃至后世国人们的心病。这是因为,石敬瑭之所以能称帝建国,很大程度上得力于契丹的相助,而他开出的条件之一,便是割让燕云十六州——燕(幽)、蓟、瀛、莫、涿、檀、顺、云、儒、妫、武、新、蔚、应、寰、朔。

到了明朝洪武元年(1368年)八月,徐达、常遇春攻克元大都,终于为汉人夺回了燕云十六州。而在这四百余年间,首先是石敬瑭的继承人受到了契丹人的侵犯;再是北宋徽钦二帝为金人所虏;之后,金朝又被元太宗窝阔台终结了……

这是何故?因为,燕云十六州被割让之后,中原就失去了一道阻绝北方游牧民族的屏障,如此一来,它就成了当朝军事力量的死穴。再加上,石敬瑭还不知廉耻地要给小他十岁的耶律德光当儿子,他身上的污点自然更是洗都洗不掉了。

这么说来,石敬瑭自然是个不折不扣的败类。千年以来,"儿皇帝""卖国贼"的名号几乎将他盖棺定论了。然而,事实上前期的石敬瑭在历史上也留下过骁勇善战、廉政亲民的美名,那么可不可以说,他这是"一失足成千古恨"了呢?

必须说明的一点是,"汉奸"这个说法并不适合石敬瑭,因为,他本是沙陀人,是李克用部将臬捩鸡(没啥好笑的,唐将高仙芝的老爹叫高舍鸡)的儿子。但是一则,石敬瑭为了自抬身价冒作春秋贤士石碏的后人,说明他对汉文化的充分认同;二则,出卖燕云十六州的结果,是给后世的中原百姓(不一定是汉人)造成了较大的伤害,并且,他还带着他的后人一块儿坑了。

在契丹的帮助下,石敬瑭终于灭了李从珂,可是手底下的反声一直都没消减过。特别是刘知远,当初就劝过他,说是对契丹称臣无妨,当儿子则太掉价了,割地更会造成大开门户、无险可守的恶果。一听这话,就知道这是个明白人,奈何他却唤不醒一个装睡的人。

一般来说,老百姓们对帝王将相的传奇故事,比对史实本身要感兴趣得多。嗑一回瓜子,听一回戏,很可能就记住一个人名了。的确如此,五代中后汉刘知远的故事,便随着元朝"四大南戏"中的《刘知远白兔记》,而多了一些存在感。不然呢,他称帝不到两年就辞世了,也实在是太倒霉了些。

故事里说,刘知远曾与李三娘有过一段虐恋,还好后来凭借个人努力和一只白兔的"撮合",而得以全家团圆。其实,历史上的刘知远,在后唐、后晋时期,就一直在蓄积着力量,他是一个待时而动的聪明人,但确实算不上什么明君。

由于石重贵以侄儿兼养子的身份继承了皇位后(有篡位嫌疑),不愿再当契丹人的孙子,这惹得耶律德光大为光火,三次南下中原来讨说法。开运三年(946年),耶律德光灭了后晋,就地称帝,改国号为"辽"。

辽太宗耶律德光估计是想效仿一下北魏孝文帝元宏,所以他不仅穿上了汉人衣冠,还说过一些让百姓安居乐业的话。然而,他的模仿被证明只是秀秀而已——辽人的统治极为野蛮。这样的异族政权,肯定是得不到人心的,所以他们只撑住了百余日,便找了借口撤离了中原。

这个理由便是,天热。借口归借口,但在这个可以热死人的天气里,耶律德光还真病死于河北栾城了,此地后被称为杀胡林。比较重口味的是,由于辽太后述律平生要见人死要见全尸,大家只能把大行皇帝的尸体用盐渍了,以便于运回草原安葬。这就是说,耶

律德光死后被制成了木乃伊。

说回到刘知远这头。在晋辽之战中,刘知远没有发兵勤王,注意保存实力,因此,在耶律德光撤出中原之后,他便在开运四年(947年)二月间,于太原称帝。为了表达对石敬瑭的怀念之情,刘知远暂时沿用了"天福"这个年号。过了四个月,他才在洛阳定了国号,史称"后汉"。

后汉仍然建都于开封。相对于前几代的开国皇帝来说,刘知远的皇帝宝座来得较为容易,大有捡落地桃子的嫌疑。因为托孤善后的事做得不好,后汉国祚只维持了四年。这不是说,辅臣史弘肇、王章、苏逢吉、郭威等人有什么大问题,而是汉隐帝刘承祐这个家伙,做了十分缺德的事。在当时,辅臣们只是位高权重而已,他们没有什么明显的反迹或是反心。

纵观千年历史,一上位就想把辅臣及其家眷除得干干净净的皇帝,并不怎么常见。可不幸的是,刘承祐就是这样的一个皇帝。

乾祐三年(950年),十八岁的刘承祐先期做掉了在京城上班的史弘肇、王章、苏逢吉,并派人去邺都对付郭威。皇帝如此暴虐无道,郭威没有理由不仇恨不反抗。经过深思熟虑之后,郭威采用亲信魏仁浦的计策,伪造了皇帝要他诛杀众将的诏书。被成功忽悠的将士们,下定决心要"清君侧、杀李业",一起渡河南下。

刘承祐得知此事,一边驻防抵御,一边屠杀郭威和内侄柴荣的家眷。我们把目光放到不远的将来,不难发现,之所以后来郭威会传位于柴荣,之所以赵匡胤能兵"少"血刃地改朝换代,其中的一个重要原因,便是郭、柴二人没有成年的儿子。

因此,可以说,少年皇帝的这种行径,不仅丢了自己的家国,也间接影响了中国历史的进程。刘承祐不顾李太后的反对,贸然出兵平乱,结果死于乱军之中。

郭威是个颇有头脑的人,考虑到舆论上的需要,他没有急着称帝,而是让李太后册立刘知远的侄子刘赟为后嗣。等到局面稳定下来以后,郭威便谎报了辽朝南侵的消息。如此一来,郭威有了一支方便调遣统御的队伍。

就在军行澶州(澶渊)之时,将士们鼓噪而起,"强行"将黄旗按在郭威的身上,要他做他们的皇帝。与此同时,皇帝候选人刘赟也"出了意外"——如同元末的小明王韩林儿一般。在这种情形下,郭威只能"勉为其难"地奉诏监国。

次年(951年),郭威"水到渠成"地登上皇帝宝座,建号为"周",年号为"广顺"。

在汉周易代之际,二十三四岁的赵匡胤,正在郭威麾下。对方的夺国套路,全都被他看在了眼里,记在了心里。

三年前,赵匡胤因为生存压力离家找工作。皇帝轮流做了几番之后,赵弘殷虽然没有丢掉工作,但却不再受到重用,赵家的日子越发难过。

大家都知道,说起找工作这种事,没有履历的年轻人,更容易遇到挫折。且不说南下路上,被父亲的老同僚王彦超拿钱打发的窘事,只说赌运亨通时所挨的拳头,就够赵匡胤喝一壶的。

因为襄阳一位住持的点拨,赵匡胤认定了"乱世出英雄"的理,毅然回到战火纷飞的北方,投奔了后汉枢密使郭威,开启了建功沙场的新生活。

九年之后的正月初三日,赵匡胤成了升级版的郭威,就在开封城东二十千米外的陈桥驿,摇身一变,成了北宋的皇帝。"千秋疑案陈桥驿,一着皇袍遂罢兵",在清人查慎行的诗句里,陈桥兵变是一桩疑案,罢兵也意味着这是一场不流血的兵变。

那么,这场兵变究竟有着怎样的前因后果呢?

【小贴士】

【五代简表】

	时间	庙号	姓名	都城	灭亡
后梁 907—923年	907—912年	太祖	朱全忠 （朱温、朱晃）	汴 （开封）	后唐
	912—913年		朱友珪		
	913—923年		朱友贞（朱瑱）		
后唐 923—936年	923—926年	庄宗	李存勖	洛阳	后晋
	926—933年	明宗	李嗣源（李亶）		
	933—934年		李从厚		
	934—936年		李从珂		
后晋 936—946年	936—942年	高祖	石敬瑭	汴	契丹
	942—946年		石重贵		
后汉 947—950年	947—948年	高祖	刘知远（刘暠）	汴	后周
	948—950年		刘承祐		
后周 951—960年	951—954年	太祖	郭威	汴	北宋
	954—959年	世宗	柴荣（郭荣）		
	959—960年		柴宗训（郭宗训）		

【赵匡胤小档案】

生卒年：后唐天成二年(927年)—开宝九年(976年)

登基时间：建隆元年(960年)

年号：建隆、乾德、开宝

谥号：英武圣文神德皇帝(初谥)

庙号：太祖

陵寝：永昌陵
父母：宣祖赵弘殷（追赠）、昭宪太后杜氏
配偶：孝惠皇后贺氏、孝明皇后王氏、孝章皇后宋氏
子女：燕懿王赵德昭、秦康惠王赵德芳等四子六女
关键词：陈桥兵变、杯酒释兵权、誓碑遗训、雪夜定策
名言：卧榻之侧，岂容他人鼾睡

第二章

勃兴：
未离海底千山黑，
才到天中万国明

所谓"国家根本,仰给东南",而此时的苏皖、浙江和四川,分别在南唐、吴越和后蜀的手中。说句不好听的话,一边是惹得起的大富豪,一边是惹不起的大土豪,换作是你,你会先抢劫哪一个?反正都是要打仗,哪一个的性价比会更高?答案不言而喻。

第一节　皇帝是怎样炼成的

唐太宗李世民曾问起房玄龄和魏徵，创业与守成哪个更难的问题。房玄龄答道："草昧之初，与群雄并起角力而后臣之，创业难矣！"魏徵则说："自古帝王，莫不得之于艰难，失之于安逸，守成难矣！"

应该说，魏徵说得很有道理——李存勖就是个例子，但另一方面，开国创业这等大事，确实也非常人所能为之。

世人皆知，历朝历代的开国皇帝，绝大多数都是以军功起家，付出了艰苦卓绝的努力，因而他们不仅赢得了自己的千里江山，还赢得了史家的称誉和百姓的尊崇。不过，一直以来，都有人认为，隋文帝杨坚和宋太祖赵匡胤的天下来得太轻松了。

这话从何说起呢？

先说杨坚。清朝史学家赵翼曾评价道："古来得天下之易，未有如隋文帝者。"北周大象二年（580年）五月，宣帝宇文赟病危，刘昉、郑译矫诏让随国公杨坚辅政。虽说杨坚既是外戚，又是关陇贵族的代表，但此举竟引动了三方叛乱。杨坚花了不到七十天的时间平定了叛乱。在此期间，他又以将千金公主嫁至突厥的借口，铲除了北周宗室诸王。在他一举诛杀了所有的宗男之后，便在次年二月接受了他的外孙——静帝宇文阐的"禅让"，登基称帝。

赵翼所说的"易"，不仅是对杨坚实力的质疑，而且蕴含着一丝蔑视之意，毕竟，他所欺负的孤儿寡母，是自己的亲人。此外，杨坚铲灭前朝宗室的血腥做法，也达到了一个前所未有的"新高度"。

再说赵匡胤。比起李渊的七个月，光武帝刘秀的三年，汉高祖刘邦的七年，明太祖朱元璋的十六年，他才用了三天时间，就完成了改朝换代的事业。

表面上看,赵匡胤谋篡起皇位来,似乎比杨坚更为容易,但要想明白这个"欺负孤儿寡母"的人,是不是也是一个"躺赢"的幸运儿,则很有必要回溯一下他在后周的种种表现。

赵匡胤的戎马生涯是从后汉乾祐元年(948年)开始的。广顺元年(951年),周太祖郭威称帝建周,赵匡胤补任东西班行首,拜滑州副指挥使。两年后,柴荣担任开封府尹,赵匡胤因受其赏识,而转为开封府马直军使。

显德元年(954年),周世宗柴荣继承了皇位,赵匡胤这下子便搭上了一架只升不降的电梯。又过了两年,他升至殿前都指挥使,距离"殿前都点检"之位越来越近了。直至陈桥兵变发生之前,无论是在与北汉、辽展开的高平之战里,还是在对南唐进行的三次征伐中,赵匡胤的表现都大有可圈可点之处。

挑几个主要的点来说说吧!

因为身份和资历,柴荣起初并没什么人望。为此,他打算在对北汉、辽的战争中,来一次御驾亲征。此举旨在树立威信,下头的官员们并非不知,但在这个时候,"长乐老"冯道竟然跳出来阻拦皇帝。

皇帝说,唐太宗在平定天下之时,敌无大小一概亲征而往;冯道便说,皇帝比不上李世民。皇帝说,北汉皇帝刘旻的兵马不过是乌合之众,我方一出,便能如山压卵一般灭了他;冯道便说,皇帝您小孩子家家的,能算是山吗?

冯道的意思,可以归结为三个字——你无能!

这叫什么?典型的抬杠,典型的不给你台阶下。一般来说,单位里的小刺头倒是有可能这么做,然而,这种话本来不太可能从冯道的口中说出来。

要知道,冯道堪称五代十国版的"不倒翁",一生曾在五个朝代

（除了后梁,外加辽朝）十一个皇帝的手下,做过宰相级别的大官,其为人的处世手段和政治能力可想而知。然而,连这样一个"人尽可君"的人都敢跟现任皇帝杠上,不难想象柴荣的声望有多弱,压力有多大了。

更可恶的是,当高平(今山西晋城高平市)的战鼓擂响之时,宁江军节度使樊爱能等人居然率众逃跑了。此事攸关家国死生,柴荣不畏矢石之险,冒死督战。赵匡胤也发挥了他的作用,说了一些拼死力战的壮语。他还与禁军大将张永德通力合作,左右夹击,以死拼杀,最终击溃了北汉军队。如果不是柴荣劝止他乘胜攻城,这位左臂中箭的拼命三郎没准还会继续追下去。

柴荣借由高平之战,一方面树立了威信,一方面也整饬了军纪。回师之后,赵匡胤被任命为殿前都虞候,领严州刺史。至于冯道这个"杠精",早被柴荣打发去给太祖皇帝修坟(任山陵使)了,不久后骤然病逝——不知是不是羞愤的缘故。柴荣为之辍朝三日,册赠尚书令,追封瀛王,赐谥"文懿"。

显德三年(956年)春、显德四年(957年)春、显德五年(958年)春,赵匡胤曾三次出征南唐,每次都有不小的收获。特别是第三次,还得到了南唐皇帝李璟割地赔款,以求息兵的战果。经此一战,柴荣平定了江北,得了十四个州,六十个县。与此同时,李璟降为"江南国主"。

在前两次南征中,后周猛将赵匡胤都贡献出了自己的力量,比如,他在涡口(今安徽怀远东北)败敌万余,斩杀何延锡等人;比如,他在清流关(今安徽滁州西郊关山中段)生擒皇甫晖和姚凤,连父亲赵弘殷的安全也顾不上;再比如,他先后攻下了寿州、濠州、泗州,在柴荣打算乘坐骆驼横渡淮河(确实有创意)之时,已当先率兵越众而去……

此类战果不胜枚举，所以这位看似只花了三天时间就得到皇位的幸运儿，靠的是自己经年积成的武功。这个道理和"台上一分钟，台下十年功"是差不多的。在这里，我们不必评说赵、杨二人守成业绩的高低，但一定能得出赵匡胤并未"躺赢"的结论。

此时的赵匡胤，因为赫赫战功成了后周皇帝的福将。而更为难得的是，面对李璟送来的三千两白金，赵匡胤也没有动过一分一毫（动没动心不得而知）。对方的离间之计终告破产，唯有仰天长叹。

然而，如果我们就此以为赵匡胤对柴荣有着绝对的忠心，又未免太小看了历史人物的脸谱。之前就说过，很多人的野心都会随着职权的扩大而膨胀变异，这一点赵匡胤也不例外。自打跻身禁军高级将领之列后，赵匡胤就在暗暗地发展他的势力。

要建立自己的班底，武的文的一样不能差，胳膊大脑全都得有。

武的方面，在赵匡胤的周围，聚集了一些武力值超群的好兄弟。杨光义、石守信、李继勋、王审琦、刘庆义、刘守忠、刘廷让、韩重赟、王政忠，这九个人物，与他一起拜了把子，结成了"义社十兄弟"。此外，慕容彦钊、韩令坤、高怀德、赵延徽、赵晁等禁军将领，也是赵匡胤的好朋友。

文的方面，号称"半部《论语》治天下"的赵普，"好弟弟"赵光义和吕余庆、刘熙古、沈义伦、李处耘（武的方面也很厉害）、王仁赡、楚昭辅等人，都是一心向着香孩儿的。

既然已经有了自己的文武班底，谋朝篡位之事便只在旦夕之间。

显德六年（959年）六月，柴荣龙体抱恙，从北伐契丹的战场上班师回京。因为之前便有"点检作天子"的谣传，此时又突然见到一个上书"点检做"的木牌,柴荣怀疑上了殿前都点检张永德,回京后就撤了他的职,让他出镇澶州。

根据赵匡胤取而代之的结果,我们有理由相信这两件事是出自赵匡胤的手笔,但是仔细一想,搞事情的人也有可能是李重进。因为论血缘关系,李重进是后周太祖的外甥,当初也很有可能继承皇位,后来他与皇位失之交臂,心有不甘也是人之常情。论人际关系,太祖的女婿张永德十分嫉妒李重进,他曾经在柴荣面前诋毁过对方,他们之间的矛盾很难调和。

以柴荣的头脑,未必不懂得武将们的钩心斗角,只是两害相权取其轻,最终他选择将殿前都指挥使赵匡胤,提升为检校太傅、殿前都点检。李重进则被外派去防御河东。

随后,柴荣册立魏王符彦卿女为新皇后,皇长子柴宗训、次子柴宗为梁王、燕国公。柴荣的生命终结在六月十九日那天,享年不过三十九岁,其谥为"睿武孝文皇帝"。

柴宗训继位于灵柩之前,虚岁不过七岁,搁今天不过是刚上小学的年纪。想想看,柴荣在而立之年时荣登大宝,都曾受到文武大臣的质疑,更何况是史载并无特殊禀赋的小孩子呢?

历史上,虽有八岁就当上宰相的皇子刘子鸾,却也并非是因为天赋,而只是皇帝的突发奇想,爱屋(母亲殷淑仪)及乌。其后悲惨的结局实不忍述。

七岁的小皇帝,自然需要辅臣的协助。根据柴荣生前的安排,宰相范质、王溥参知枢密院事,魏仁浦兼枢密使,他们共同执掌军政大权。主幼国疑,这种托孤大事,赵匡胤、张永德和李重进这三人,一个都不能染指。

为了防备赵匡胤作乱,柴荣还有意安排侍卫马步军副都指挥使、同平章事韩通与他一道裁决军务。请记住韩通对赵匡胤的掣肘作用,这人将是他称帝路上的一个障碍。

柴宗训"当政"以后,李重进移守扬州,张永德改镇许州。

五个月后,从镇州(今治今河北正定县)、定州(今治今河北定县)发回了一个消息,辽朝、北汉的联军又来了。怎么办呢?在显德七年(960年)正月初一日,辅臣们一致认为,应该派赵匡胤带兵北御。

然而,众所不知的是,这是个假消息。像这种借机整军夺权的事,郭威早就做过了,不过大家的记性并不太好。站在赵匡胤的角度上看,既然郭威可以"被当皇帝",他又为何不能"黄袍加身"呢?一切不过依样画瓢,稍做升级而已。

大军北上前后,"黄袍加身计划"已经启动了。

"将在出征之日,册立点检为天子"的谣言传遍了京师,一时间人心嚣动。接下来,堪称天文达人的军校苗训,也道出了"日下复有一日"的天象。再接下来,初三晚上,将士们行至陈桥驿时就不愿意往前走了,都押衙李处耘便对赵普表达了大家都喜欢成熟稳重的赵匡胤来做他们皇帝的意愿……

就这样,柴荣个人的不幸,成了赵匡胤人生的大幸。

很多史家都为北周武帝宇文邕和后周世宗柴荣可惜。是啊,同样的文武齐备,同样的仁德爱民,同样的英年早逝,怎能不令人扼腕叹息呢?

其实,他们只需要再往前多走一步,就能实现一统天下的理想抱负,然而,天不假年,时不与我,奈何奈何!常言道,"刚过易折,慧极必伤",也许,这个原因可以用来解释这两位英主的早殒。

可惜,像辽穆宗耶律璟(有名的睡王)这样的猪对手,也只能交给后来人了。但不管怎么说,沉睡在历史长河里的英雄人物,都会以其熠熠风采,而光耀千秋。

千锤百炼之后,赵匡胤终于登上了他梦寐以求的宝座,这个被美称为"艺祖"的皇帝,将打开一幅积弱积贫,却又风流儒雅的时代画卷。

第二节　最著名的酒局

能成大事的人,不只懂得抓住时机,还要懂得一些以退为进的心术,在陈桥驿兵变中,赵匡胤兄弟俩便一唱一和地完成了这样的表演。

在军心被煽惑起来之后,赵光义与赵普一边派人去通知铁哥们石守信和王审琦做好内应工作,一边忙而不乱地准备劝进的各色事宜。而醉酒的赵匡胤则装作毫不知情,在第二天晨光拂晓时,睁开蒙眬睡眼,看着身上的黄袍,一脸茫然无辜。

众人都拜在庭下,拥他为帝,其声大有山呼海啸之势。赵匡胤显得很是为难,说:"你们自贪富贵,立我为天子,能从我命则可,不然,我不能为若主矣。"

这话说得何其妙也,潜台词是什么?听好了,要富贵荣华的是你们,我是迫于无奈,才依了你们。大家都听懂了这层意思,于是道了声"惟命是听",便一起屏息以待。但是,他们未必注意到了"从我命"的深意。什么叫作"从我命"?看看后来的著名酒局,也许就能恍然大悟。

从唐末五代以来,谁拳头硬谁就有犯上作乱的野心,但你既然奉了我赵匡胤,就好好地做个高级打工仔吧!其他的事情,想都不要想!

他声明,回开封后,对后周的太后和幼主不得惊犯,对后周的公卿不得侵凌,对朝市府库不得侵掠,服从命令者有赏,违反命令者族诛。这是在约束军纪,以免舆论说他们吃相太难看。将士们答应得很干脆,事实上也确实是这么做的。经由仁和门入城,班师回京的胜利者们胜而不骄,威而不厉,一路秋毫无犯。

好了,此时我们可以稍微小结一下,"黄袍加身计划"比原先的那个版本,做了哪些改进。

在舆论的准备上,新版本做得更为充分,特别是苗训这个小子,确实是军队里的演技担当。再有,当年郭威在以退为进之时,曾避开了鼓噪而起的军队,退居到了馆驿之中,但军士们"不肯罢休",一边翻墙走壁一边声泪俱下,非得让他点头不可。"同是被逼迫,郭尔赵亦然",做戏这种事,剧本很重要,演技也很重要,万一演得过火了,就有可能会被做成表情包。

石守信、王审琦等人的内应工作是做得不错的,在得悉此事后,便极为配合地打开了城门,迎接新天子的军队。此时,后周是不是完全没有机会翻盘了呢?其实也不是。

初四日一早,皇帝文臣们得知了兵变的消息,一时仓皇不已,但韩通反应了过来,试图率兵抵抗。可惜的是,他尚未组织起军队,就已经被军校王彦升发现了。王彦升杀气腾腾地追到韩府里,韩通、韩徽父子就此没了性命。

临死之前,韩通可能会有些悔不当初,就在初一那晚,赵匡胤还来韩府辞过行。当时,韩徽就悄悄对父亲说,他们应该为朝廷排掉这颗地雷。因为韩通的阻止,后周王朝终于陷入了危局之中。勃朗宁曾说:"良机只有一次,一旦坐失,就再也得不到了。"此言得之。

就这样,赵匡胤兵"少"血刃地控制了都城开封。范质、王溥等人被将士带到赵匡胤跟前时,看到的是那人痛哭流涕的神色,听到的是那人被逼至此的陈情,心知大事已定,自然也只有选择口呼万岁了。再加上,列校罗彦环还扬着剑说:"我辈无主,今日必得天子。"嘿,这架势,范、王二人早被吓得魂不附体了。

是的,不是每个人,都有韩通那样的气节!

辅政大臣尚且如此,一对孤儿寡母又有什么法子呢?翰林学士陶谷早就准备好了禅代的诏书,柴宗训牵线木偶一般的在崇元殿完成了禅让礼,就此降为郑王,退出了历史舞台。

因为赵匡胤在后周任归德军节度使的藩镇所在地是宋州(今河南商丘),故新政权的国名,就是一个"宋"字。"华夏民族之文化,历数千载之演进,造极于赵宋之世。"史家陈寅恪的评语,高度概括了这一个文化繁荣的时代。

北宋的故事,从建隆元年(960年)开始上演,直至靖康二年(1127年)才谢幕,在这一百六十七年间,有过花朝月夕的浪漫温情,也有过沧海桑田的离合悲欢,而今都留与后人一一评说。

为了面子上好看一些,赵匡胤在开封安定下来之后,也没忘了表彰韩通一番,予以厚葬不说,还追赠了他中书令的官职。另一方面,对于滥杀无辜的王彦升,则予以象征性的处罚。四月间,宰相王溥告发京城巡检王彦升索取贿赂一事,导致王彦升被外放为唐州团练使。此事或有王溥对王彦升的不满情绪在"作祟",毕竟,忠臣韩通死得太惨了。

大宋承周而来,此时自然要以开封为都,但由于种种因素,这里并不是赵匡胤心目中的京都首选,只不过迁都这样的事,并不适合在即位之初去做。

那么问题来了,为了巩固新生政权,赵匡胤的第一要务是什么呢?自然是稳定局面。

在朝中,抵抗赵匡胤的人似乎只有韩通一家,但在庙堂之外,反宋的势力可是大有人在,让他无法安生。驻守在潞州(今山西长治)的原后周昭义节度使李筠,驻守在扬州的原后周侍卫马步军都指挥使李重进,并不愿意接受中书令的荣衔,互为呼应地展开了反宋行动。

李筠的大军曾一度逼近开封,但石守信和高怀德也不是吃素的,对他来了一场分道迎击。赵匡胤得知李筠无法退入太行山,立刻御驾亲征。李筠不得已退保泽州(今山西晋城),城破后投火而亡。

九月间,李重进正式采取行动,在扬州起兵之时,李筠已经死了,而李重进的结局,也与那位战友一模一样。

《宋史》中,将二李与韩通并列为周三臣,仔细思来有些不妥。因为,韩通是为阻止赵匡胤称帝而死的,而二李举兵于禅代之后,于国于民并无多大的意义。此外,曾有机会做皇帝的李重进,起兵谋私的意图也较为明显。故而,与其说他们是为国而死,不如说他们是因谋利失败而蹈入死地。

不过,削剿二李的势力,对于赵匡胤而言,却是个绝对的利好消息。因为,昭彰于世的,只有这两股势力,但还没暴露出反志的人,还有多少呢?杀鸡儆猴的事,是值得一做的。

如果说,拥兵自重的二李,可以在地方作乱,那么,执掌禁卫的将领,会不会也在他的皇城之中作妖呢?这些人,如果也来兴兵作乱的话,大宋政权必定岌岌可危了。他可不想他的国家变成五代之后的第六个短命王朝。

细思极恐,赵匡胤寝食难安。他的智囊赵普便说,想要重建中央集权的专制统治,必须施行削藩之计;想要浇灭强藩的跋扈气焰,唯有削夺其权、制其钱谷、收其精兵。简言之,臣不能强于君。

赵普的话,抓住了问题的核心。南宋婺学开宗范浚便在《五代论》中表达过"兵权所在,则随以兴;兵权所去,则随以亡"的观点。清人赵翼也在《廿二史札记》里说:"王政不纲,权反在下,下凌上替,祸乱相寻,藩镇既蔑视朝廷,军士亦挟制主帅,古来僭乱之极,未有如五代者。"

一路踩着刀锋过来的赵匡胤,不仅是当事人,还是一个明白人,他自然会吸纳赵普的意见,酝酿出一个利于重建中央集权专制制度的计划。这个计划,得先从兵权开始,先从禁军下手。

起初,他在建国后大封功臣,比如慕容延钊和高怀德分别担任了殿前都点检的正副职,韩令坤和石守信则分别成了侍卫马步军都指挥使的正副手。在赵匡胤看来,他们都有再度施行"黄袍加身计划"的可能性,故而不得不防。

建隆二年(961年)闰三月,赵匡胤解去慕容延钊、韩令坤的禁军统帅职务,令其出镇山南东道和成德藩镇,并称不再设殿前都点检一职。原因听起来也颇能说服人,他自己在黄袍加身前就担任这个职务,现在再设置这个职务,不觉得奇葩吗?

相对来说,赵匡胤比较信得过石守信,于是便命他接替韩令坤。但石守信仅在四个月之后,便主动辞去了职务,这是因为头一天,他和一些旧部参加了一次宫宴。

原来,酒酣耳热之际,赵匡胤说他这个皇帝当得一点也不快乐,不只是被逼当了皇帝,还得随时提防着有人觊觎他的皇位。石守信等人听了这话,自然要一表忠心,说说"老大你想多了"之类的话。而后,赵匡胤又说,你们确定不会被人逼着"黄袍加身"吗?

汉高祖刘邦屠戮功臣这样的事,武将们谁不曾听说过呢?一伙子大老爷们急得抓狂,甚至有人哭出声来。在这时,赵匡胤给他们指出了一条"可生之途"。

放下军权,享受人生,互为姻好,两无疑猜……

行了,行了,老大都如此放话了,他们也不能不识好歹,非得讨什么罚酒来喝,不是吗?次日,石守信、高怀德、王审琦、张令铎等禁军宿将皆"不约而同"地以生病为由,请求解除兵权。赵匡胤也兑现了自己的承诺,与他们结成了亲家。

刚刚所述的,便是与鸿门宴一样有名的一次酒局,世称"杯酒释兵权"。注意,是"世称",而不是"史称",其因有二:第一,这酒局是否真的存在,依然有人质疑;第二,宋太祖赵匡胤也不可能仅凭借一次酒宴就达到了收回兵权的效果。

实际上,要想收回兵权,既要罢去禁兵宿将,还须节制外将强藩。"杯酒释兵权"这样有效而文明的酒宴即便真的存在,那也只是完成了前一个目标而已。

经过赵匡胤的改革,禁军将领由之前的九个,锐减为职位较低的四个,且只由目前声望不足、才具平庸的将领来担任。像韩重赟、刘廷让、崔彦进、张琼这样的小辈,注定掀不起什么大浪。在赵普的阻止下,赵匡胤连符彦卿——柴荣和赵光义的岳父——也没敢委以重任。

赵匡胤还开始构建禁军三衙体制,所谓的"三司"(三衙)指的便是殿前、兵马、马军这三个互不统属、直掌于皇帝的部门。不过,三司的都指挥使只有统兵权,调兵权则在另设的枢密院手中。禁军们每半年到三年都要轮换一次驻地,其家人也都必须留在京师——实为人质,禁军的长官也会不定期更换。

另外,赵匡胤从禁军中挑选出最为精锐可靠的人,组成号称"诸班直"的亲兵,用以贴身保卫一己之安全。

"兵不识将,将不识兵",这种体制的效果如何呢?宋人自评道:"祖宗统兵之法,天下之兵,本于枢密,有发兵之权而无握兵之重;京师之兵,总于三帅,有握兵之重而无发兵之权。"

相互掣肘,悍将很难威胁到皇帝,这是自然。但是由于兵将分离、政出多门,在协调统筹方面会缺乏机动性,这也是毫无疑问的。长此以往,积弊越多,宋军的战斗力也会越来越弱。

不然呢,宋朝的厢兵(地方上选剩下的老弱,充任正规军中的地方军)、乡兵(保卫乡土的非正规地方军)和藩兵(边境少数民族组成的非正规边防军)虽然要差劲许多,但那些高大健壮的禁军(通过"兵样"海选而来的),为何也逐渐丧失了应有的活力了呢?

历史告诉我们,赵匡胤费心铸成的铁板,最后会砸到后世子孙的头上。

第三节 偃武而不兴文

一个人做了皇帝之后,史书里往往会记上一些离奇的事,来表现其继承大统的合法性。本来"香孩儿"的那个说法已经很有趣了,道士陈抟因知赵点检做了天子,兴奋得险些从驴背上跌下来的故事,则更是神神道道。

"天下从此太平了。"陈抟如此说。传说里牵强附会的东西,都不必深究,我们应该关心的是,这位皇帝是否真的致力于天下太平之事。

抱着皇室太平则天下太平的观念,赵匡胤在兵制上,秉持强干弱枝、内外相制的原则。然而,带着矫正前代过失目的而进行的各种改革,往往都有可能走上矫枉过正的另一个极端。不过,当局者看不到这样的问题,是很正常的;反而是其继承人们,没能对此进行完善修补,以致酿成滔天巨祸,才是最应该面壁思过的。

在他们脑中,有一个概念叫作"祖宗家法",这是只管继承而无须变革的圣命。宋朝皇帝的祖宗家法之一,便是猜忌和抑制武将,随其而生的,必然只能是偃武兴文的新格局。

要兴文,皇帝的文化素养当然得有些说服力才行,那么赵匡胤是否能当得起这个带头人呢?答案是当得起。

根据史载,三国的吕蒙,是在孙权的再三劝阻下,才开始认真

读书的。这一读,效果就出来了——"及鲁肃过寻阳,与蒙论议,大惊曰:'卿今者才略,非复吴下阿蒙!'"

相比而言,宋太祖可是早就懂得"但当涉猎,见往事耳"这个道理的好学生了。他虽出生在武将家庭,但一直酷爱读书。过去,在他带兵攻打淮南之时,就曾带着数车书卷。可能是那时的赵匡胤有些招人妒吧,有人便在御前诬告他借机中饱私囊——前燕慕容评就曾干过卖水赚钱的奇葩事。

周世宗柴荣有些纳闷,说身为将帅,应把精力放在坚甲利兵之上,你为何带这么多书来看呢?赵匡胤则以"学知识、广见闻、增智虑"一句来回应他。

实践证明,学以致用才是王道。"欲出未出光辣达,千山万山如火发。须臾走向天上来,赶却残星赶却月。"从《日》这一首咏物诗中,不难看出其文采和胸怀。"未离海底千山黑,才到天中万国明",据说也是赵匡胤的手笔。

乾德三年(965年),大宋平蜀。某一日,赵匡胤发现库藏里有一面刻着"乾德四年铸"字样的铜镜。赵匡胤有些迷糊了,宰相赵普也说不出个所以然,幸好翰林学士窦仪解释说,前蜀王衍用过这个年号,他才明白过来,感叹道:"宰相须用读书人。"

这类事情多了,赵匡胤不免对赵普摆出了嫌弃脸,说了些类似于"没有文化真可怕"的话。其实,这挺伤自尊心的。《宋史·赵普传》中曾写道:"普少习吏事,寡学术,及为相,太祖常劝以读书。晚年手不释卷,每归私第,阖户启箧取书,读之竟日。及次日临政,处决如流。既薨,家人发箧视之,则《论语》二十篇也。"想来,赵普还是一个知耻后勇的人哪!

不过,奇怪的是,他的书箧中为何只有《论语》一书呢?

"半部《论语》治天下"的说法一度十分流行,但细究其来源,几乎可以断言这是一个可笑又可怜的杜撰之语。因为,这话不仅在相关的文献资料中没有确凿记载,甚至在南宋理学大家朱熹生前都无人提及。

到了元朝,那个后称"九儒十丐"的年代里,为了安抚儒生们受伤的心灵,高文秀在《遇上皇》杂剧中写出了这句台词。今人说,没有什么就炫耀什么,还真是这个理。自此以后,儒生们便强行脑补了赵宰相的豪言壮语,无形中夸大了《论语》的功用。

实际上,腹中空空如也的儒生们,又哪有什么精力来治理天下呢?马斯洛需求层次理论是怎么说的?"只有当人从生理需要的控制下解放出来时,才可能出现更高级的、社会化程度更高的需要如安全的需要。"

至于说,赵普的书箧中为何只藏有一部《论语》,恐怕只有他自己才知道了。

话说回来,既然赵匡胤个人有一定的文化素养,且也懂得文化的重要性,那么在他统治时期,就应该已经开始主导文治了吧?然而,事实与我们想象的并不相同,宋太祖的治国方针,只是偃武,而未兴文。

他曾对赵普说过,他打算让百余干练的儒臣去治理大藩,他们兴许也有贪浊之行,但其危害却远不及一个武人。所以说,用文士,只是因为他们安全,而不是因为他们值得尊重。

还有一件事也能说明赵匡胤对文人的态度。赵匡胤曾指着朱雀门上的题额,问那"朱雀"之后加个"之"字是何用意。赵普说:"语助词。"此言换来皇帝轻蔑的一笑。

"之乎者也,助得甚事!"这是什么意思?赤裸裸的鄙视。

一方面要抑制武将,一方面却又鄙视文人,这样的思想,放在文武兼备的赵匡胤身上,并不显得矛盾。一言以蔽之,没文化很可怕，光有文化也很可怕。

其实，真正将贬抑武人和擢用文士的制度结合起来，成为完整统一的祖宗家法的人，是北宋的第二位皇帝，宋太宗赵炅，也就是从前的赵匡义。为避哥哥的圣讳，赵匡义改名为赵光义，而当他即位之后，又再改了一次名。

要说赵匡胤对文人没有予以足够的尊重，还有一个最明显的例子。

我们在古装影视剧里所见的，往往都是皇帝坐着，各级官员都站在阶下的场景。但在这之前，宰相们与皇帝议事，是被默许有赐茶看座资格的，这就叫作"坐而论道"（后泛指空谈大道理）。

大宋立国之后，赵匡胤并设了三位宰相，侍中范质、司空王溥、右仆射魏仁浦，分别被称为昭文相、使馆相和集贤相，其下不设副相。这几位高官都由后周入宋，政治经验极为丰富，不过因为他们的政治履历，赵匡胤不敢放心大胆地用他们。

既然对臣子动了忌防之心，赵匡胤自然要逐渐将他们的权力架空。等到样子做够了，人心笼络到了之后，赵匡胤就让赵普担任了枢密院的长官——枢密使。这个枢密院，是全国最高的军事机构，掌管着军机要务。赵普虽非宰相，实则凌驾于宰相之上。

这么一来，范质等人更像是处理一般政务的副宰相。这种情形本来就有些埋汰人了，但这事还没算完，之后某天的遭遇，说起来才让他们倍觉委屈。

那日，赵匡胤对宰相们玩了一个小把戏。他谎称自己两眼昏花，要他们把奏疏送过来给他看。可就在他们离座之后，侍卫们就把刚被屁股坐热的凳子撤去了。这个动作有何意味，老江湖们心里不都跟明镜似的亮着吗？于是，没几天，大家就在朝会上主动提出要废止"坐论之礼"了。

有人觉得堂堂一国之君,不太可能这么小家子气,史上"坐论之礼"的废除也有可能出自宰相们的自动自觉。但甭管这事的细节是否完全属实,我们都有理由相信,他们应该是在一种高压的政治气候下,才会这么自贬身价的。

这种政治气候,就是皇帝有增强皇权的需要。因为这种需要,他们的皇帝已经分化剥离了武官的力量,现在也是时候,来通过压制相权的方式,达到震慑文臣的目的了。

乾德二年(964年)正月,范、王、魏三人同时被罢相,两日后,枢密使赵普拜为独相。这是他第一次拜相,在宋太宗赵炅执政的二十一年里,赵普又曾两度拜相。为了给赵普行署敕,赵匡胤临时决定让赵光义以同平章事的身份,担任开封尹,略当于宰相,如此才弥补了先前程序上的疏漏之处——罢相后无人签署让赵普拜相的署敕。

然而,赵光义的权力却是在此间得到进一步扩张的,等到赵匡胤心存顾虑,想去弹压他的势力时,为时已晚。

四月间,赵匡胤又设置了参知政事一职,薛居正和吕余庆两人有幸成为首任参政,行副相之权。原本,赵匡胤此举只是为了给赵普找两个帮手,因此参知政事不能在政事堂办公,也不能掌管中书门下印。由此看来,赵普的确是赵匡胤深为信任的开国功臣,然而后来他担任独相的时间越久,手也越伸越长,终于摸到了老虎的屁股。

开宝六年(973年),赵匡胤先命参知政事去政事堂上班,再令他们与宰相轮掌中书门下印,这自然是为了提高参知政事的职权和地位,让他们和宰相一起"分蛋糕吃"。至于谁吃得多,谁吃得少,就各凭本事吧!

回想当年,赵普为君解忧,提出了"削夺其权、制其钱谷、收其精兵"这样的具体策略,可没承想,他的皇帝不仅用这套办法来解

除禁军威胁,还用这套办法来对付文臣。

您看,以参知政事来分割宰相之权,是不是"削夺其权"? 别设户部、盐铁、度支这三司来主管财政,是不是在"制其钱谷"? 以中书门下和枢密院为东西二府,是不是在"夺其精兵"?

当然了,为了达到"君强臣弱"的目标,赵匡胤和他的继承者们,必然也会用这套办法来解决藩镇问题。

为了"削夺其权",赵匡胤先派驻文官去担任藩镇以外大小支郡的知州和知县,他们自然只需向中央负责,不用理睬相邻的节度使。等到大家对三年一任、奏事朝廷的办法都习以为常之后,就可以渐渐地收归所有藩镇的权力了。添置通判和知州,负责一同签署文书,以此来剥夺藩镇对州府案件的审理权,是其后续动作。

为了"制其钱谷",赵匡胤不允许各州支配地方财赋,设置漕司掌管一路(共十三路)的财赋收入,又采用监临场务(征收商税、专卖税的机构)和禁止藩镇贩易的办法,基本上堵死了藩镇谋利的渠道。

为了"收其精兵",赵匡胤不仅绕过藩镇直接选拔精兵入禁军,还撤去了一些藩镇。原有的节度使如有出缺的情况,也及时以京官文臣来代理,以避免地方乱政。

北宋初年,藩镇这块烂疮,终于被两位杰出的皇帝硬剜了下来,而压制武官、文治天下的格局,也现出了雏形——尽管这不符合赵匡胤的本来意愿。

内忧渐平,外患也不可小视,曾说过"卧榻之侧,岂容他人鼾睡"这句话的宋太祖,又将会有怎样的军事行动呢?

第四节　卧榻之侧,岂容他人鼾睡

城门打开的时候,一位身穿白衣口含玉璧的中年男子光脚走了出来。他的手里牵着一头羊,头颈以草绳反坠着,在他身后有人载着一口棺材,表其有罪当死之意。不过,为示宽大之意,对方不会让他的棺材马上派上用场——至少当时不会。

刚刚所描述的这个男子,乍一看,未必能看出其人为前蜀皇帝王衍,这是因为,"白衣、衔璧、牵羊、草绳縈首、徒跣、舆榇、号哭俟命",几乎是每个亡国皇帝投降时的"官方标配"。当然,由于时代不同,投降与受降方的情况不同,降仪可有不同的套餐搭配。

有的配上一匹白马,比如秦王子婴;有的袒露了上身,比如更始帝刘玄;有的以两手反缚于后背,比如蜀汉后主刘禅……

总的来说,在降仪之中,失败者要为自己的罪行深深忏悔,衔璧表示他们甘愿交出曾经恋栈的皇权。牵羊的举动,则暗示着真心降附的感恩之心。谁都知道,羊是温驯纯良的动物嘛。

受降的这一方,借助这种侮辱性的仪节,一来可以震慑孱弱的敌人,二来可以夸耀其盛大的兵威,三来可以彰显其不世的伟业。而投降方灰败的脸色,和卑下的态度,则令他们趾高气扬、心满意足。

"息灭天下之兵,建国家长久之计",一个致力于一统天下的皇帝,自然有机会亲临降仪和之后的受俘礼。在北宋开国皇帝赵匡胤的一生中,便有过三次并吞敌国的经历。

说起赵匡胤的天下之计,不得不提一个历史上著名的事件——雪夜定策。

根据《续资治通鉴长编》的记载,在建隆二年(961年)的一个大雪之夜里,"普谓上不复出矣,久之,闻叩门声异甚,亟出,则上立雪中。普皇恐迎拜,上曰:'已约吾弟矣。'"就在这个夜里,赵匡胤兄弟和赵普一起分析了天下大势,得出了"先南后北、先易后难"的共识。

有趣的是,这一晚"雪下得那么认真",赵普本以为皇帝是不会来他家的。谁知道……

"上自即位,数出微行,或过功臣之家,不可测。赵普每退朝,不敢脱衣冠。"这是说,赵匡胤没事就跑去臣子家里蹭饭蹭茶(好意思不招待他吗),明着是亲昵之举,暗里大有搞突然袭击的嫌疑。

当赵普客套地问起皇帝陛下为何来此时,赵匡胤便答道:"吾睡不能著,一榻之外,皆他人家也,故来见卿。"看看,你道做皇帝容易吗,夜深天冷的时候也无法安枕。

当时的情形是,大宋的辖地只有河、淮流域一带,要想完成统一大业,必须得占据作战的主动权,制定可行的作战策略,消灭或者制服那些外敌。这些敌人便是北面的北汉、辽朝,西面的后蜀,南面的南唐、吴越、荆南、南汉……

人们往往都是自己心里有了主张,但也希望能听到同样的意见,来为自己鼓鼓劲。正好,赵普与赵匡胤的想法是不谋而合的。在赵普看来,如果先打北汉,辽朝必然跑来助拳,所以嘛,他们倒不如先保存北汉,拿它来屏蔽辽朝。

打个比方,时常让人帮忙打架,别人每次都会"乐于助人"不要酬劳的吗?与其打死了狐狸招来了狼,毋宁让狐狸好好地侍奉狼。因为,这狼一旦吃饱了,理论上是不会绕开狐狸的家,去抢劫别处的。

赵普又说,咱们应该集中力量剪灭南方各国的势力,等到天下大定之时,再来对付北方那两个家伙。这就是所谓的"先南后北"了。

赵普的观点到底科不科学呢?咱们先来回看一位故人。

周世宗柴荣,曾在大限之前夺回了北边三关,这在时人看来已是"不世之功"了。按理说,赵匡胤如果能承其遗志,早些夺回燕云十六州,所立之功勋定是超乎前贤的。因此,后世有不少人都吐槽过赵普的观点,认为北宋没有去打击猪对手(如前所述),是大大的失策。然而,我们看待问题要从双方着眼,才能更为全面稳妥。

首先说,北宋的这个主张,准确地说应该是第二次"先易后难、先南后北计划",其原版本的开发人,是后周的王朴。而柴荣在生前便是照此战略采取军事行动的。至于打着打着南唐,就转去北伐辽朝,乃是因为辽朝跑来给南唐助拳了。

其次,辽穆宗虽然很不堪,但契丹族的军事实力却并不见得很弱。您看,萧挞烈便曾打败过符彦卿,斩杀过史彦超。

再次,一个字,穷。历史上有名的"三武一宗"中的一个主角,便是柴荣。相比而言,柴荣灭佛的手段比较温和,带有整顿佛教的性质,其政治目的也不强,以增加赋税为要。国家穷,军队则穷;军队穷,又哪来的战斗力?北宋刚从后周那里接过中原的指挥棒来,要想让它一夜暴富,恐怕是在痴人说梦。

所谓"国家根本,仰给东南",而此时的苏皖、浙江和四川,分别在南唐、吴越和后蜀的手中。说句不好听的话,一边是惹得起的大富豪,一边是惹不起的大土豪,换作是你,你会先抢劫哪一个?反正都是要打仗,哪一个的性价比会更高?答案不言而喻。

所以说,赵普的分析是切中肯綮的,"先易后难、先南后北计划"也是可行的。只是,后事为证,他把北汉、辽朝的能量看得稍微小了点。"彼弹丸黑子之地,将何所逃。"赵普如是说。然而,赵匡胤死的时候,北汉还没有死;辽国灭亡两年之后,北宋自个儿也完蛋了。再说,辽朝天祚帝是为金人所俘的,可跟赵家没啥关系。

"于是用师荆、湖,继取西川。"这是《续资治通鉴长编》里,对"雪夜定策"一事的最后小结。

秋去冬来,寒来暑往,在一次次对外作战中,曾上演过很多惊心动魄的故事。

乾德元年(963年)正月里,赵匡胤先挑软柿子下手,以慕容延钊为都部署,枢密副使李处耘为都监,借道荆南,讨伐衡州刺史张文表。这个"借道",和历史上的"假道灭虢"如出一辙,就看玩计谋

的人，玩出怎样的效果来。

按说，宋军没费多大的力气，就得到了十四州一监六十六县的地盘，割裂了江南诸国的地理联系，这是值得大书特书的功业。然而，李处耘下令大家一起分食人肉——大家吃才是真的吃——造成了非常恶劣的影响，所以赵匡胤的脸上有些挂不住。

确实也是，当宋军分吃胖俘虏的故事，经由幸存者传播开去之后，其他国家的人该怎么看待赵家皇帝呢？

这个故事告诉赵匡胤一个道理，没心眼的将领不能用，太有心眼的将领也不能用；这个故事也告诉"国际友人"一个道理，躲开宋军很重要，跑步减肥也很重要。

但不管怎么说，周保权还是被抓住了，这个东近南唐、西接后蜀、南临南汉的荆南，还是被袭占了。这仍是可喜可贺的一件事。

在统一战争的第一炮打响之后，北宋拿下了荆南这个中部粮仓，一举掌握了作战的主动权，消灭后蜀、南唐、南汉的战鼓，也可以寻机擂动起来。

在这几个国家之中，后蜀是最有可能被拿下来的。这是因为，宋军可以利用东面的水路和北面的陆路，对其展开包围战。

好了，攻灭后蜀的事情已经被提上了议事日程，那就事不宜迟，越快越好，仅在荆南被平定的第二年，即乾德二年（964年）十一月，宋人就已兵分两路，开始向后蜀进发了。北路那边，以忠武军节度使王全斌和侍卫步军都指挥使崔彦进为首领，率三万步骑沿嘉陵江而南下；东路这头，则以侍卫马军都指挥使刘廷、曹彬为统帅，领两万步骑溯长江而西进。

话说，后蜀皇帝孟昶早已觉察到赵匡胤的部署，他可不想像前蜀王衍那样，成为中原王朝的俘虏，自然要靠山布防，做好应敌准备。

然而，北面行营都统王昭远虽自比为诸葛亮，实际上却是一个军事蠢材,以至于不得不退守剑门关,倚仗大自然的赐予,来喘口残气。

次年正月,王全斌俘虏了这位"当代诸葛亮"。刘廷让和曹彬所领的东路军,也溯江而上,先后攻夺了浮梁、夔州。

孟昶心急之下,忙命太子殿下去补王昭远的缺。可让人大跌眼镜的是,孟玄喆不仅不懂军事,还带着姬妾伶人嘻嘻哈哈地跑去出战。敢情这是去玩?连战神李存勖都不敢这么玩。

听说儿子不战而溃逃往东川的消息,孟昶不由对他四十年不遇敌,一遇敌就无兵可用的悲剧,表示了沉痛的反思,并很快做好了修补工作——上降表。令人哭笑不得的是,前蜀和后蜀降表的执笔人,竟然都是李昊这个家伙。

灭蜀战役总共才花了不到七十天时间,且四十五州、一百九十八县都被划入了宋朝的版图中,如果不是因为王全斌、崔彦进的北路军激起了民愤,完全可以画上一个完美的句点。

这也得怪赵匡胤自己,曾说过他只要土地,别的你们看着办的话。这下可好了,缺女人的抢女人,缺财物的抢财物,蜀地老百姓又不是瓜娃子,能不反抗你?

更麻烦的是,朱光绪激怒了文州刺史全师雄,于是全师雄自号为"兴蜀大王",开始了反宋大战。更令人恼火的是,宋初的蜀民十分讨厌姓赵的皇帝,时不时来一次揭竿起义,后来的王小波和王均起义,就是最好的例证。

这个故事告诉赵匡胤一个道理,乱开金口后果很严重。

这个故事也告诉孟昶几个道理:平时应该多读读"生于忧患,死于安乐";平时应该少关心花蕊夫人,多关心自己的儿子;不该听信"当代诸葛亮"王昭远的自吹自擂;不该让李昊来当宰相,实在有些晦气……

吞掉了荆南和后蜀，接下来就该平定江南了。南唐和吴越两国见势不妙，都纷纷臣服在宋朝的膝盖底下，唯有南汉皇帝刘鋹拒绝附宋，等待他的命运，又是什么呢？

【小贴士】

【乾德二年（964年）后的中央官制简表】

	机构	职掌	最高长官	下设	备注
二府	中书门下【东府、政事堂】	行政	同平章事【多由中书侍郎、门下两省侍郎充任，兼任昭文馆大学士（上相）、使馆兼修国史（次相）、集贤院集贤殿大学士（末相）】	参知政事（分割上级的部分领导权，习称"执政"，与宰相合称为"宰执"）⇩中书五房（孔目、吏、户、兵礼、刑）	互不统属，直接对皇帝负责。此时，虽仍设三省六部，但实为安排元老旧臣的机构。
	枢密院【西府、枢府】	军事	枢密使	枢密副使（同上）⇩承旨司（承首、副承旨）⇩四房（兵、吏、户、礼）	
三司	户部	财政收支	三司使【号称"计相"】		
	盐铁				
	度支				

054

第三章

统一：

承平无事上元节，

丝竹歌声更互发

从那时起,今天中个状元,明天就能刷遍整个朋友圈和非朋友圈了。如果这时还有人觉得,"不想当将军的士兵不是好士兵"是什么至理名言,那可就有些落伍了。咱们新时代的活法是"东华门外以状元唱出者乃好儿!"

第一节 "烛影斧声"之谜

在进入正题之前,先来做一个选择题。

如果要你在官运亨通却不得不做个太监,和身体完好无损但湮没无闻之间做一个选择,你会选哪一个呢?如果咱们代入古代读书人的思维,应该会比今人更为犯难吧。因为,一边是"不孝有三无后为大"的传统观念,一边是"学而优则仕"的儒家思想,无论做哪一个选择,都是一个难题。

也许你会说,做官就得受阉割是一件很荒诞的事,但这么荒诞的事,就发生在五代十国时期的南汉。这个国家,是赵匡胤在讨伐北汉失利之后,要对付的下一个外敌。

在消灭荆南、后蜀之后,南唐和吴越两国相继对宋朝表示臣服,而不识时务的南汉皇帝刘鋹,却对其不以为意。这无非是因为刘鋹继承了家族传统,一向自大惯了。

应该说,赵匡胤在攻灭荆南、后蜀之时,都费了些功夫去找借口,但这次出兵南汉,可以说是吊民伐罪、师出有名。就算不说别的,单从做官就得当太监这事儿看来,南汉的皇帝都有些奇葩,尽管这残忍规矩是从刘鋹之时才开始的。

说起他的残忍行径,可不止这阉割官员一事。烧、煮、剥、剔、剑树、刀山等各种酷刑,是他的发明;观看罪犯赤身与虎、豹、犀、象角斗,也是他的兴趣爱好;除去诸王以绝后患,更是刘鋹的日常大餐;在宫中侮辱屠戮微服出行时捉来的百姓,还是他的饭后甜点……

像他这么折腾,朝堂之上,无处不是战栗不安的臣子;庙堂之外,无时不是道路以目的气氛。本来,南汉就是一个地狭力贫的国家,刘鋹还将收来的重税,用于筑造豪奢的宫殿和制作一些奇巧的

玩物。这算怎么回事？碰上一个既酷虐又贪婪的皇帝，南汉的百姓可以说是倒了八辈子血霉了。

可就是这么一个坏皇帝，却做得一手好手工。什么珍珠结做的戏龙啊，什么鱼脑骨做的托子啊，都不在话下，精巧得令专业工匠怀疑人生。

大家都懂，什么叫作"水能载舟亦能覆舟"，我想说的是，百姓们即便一时之间没有覆舟的能力，最起码也可以来个"非暴力不合作"吧。于是，在不作不死的精神指引下，刘鋹终于得来了朝堂一空，唯余奸佞的下场。

有个细节思来十分可笑，宋军南伐的情报来得很晚。很显然，臣民们都巴不得他去死。

从开宝二年（969年）六月起，赵匡胤便展开了战前的物资准备工作。经过慎重考虑，次年九月派出的将领，是潭州防御使潘美。此时，潘美担任了贺州道行营兵马都部署，他将率领伐汉大军，打赢一个又一个漂亮的攻坚仗。

其中，最值得一提的是宋军大战象兵一事。

在潘美占领贺州之后，宋军在十二月间，进抵了韶州（今广东韶关）。南汉都统李承渥在莲花峰下，拿出了这样的秘密武器。象兵如墙，堵在宋军身前，宋兵们要说自己不害怕，一定是假话。

潘美思忖之下，决定来个简单粗暴的办法。

那么，来吧！良弓劲弩伺候着，任你是怎样的庞然大物，也不会不心生畏惧！

果然，事实证明，宠物是要哄的，猛兽是要吓的。当飞蝗般的箭矢齐齐射向象阵之时，没见过这阵仗的大象们骇得转头就跑。可以想象，颠在象背上的士兵有多悲剧，跟在象阵后的军士也纷纷作鸟兽散。

开宝四年(971年)二月,刘𬬮投降,其后,被押送至东京。末了,他以一副奴颜媚骨,得到赵匡胤的赦免,被封为金紫光禄大夫、检校太保、右千牛卫大将军,封恩赦侯。

这么着,南汉历经四帝五十五年,终于在人们的诅咒声中,被埋进了历史的坟墓里。

拿下南汉之后,赵匡胤的新目标,便是南唐。

南唐以宋朝的年号纪年。早在建隆三年(962年)间,李煜(李从嘉)便曾遣使入贡北宋。一年后,李煜奉诏面谒赵匡胤,其后请除诏书的不名之礼(诏书中直呼李煜的名讳)。此请未获允准,但却释放出了一个政治讯号,之前他们以后周为宗主,现在则要坚定地奉宋为正朔。

从烈祖李昇(徐知诰)开始,经元宗李璟(徐景通)一代,勇武刚烈的气质已然散尽,这位"变伶工之词而为士大夫之词"的南唐后主,虽是彼时词国里的皇帝,却已不是,也不敢是割据一方的皇帝。

于是,在开宝四年(971年)十月间,宋兵屯兵于汉阳,李煜惊恐万分,遂降制示尊,对大宋改称为"江南国主"——就像他爹当年臣服于后周一般。心里越慌乱,越不敢有所作为。得知郑王李从善朝贡被扣,宋军于荆南建造战舰的消息,李煜心乱如麻,每日只愿在酒中沉醉,词中沉睡。

开宝五年(972年)正月,李煜再次自贬仪制。其后,他中了宋人的离间计,杀害了干将林仁肇;开宝六年(973年)夏,李煜还遣人搜捕爱国忠良,造成了潘佑、李平双双自尽的惨剧。

一再地退让,只会自毁万里长城,让敌人觉得他软弱可欺。在赵匡胤看来,这样愚蠢无能的人,更没有资格在他的身侧悄然酣睡,哪怕发出的只是细微的鼾声。

经过两年的充分准备,赵匡胤在开宝七年(974年)九月发动了伐唐之战。此战中,原宣徽南院使曹彬和都监潘美通力合作,花了一年零两个月的时间,终于攻破了江宁。

李煜"肉袒降于军门",南唐灭亡,享祚三十九年。

> 四十年来家国,三千里地山河。凤阁龙楼连霄汉,玉树琼枝作烟萝,几曾识干戈?
>
> 一旦归为臣虏,沈腰潘鬓消磨。最是仓皇辞庙日,教坊犹奏别离歌,垂泪对宫娥。

这首《破阵子》,应该就是李煜被押解入开封时的心情写照了。对比他从前的浮靡词风,我们显然更愿意读这种沉痛悲凉而又天真赤诚(垂泪对的不是将士)的词作。果然,"国家不幸诗家幸,赋到沧桑句便工"。

如词评家王国维所说,"后主则俨有释迦、基督担荷人类罪恶之意"。对于这样一个人,我们或许恨其不争,悲其不愤,却仍然惜其不幸,悯其不寿。

我们一定还记得那个"先易后难、先南后北"的计划吧。既然南唐已经灭了,对北汉采取一些军事行动,自然也在计划之中了。

开宝九年(976年)八月,赵匡胤派侍卫马军都指挥使党进、宣徽北院使潘美等人分率五路兵马,齐聚太原城下,打算与北汉军和辽军来一场血战。此战既不是挠痒痒般的试探,也不是一决雌雄般的竞赛,而是真正意义上的灭国之战。

然而,宋兵退了,就在小有战果的情况下,全军退了。因为,他们的官家(宋人习惯将皇帝称为"官家")驾崩了。

《宋史·太祖本纪》说:"癸丑(十月十九日)夕,帝崩于万岁殿,年五十,殡于殿西阶。"故而,国丧之下,不宜作战。北伐之师,在十二月间回军临丧。

退兵这事,实属应当,不容置疑。但让国人倍感意外的是,太祖皇帝的继承人,不是他的成年儿子,而是小他十二岁的三弟。

值得注意的是,在以汉人为主体的正朔王朝里,并不奉行游牧民族"兄终弟及"的继承法则。他们贯彻的是,"立嫡不立长""立长不立贤"的思想。因此,有子而未承父的情况,就算没有猫腻,也能被民间野史和文人笔记敷衍出许多故事来。那么赵匡义,也就是赵炅,到底有没有弑兄篡位的可能呢?

根据谁得利谁嫌疑的推论,很多人都怀疑过,赵炅确实有这样的作案动机。

在北宋僧人文莹的笔记体野史《湘山野录》中,曾文辞闪烁地描述过宋太祖驾崩前后的细节——

>……急传宫钥开端门,召开封王,即太宗也。延入大寝,酌酒对饮。宦官、宫妾悉屏之,但遥见烛影下,太宗时或避席,有不可胜之状。饮讫,禁漏三鼓,殿雪已数寸。帝引柱斧戳雪,顾太宗曰:"好做,好做。"遂解带就寝,鼻息如雷霆。是夕,太宗留宿禁内,将五鼓,周庐者寂无所闻,帝已崩矣。太宗受遗诏于柩前即位……

因为这段记载语气幽微,使人疑心作者有什么难言之隐,就此便留下了"烛影斧声"的千古之谜。那么文莹这么写,时人以及后世又是怎么评价的呢?

北宋名臣司马光,就对此说法表示了质疑。他的理由是,这位所谓的犯罪嫌疑人,当时不在寝殿(以宋廷制度,男子不可夜宿宫廷),而宦官王继恩之所以跑去开封府衙门召赵光义来入承大统,是因为他知道赵匡胤的心意。这么说来,王继恩是一个忠诚的内臣,纵是宋皇后想传位于秦王赵德芳,也不能使他屈从。

南宋史学家李焘也不采信文莹的说法，但因为这个说法的影响力太大，而将其载入《续资治通鉴长编》之中，留于后人详考。

　　那么，后人又是如何详考的呢？

　　明人陈邦瞻在《宋史纪事本末》中，加入了赵匡胤在十月间就身患疾病和"壬午夜，大雪，帝王召晋王光义，嘱以后事"这个细节。这似乎是在说，宋太祖并非暴卒，且其三弟并无弑兄的可能性。

　　此外，《续资治通鉴》《宋论》等官方正史和文人笔记，几乎都认为烛影斧声之事纯属虚构，所谓的阴谋弑兄一事并不存在。纪晓岚等清代学者，则认为文莹的记叙本身没有问题，他的文字并无暗示意义，只是后人在做"阅读理解"的时候，做得有点过了。

　　由此看来，官方和不少文人的看法是，宋太宗赵炅没有弑兄。然而，我们依然得思考这样几个问题：弑兄和夺位是不是一个概念？在宋太祖驾崩后，宦官王继恩到底是自作主张去迎立太宗，还是早有预谋？如果王继恩早有预谋，他又有没有可能在侍奉宋太祖的时候，为他的新主人做点什么？

第二节　会升级换代的金匮之盟

　　历史上的很多谜案，之所以让我们觉得扑朔迷离，问题在于我们习惯于"就事论事"。其实，只要我们把目光放在别处，便可能获得柳暗花明的体会。

　　为了表达对大行皇帝的敬意，皇帝们很少选择在当年改元。像明英宗朱祁镇复辟之后，改元"天顺"一事，则是为了迅速消除弟弟的影响力。这样的事件，实属个例。可我们在翻查公元976年的文献时，很容易发现，在赵匡胤驾崩当年，北宋的年号就变成了"太平兴国"。

宋太宗赵炅为何要急着改元呢？要知道，宋朝的文治时代是由他开创的，相比他哥哥而言，他更是一个喜读书懂礼法的人。斯文如他，怎么可能做出这样不知礼数的事情呢？

一个人刷存在感，刷得如此之急，答案应该只有一个，他也需要尽快消除哥哥的影响力。

不妨再来看一个历史事件。因为北宋一直定都于汴京，所以可能很少有人去关注北宋皇帝有没有产生过迁都的念头。事实上，至少在赵匡胤时代，他是有过这个想法的，为此，他还特意当了一次"无赖"。

原来，建国之后不久，赵匡胤就意识到了一个问题：像汴京这样的"四战之地"，虽然交通极为便利，受到过五代统治者的青睐，但却四面平坦无险可恃。如果没有强敌在侧倒也罢了，可大宋继承了后周的政治遗产，顺便也继承了北汉和辽朝对后周的敌意。

将一国之都暴露在敌人的铁蹄之下，那是多么危险的一件事！

当然也有个办法可以解决这个问题，那就是全民习兵。过去，战国中的赵国便曾采取这种国策，家喻户晓的胡服骑射一事，也就发生在这样的地理背景下，但是结果又如何呢？秦国以险固地势和进取精神，赢得了最后的胜利。

一句话，定都汴京不利于国家的长治久安。

迁都！朕要迁都！产生这个想法之后，赵匡胤在西幸洛阳之时，便赖着不走了。历史上，便曾有帝王用看似耍赖的手段，得以迁都的成功案例。

孝文帝元宏，原姓"拓跋"。出于解决平城偏北地寒、消除文明冯太后的影响力（李凭等学者的观点），和加快汉化步伐的考虑，元宏在颁布俸禄制、推行均田制之后，准备迁都洛阳。时在太和十七年（493年）。

事前的部署和安排自然必不可少。主要的一点，是他对外宣称伐齐,等到生米煮成半熟饭(大家已在南伐途中)之时,才抛出迁都这句话。当时,老天也很给力,一阵瓢泼大雨浇得军中一片哀声,哪有心思行军打仗啊!

大家苦求无果,最终在"迁都洛阳"与"继续打仗"这两个不情愿和极其不情愿的选项里,不得已选择了前者。此后虽有种种反声,但元宏都置之不顾,迈出了迁都汉化的一大步。

元宏成功迁都的要诀之一,便是深谙人心。他明白,对安逸惯了的鲜卑臣子来说,他们是宁愿拖儿带口地内迁,也不愿意浴血辛苦地南伐。

"崤函帝宅,河洛王里",这是元宏当年的愿望,也是赵匡胤的理想之一。应该说,他那先迁洛阳再迁长安的理想还要远大一些(可效汉唐故事),可惜操作起来却处处受阻,直接被卡在了第一关。

群臣们觉得他们的官家是在玩过家家,纷纷表示反对。起居郎李符的话说得有些直,铁骑左右厢都指挥使李怀忠,则是在晓之以理:汴渠可将江淮之漕米,供给天下,这就是大大的优势。

径迁长安!赵匡胤给出这样的意见。然而,当赵匡义出来说了一句"安天下者,在德不在险"之后,赵匡胤便没有脾气了。

"不出百年,天下民力殚矣!"他长叹一声,就此妥协。现在,请回顾一下这个事件的历史时间——开宝九年(976年)三月。也就是说,在迁都一议受阻之后不久,赵匡胤便驾崩了。

安天下,真的靠德就可以了吗?想想宋襄公吧。高举"仁义之师"的大旗,奉行所谓的伦理政治,其果如何?身死人手,为天下笑而已。这个道理,赵匡胤岂能不懂?

作为开国皇帝,又是集权之君,说赵匡胤毫无迁都的魄力,是不合常理的。我们且来看看,赵匡胤此后最突出的变化是什么,就不难明白他的想法了。

经此一事,赵匡胤曾几度到赵光美(赵匡美、赵廷美)的府上去,兄弟之间谈了什么,史上无载。但必须说明的是,相比三哥而言,赵光美在过去并不怎么受他二哥的重视。赵匡胤虽然喜欢微服出行,但不是什么地方都爱去的。

究其原因,通过迁都一事,赵匡胤可能已经看到了三弟的实力和野心。

多年的开封府尹不是白当的,尤其是在赵普被请出中枢之后,赵匡义可谓是大权在握,一人之下万人之上了。反过来看,赵匡胤提议迁都,也可以说是对亲人的一种试探。倘若迁都成功,受损最大的也必是经营多年的赵匡义。

根据史料记载,赵匡义在担任开封府尹的十五年里,幕府成员便有六十余人。哥哥所倚重的文官武将,如楚昭辅和卢多逊等人,也是他刻意结交的对象。这么看来,赵匡义的动作幅度不算小,赵匡胤对此绝对不会一无所知。

此时,自然很有必要培植一股新的势力,来束住赵匡义的手脚。既然不想对亲兄弟动刀子,那么唯有掣肘这个法子可行了。毕竟,赵匡胤连开国重臣的命都不想要。不然,兔死狗烹之事,世所常见,他明明可以"照章办事"的。

仅就赵炅当年改元和阻其迁都的事情看来,所谓的"兄终弟及"一说都有不少可疑之处,更不用说,五年后赵普抛出的"金匮之盟"了。

> 建隆二年(注意这个时间,961年。距离宋太祖赵匡胤驾崩早十五年,距离赵普说出金匮之盟更是有二十年之久),太后不豫,太祖侍乐饵不离左右。疾亟,召赵普入受遗命。太后因问太祖曰:"汝知所以得天下乎?"太祖呜咽不能对。太后固问之,太祖曰:"臣所以得天下者,皆祖考及太后之积庆也。"太

后曰："不然，正由周世宗使幼儿主天下耳。使周氏有长君，天下岂为汝有乎？汝百岁后当传位于汝弟。四海至广，万几至众，能立长君，社稷之福也。"太祖顿首泣曰："敢不如教。"太后顾谓赵普曰："尔同记吾言，不可违也。"命普于榻前为约誓书，普于纸尾书"臣普书"。藏之金匮，命谨密宫人掌之。

——《宋史·杜太后传》

是的，您没看错，这份对宋太宗赵炅十分有利的继位证据，是在五年后才现世的，而赵普凭借这一从证之功，得到对方的赏识信任，后来也得以再度拜相。这个双赢的结果，表面上堵住了悠悠众口，但换个角度去想，这又何尝不是赵炅得位不正的证据呢？

如果昭宪杜太后曾经真的说过国赖长君、兄终弟及的话，并且让赵普记载下来，秘藏于金匮之中，那么赵普怎么可能直到太平兴国六年（981年）九月，才把它献出来呢？要知道，在赵普备受冷落的几年里，他曾经被卢多逊欺负得死去活来。彼时，他为何不拿出这份誓书，来讨好赵炅呢？

更令人惊诧的是，这份金匮之盟还是可以升级换代的，到了后来，为了打击"合法继承人"赵廷美（其他的继承人赵德昭和赵德芳都死了），赵普又说，这誓书还有下文呢，大家可瞅好了，其实呢，杜太后的真正意思是，咱大宋第一次传位要兄终弟及，之后就应该父死子继啦！

一个谎言，往往需要数个谎言来弥补。公允地说，三度拜相的赵普，的确做过很多实实在在的好事，但对于有知遇之恩的赵匡胤来说，他到底还是没能善始善终。

当然，对于百姓来说，谁做皇帝不是重点，重点是谁能坐好那把龙椅。为了把龙椅坐好，宋太宗赵炅决心继承哥哥的遗志，将统一战争进行到底。

要想统一天下,首先得干掉北汉。

先前说到,北宋从后周那里得到銮舆,顺便也继承了北汉和辽朝对后周的敌意。这话还得说回到当年。由于郭威耍了心眼,把皇帝候选人刘赟给弄没了,他的父亲刘崇便气怒不已,于乾祐四年(951年)称帝于太原,史家们把这个割据政权,称作"北汉"。

一言蔽之,因为刘崇跟郭威、柴荣有仇,所以北汉的世世代代都跟在汴京建国的政权有仇。这个脑回路有些奇怪,但北汉的统治者们,是宁可一直效仿石敬瑭(只是口头上不乱认爹),一心抱紧辽朝的大腿,也不跟宋朝握一握手的。

早在乾德元年(963年)七月间,赵匡胤就曾分派安国节度使王全斌等人,去试探过北汉的实力。次年正月,宋军再次攻入北汉,因为辽帝耶律璟的援阻,大败而归。

在开宝九年(976年)之前,赵匡胤又几度对北汉采取过攻势,但效果不太理想。开宝九年十二月,北伐之师因国丧之故,而尽数撤返。回看赵匡胤这一生,他站在柴荣的肩膀上,先后灭了荆南、后蜀、南汉、南唐,也着实是了不起,可他拿北汉一点办法都没有。

宋灭北汉,殊为不易。之后,赵炅也是在做足了准备工作之后,才敢再次发动灭国之战的。这个准备,主要指的是迫使泉州陈洪进"纳土"、吴越钱弘俶"归地"。这个道理不难明白,周围的割据政权越少,大宋作战的制约因素也就越少。

太平兴国三年(978年),赵炅制定了攘辽攻汉的策略。战前先肃清外围,是在屡次作战失利后,做出的极为明智的抉择。

次年正月,赵炅命猛将潘美为北路都招讨制置使,率崔彦进、李汉琼、刘遇、曹翰四部兵马,齐出北伐。十万大军会攻太原,北汉皇帝刘继元内心惶恐不安,赶紧派儿子刘让去辽朝做人质,以换取对方的援兵。

在攘辽攻汉方针的指引下,宋军有备而来,信心满满。三月间,郭进在石岭关(今山西阳曲县东北)斩杀了辽将耶律敌烈。此战中,辽兵损失惨重,不敢再来助拳。刘继元懊丧不已,气得捶胸顿足。

下一月,赵炅亲自到太原城下督战。宋军气势如虹,在五月初一日,攻陷了晋阳城西南的羊马城。负隅顽抗,显然是在找死,北汉宣徽使范超、马步军都指挥使郭万超皆作此想,他们赶紧投降献地,做了识时务的俊杰。

初四那天,赵炅一边亲自起草诏书,对刘继元开出优厚的条件,一边指挥兵马加速攻城。当此情形,刘继元心理防线一触即溃。当他听到退休老干部马峰的劝降意见后,终于毫无斗志,派人送去了降表。

这一天,是太平兴国四年(979年)五月初六日,赵炅赢得了登基之后的第一个辉煌战果——消灭北汉。这一战,彻底结束了李唐中期以来,藩镇割据、动荡不安的局面,这是他值得肯定的历史贡献。

但如前文所述,保存北汉,可以之屏蔽辽朝。而如今北汉已矣,辽宋之间的矛盾冲突,便成为宋太宗赵炅必须正视的难题了。

第三节 驴车逃命,刻不容缓

按照中原王朝的传统观念来看,消灭北汉便可被认为是完成了统一事业。但是真正的海内一统,应该是像汉唐一般,在经济、文化、军事上,都一度对周边国家产生压倒性的威势。

通过赵炅禁毁神道之术的事件,可以曲折地反映出,民间有一些弑兄篡位的流言不时冒出来。要想成为百姓眼中的正统,赵炅必须要做个优秀的皇帝——至少要比他的兄长优秀。这种优秀,首先应该反映在统一之战上面。

为了达成真正的海内一统,赵炅一直在为高梁河之战和雍熙北伐大伤脑筋。

两次战役,都是他对辽朝发动的,时间分别在太平兴国四年(979年)六月和雍熙三年(986年)正月,跨时接近七年。

在宋太祖时代,赵匡胤没有直接对辽朝发动战争,很显然,收复燕云、拱卫中原的时机还不成熟。为了积攒资本对付辽朝,他特意建立了封桩库,用以储放财政盈余。如此一来,对于燕云十六州的土地,将来无论是和平赎买还是武力攻夺(打仗更需要钱),都不会穷于应对。

主意虽好,但封桩库里的钱还不曾蓄满三五百万,赵匡胤就驾鹤西游了。

太平兴国四年五月,赵炅消灭了北汉,做到了前任没完成的事。像赵炅这样一心想走出兄长阴影的人,一旦得到了这样的胜利,自然是信心爆棚,巴不得一口气吞掉两个大胖子。

既然已经大获全胜了,那还等什么?赶紧挟战胜之余威,取燕云之故地啊!

然而,最不该被忽略的事情,却被赵炅忽略了。宋军的确不乏实力,将卒们也的确士气盈旺,但他们毕竟是人,而不是机器。对北汉的灭国之战,从正月打到五月,全师已经陷入身心疲乏军饷不足的困境中,此时再贸然发动一场大规模的战役,不是一个明智的举动。

此外,那个昏暴的辽穆宗耶律璟已经被近侍杀了,辽景宗耶律贤上台之后,一心革除旧弊,算是个励精图治的有为之君。他也拥有耶律休哥、耶律斜轸这样的得力干将,北宋这头虽然也有能与之颉颃的将领,但其实大家都明白一个道理,将领的素质并不是决定战争成败的唯一要素。

《孙子兵法》有云："夫未战而庙算胜者，得算多也；未战而庙算不胜者，得算少也。多算胜，少算不胜，而况于无算呼！"这里所说的"庙算"，是一种战前的战略筹划。战中实践是很重要，可战前的能力预估难道就不重要了吗？没有严密军事部署，战争将形如儿戏，纯靠运气，一点也不靠谱。

至于殿前都指挥使崔翰说什么"所当乘者，势也；不可失者，时也"，这种话并不表明他对战果有什么成算，无非是为迎合圣意，讨好皇帝而吹的牛皮罢了。

五月下旬，宋军分兵从太原出发，直指河北平原。六月初七日，赵炅调发河北诸州的辎重粮草，命其火速运往前线，不过远水能不能解近渴，还得看老天赏不赏好脸。

到了六月下旬的时候，宋军来到了辽朝南京（今北京，宋称其幽州）城下，即刻采取军事行动。耶律斜轸不欲直撄其锋，又想利用耶律奚底新败的条件施展诱敌之计，便暂时蹲踞在得（德）胜口（今北京昌平西北）。与此同时，南府宰相耶律沙则撤离到清河北（今北京清河镇附近）。两人之间形成了掎角之势，等待的无非是一个作战时机。

之前十日，赵炅已经从镇州（今河北正定）出发，亲自督军北上。在他看来，耶律斜轸实力不足，只够自保，因此便集中了火力，没日没夜地攻城略地。然而，劳顿力乏的问题很快暴露了出来，粮草紧缺的矛盾，也因为运输线过长而分外鲜明。就在这时，耶律斜轸冷不丁咬住了宋军的尾巴，导致宋军大溃而退，跑到清沙河（北京城北二十里）北去喘气，正好与敌方隔河对峙。

耶律斜轸妙计得售，南京城内的守军也坚定了严防死守的心意。此时，南京的守臣，正是智略过人的韩德让（之后萧太后的情郎）。如今他代父守城，可说是竭尽了心智。

本想着一鼓作气再创佳绩,没想到却在辽军这里吃了瘪。

自信心被严重挫伤的赵炅,死活咽不下这口气。于是,他决定在六月二十六日亲督将士攻击对岸的辽军。这一次,敌方仗着地险之利展开守势,宋军费了许多周章也没如愿以偿。

到了月底,趁夜登南京城的三百宋军又被耶律学古逮了个正着。人员的损耗还不算大损失,其苦心所挖的隧道被辽军发现了,真是既打脸又失策的一件事。

考虑到耶律奚底、萧讨古、耶律斜轸等军只能据地声援,而不能采取攻势,辽景宗耶律贤为解南京之围,忙派耶律沙和耶律休哥(代替耶律奚底)分兵救援。

辽军的反击战从七月初就开始打响了。

此时,宋军围攻南京不下,士气早已耗尽,一心思归。耶律沙大军看出对手"将士多怠"的弱点,主动在高粱河挑起战争。这一天,是七月初六日,耶律沙暂时败退。然而,由于宋军劳顿力乏,无法扩大战果,他们费了一个下午,也只追了败军十余里。这样的成绩,显然不能令赵炅满意,但在那时他已经急红了眼,没心思去反思己身。

有一个浅显易懂的道理就是,你不能驱使机器不停地运转,即便它既不缺电又不缺油,因为,它也需要休息。更何况,人不是机器,而宋军如今是既缺粮又乏力。

要问宋军这时最担心的是什么,那一定是一支生龙活虎的辽军。很不幸的是,他们怕什么,对方就来什么。别忘了,耶律贤不只派出了耶律沙,还派出了耶律休哥。

话说,十六国时期,一世枭雄慕容垂曾经夜晚让士兵每人举起十把火炬,光照数十里,犹如白昼,造成军队众多的假象。敌人眼见这情形,慌成一团,赶紧夺路而逃。估计耶律休哥读过这一段,所以来了个如法炮制。

他命兵士们各持两把火炬直冲而来,可着实忽悠了宋军一把。

宋军还未正式迎战,心里便有些发怵,商议的结果,便是据守高梁河,先为抵御之计。问题是,你在坚守抵御的时候,别人不会无所作为。等到宋军鼓起勇气大战一场的时候,耶律休哥已经将耶律沙的败军重新收拢了回来。

败军未必不勇,不然就不会有个词,叫作"一雪前耻"。

两位耶律大将各率精锐骑兵,夜袭宋军,形成两翼夹击之势。眼见局势已经完全扭转,南京城里的辽军不甘人后,赶紧开门列阵,鸣鼓高呼,韩德让主动邀击,意气壮烈。

等到宋军觉察到被包抄的窘境时,已经无心再战,只能匆忙后退。耶律沙赶紧从后追击,先前一直在声援蓄势的耶律休哥、耶律斜轸,也争先恐后地跳了出来。宋军死伤万人,狼狈南退。一片忙乱中,宋军把中了箭伤的皇帝弄丢了,军士们也把身负重伤的将领弄丢了。

宋军危矣,宋皇危矣!

赵炅的近臣见势不妙,急火火地找了一辆驴车,把他送了上去。到了这种关键时候,"留得青山在,不愁没柴烧"才是至理名言哪!不过,这个时候,赵炅可以改个名,叫赵囧(这个"囧",须按时下网络语理解),因为能把亲征搞成这种效果的可不多见,他那亲爱的哥哥,要是在天有灵,估计都得跺脚骂他。

关键时刻,驴车保命。七月初七日,天空泛起鱼肚白的时候,赵炅的驴车已飞奔到了涿州城外。此时,一众败兵都还没来得及撤退过来。赵炅并不放心,于是又绕过涿州城,直到抵达金台屯,才敢下车回望。可是,败军还是没过来。

怎么回事?赵炅心中碾过千念,但却没想到,就在他一溜烟跑开之后,大军哗动不已,有不少人怀疑皇帝已经遇难,便提议拥立随军的武功郡王(赵炅登基后封的)赵德昭做皇帝。

朕还活着呢!这些混蛋!赵炅气急败坏,忙命崔翰传出诏命,下令班师。

其实,军中拥立新帝,本为无奈之计,但这事落在赵炅眼中,可是形同谋反一般的事件。这个不难理解,如果不是赵炅跳出来截了胡,赵德昭早就该做皇帝了,不是吗?说赵德昭现在已经没了问鼎尊位的野心,赵炅表示,呵呵……

这么一想,赵炅骨鲠在喉,憋得难受,但苦于没有理由惩治这个侄子,只能生生忍住怒火——直到那个性情耿直的娃说错了一句话。《宋史》中记载道:"及归,以北征不利,久不行太原之赏。德昭以为言,上大怒曰:'待汝自为之,赏未晚也!'"

赏罚这种事,一码归一码。北击辽朝虽然失利,可北汉却是实实在在打下来的啊!遗憾的是,盛怒之下,赵炅的情商指数也跟着大幅下滑,坚决不予兵士们任何赏赐。

真是的!为你打仗打得头破血流,打得埋骨他乡,图个啥!

赵德昭看不下去了,想要跟他叔叔说说道理,对方却抓住话把,狠狠骂了他一顿。赵德昭岂能不知他是在找碴,心想自己险些被拥立为皇帝,已然触怒了叔叔,与其将来死得没有尊严,还不如选择个痛快的死法。最后,"德昭退而自刎"。

对于赵德昭之死,史载是"上闻惊悔,往抱其尸,大哭曰:'痴儿何至此邪!'"表面上看来,这是一桩"大人一言不慎,小孩玻璃心碎"的人伦惨剧,但此间的细节又是怎样的呢?

两年后,赵德昭的弟弟赵德芳莫名其妙地死了。三年后,据说魏王赵廷美(避讳改名),想要谋篡皇位,宽大为怀的皇帝只是罢免了他的开封府尹,把他迁到西京(今洛阳)去做留守……

后来，赵廷美与兵部尚书卢多逊狼狈为奸，落得个先赋闲在家，再迁往房州（今湖北省房县），郁郁而终的结局。

不管对皇位构成威胁的三个人，以何种方式失去了生命，他们都没有能力来抢走那个金光闪闪的御座了。所以，回说到赵德昭身上，他是不是真的长着一颗玻璃心呢？咱们仁者见仁，智者见智吧。

回说一下辽军，耶律休哥一路浴血奋战，最后重伤昏死过去，亲兵便用轻车载他前行，代其发号施令，一路将追击进行到底。最后，他们追到了涿州城下，获得大量粮草辎重。

为了防备契丹"再接再厉"一路南侵，赵炅在金台屯做了较为周密的部署，把定州、关南、镇州分别托付给崔翰和孟玄喆、崔彦、刘廷翰和李汉琼。他们都由刘廷翰统一节制，但也享有便宜行事的权力。另外，赵炅授予诸将阵图，命他们必须入图布阵。

私以为，这个安排有些画蛇添足的意思。这不是说，军队不需要列阵，优势互补便于指挥的好处显而易见。可是，诸如地势、天气、粮草、通信等作战因素复杂多变，如若将领的脑子里只绷着一根筋，势必为阵图束手束脚，如何能将军队的战斗力发挥到极致呢？

从这一点，也不难看出，自打高粱河一役后，进取心极强的宋太宗已经不复起初的锐气，而北宋对外的战略也由"海内一统"，转变为"守内虚外"。因为，他需要进一步加强对军队的控制力，他的卧榻，也不准有任何一个人，发出轻微的鼾声！

第四节　文治天下自我始

2008年6月，国务院批准入选的"第二批国家级非物质文化遗产名录"，其中有一种流传于西北地区的以民间说唱方式表达的文学作品，名为《杨家将传说》。

杨家将、杨业、佘太君、穆桂英……这一串熟悉的名字，因为各种文艺作品的流行而妇孺皆知，世代闻名。他们的故事早在宋朝便已散播开来，后来便成为明人熊大木《杨家将演义》和说唱版《杨家将传说》的素材。

很少有人不为杨家的碧血丹心而感慨落泪，然而，历史上的杨家将，是否真如传说中所言，祖孙三代都在御辽保宋呢？答案当然不是。

据清代《保德州志》所说："杨继业……事北汉为建雄军节度使，娶折德扆女。"这个折德扆是北汉隐帝时的府州团练使，大概因为"佘"为"折"的讹传，所以"折德扆女"便成了"佘德扆女"。

照此看来，佘赛花确有其人，但她与夫君杨继业却都是北汉人。而杨继业这个名，是北汉皇帝所赐的，杨重贵才是他的本名。至于耳熟能详的杨业一名，则是杨继业在归宋以后，所改的大名。

归宋以后，杨业被派往山西战场，长期受潘美节制。这个潘美，就是传统侠义小说中的大奸臣潘仁美的原型。人们都认为，造成杨业在两狼山（实为陈家谷口，今山西朔县南阳方口陈家沟）被俘，而后绝食而死的罪魁祸首，是潘美。

实际上，当我们回看雍熙北伐时的一些细节，便能得出较为客观的认识。

在北伐失利之后的第三年，即太平兴国七年（982年），赵炅打算趁着辽圣宗耶律隆绪登位之事，与他们谈一谈和平邦交的问题。没想，对方却以没有正式的国书为由，一口拒绝了。下国书，是很伤面子的事，赵炅就算实力落于下风，也不愿口头上低人一等。

既然和谈无望，备战一事自然会被提上议事日程。

雍熙三年（986年）正月，赵炅再度发动北伐战争。选择在这个时候北伐，一则，因为那三个"潜在皇位争夺者"都先后过世了，正所谓"攘外必先安内"，赵炅此时没有内忧，便有了对付外敌的精神头；二则，从打算再度作战起，至今已经有了四年的精心准备，也是时候该验收一下成果了；三则，赵炅按照汉人的伦理常识，认为萧太后有些艳情故事，从舆论上就输给了大宋王朝。

关于第三点，我们可以确定地说，赵炅的这种看法是有问题的。姑且不论萧太后和韩德让是否有真爱（我觉得有），单看他们在政治上的作为，便可称为一对心有灵犀的好搭档。再看萧太后本人，她任命耶律休哥为燕京留守，也说明她很有政治眼光。

一代名将，也可以是好的政治家，耶律休哥带领军民劝课农桑，修整武备，迅速开创了"边境大治"的局面。这样的全能型人才，真是不用白不用，用了还想用。

有鉴于上次狼狈逃命的惨痛教训，赵炅此次没有御驾亲征，转而选用阵图来做遥控器。只是嘛，我们都知道，擅于纸上谈兵的人，未必能赢得实战的胜利。那么，实战不力的赵炅，为何就迷之自信地认为，他可以有效地进行遥控指挥呢？

阵图这种东西，是因猜防武将而产生的。猜防武将这种心绪，虽发端于宋太祖赵匡胤，但赵匡胤对他亲自栽培的武将，只做过方略上的大体指示。可赵炅则不然，他搞出阵图这么个玩意儿，主要是借此来"将从中御"，限制其军事行动，以免对方造次。

在太宗、真宗时代里，他们要求将领必须按阵图上的预设，去一步步地执行，不能打什么折扣，因此难免产生胶柱鼓瑟的恶果，难怪这两朝的对外战事，总是输得有些尴尬。老话说，"将在外君命有所不受"，这话不是没道理的！

在雍熙北伐中，东路的曹彬、米信虽为主力，但先作疑兵而已；

中路的田重进有作战任务；西路的潘美、杨业，则是要实实在在打硬仗的。按照计划，潘、杨二人是要先出雁门关（今山西代县北）攻夺诸州，再与别部会合，最后一起夹攻南京的。

因为三路大军过于分散，彼此之间难以互相配合，东路主力又有可能不甘寂寞，而忘记自己疑兵的身份，这场战争早就输在了战略之上。而该死的是，赵炅对于自己的安排很是满意，要想让他改战略部署，门儿都没有。

最后的结果是怎样的呢？

短暂的胜利之后，萧太后母子接到了耶律休哥的援书，迅速亲征南下，驻兵涿州东北。援军到达之日，便是双方决战之时。韩德让则坐镇后方，使其没有后顾之忧。这可以说是"母子同心，其利断金；情郎敢拼，造福辽民"了。

因为中路、西路大军捷报频传，东路主力却退守雄州，兵士们难免心有不甘，一番怂恿之后，曹彬也不欲人后，再度进攻涿州。可令人叹息的是，这一次，他们不仅败了，而且还败得很惨。

主力一溃，萧太后便能将优势兵力用以对付中西两路宋军了。情形不对，撤退为要。赵炅迅速制定了先中后西的撤退策略。

好了，中路军的各位将士们，大家赶紧先回去休息吧。至于西路军，你们辛苦一下，要先掩护好寰、朔、云、应四州居民，才能考虑撤退的事……

没有别的猎物，西路军，也就是潘美、王侁、杨业这支队伍，便成了辽军的唯一目标。在这里，我加上了先前不曾提过的一个人，王侁。

这是因为，若论害死杨业的罪魁，一定非他莫属。潘仁美借刀杀人的说法，只是文学作品的杜撰，真实的历史却是，潘美身为正职，也拿这个没有作战经验却大权在握的监军王侁无可奈何。

王铣到底都做了什么好事呢？首先，他讥讽了杨业声东击西的打法，强令他冒险出击。然后，他也没能满足杨业的要求，在陈家谷口部署来接应杨业的强弩步兵。潘美大为惊诧，可他既然阻止不了王铣的撤离行动，也只能跟着仓皇退守了。不然呢？待在原地找死吗？

最后，杨业在陈家谷口"拊膺大恸，再率帐下士兵力战"，终因力有不逮而为辽军所擒。他的长子杨延玉，也死在了乱军之中。

从事后的处分来看，潘美不像王铣那样被撤职发配，而只是受到了降职处分。《宋史》当中的相关记载，还是比较靠谱的，潘美不应该为杨业之死负上主要责任。

雍熙北伐，是图谋燕云的最后一战。

如果说，高梁河之战让宋朝君臣将士一时泄气，那么此次作战失败，便是一种不可承受之痛。自此以后，朝野之内闻辽必恐，言战必慌。在这样的气氛下，"守内虚外"的权宜之计，便逐渐被认可为宋辽之间的合理关系。

清初哲学家李塨认为，宋太宗没有军事上的雄略，是以"天下不能混一矣"，这个看法还是很有道理的。那么赵炅本人对宋朝的最大贡献是什么呢？那便是开创了一个空前灿烂的文治时代。

近代学者严复曾说："古人好读前四史，亦以其文字耳。若研究人心、政俗之变，则赵宋一代历史最宜究心。中国所以成今日现象者，为善为恶，姑不具论，而为宋人之所造就，十八九可断言也。"这是说，宋朝那些曾经一度登峰造极的文化艺术和科技发明，是产生于统治者偃武兴文国策之上的。

偃武，是早从太祖时代就制定的国策。赵炅想要兴文，首先便应以身作则。

今天我们要劝别人多读书，多半会用"开卷有益"这个成语。

这个成语出自《渑水燕谈录》。其间有载："太宗日阅《御览》三卷，因事有缺，暇日追补之。尝曰：'开卷有益，朕不以为劳也。'"

这里的《御览》，说的是赵炅命文臣李昉等人编纂的一部分类百科全书《太平总类》。因其集录了一千六百多种古籍的精华内容，赵炅感其宏富博大，又将之更名为《太平御览》。除此以外，"宋初四大书"中的《太平广记》《文苑英华》，也都是在赵炅在位之际修撰出来的。一个是野史传奇小说的辑录，一个是萧梁末至晚唐作家的作品合集，读来都甚有趣味。

古中国历来都有易代修史、盛世修书的优良传统，这样的做法，无疑能载录历朝文明，延续民族文脉。当然，统治者利用修书修史的手段，将不利于自己统治的书册都列为禁书，也造成了一些负面影响。

比如，有人统计过，在《四库全书》的编修过程中，总共焚毁了几十万部图书，其数量之巨，几乎赶上了它所收录的数目。

好在这样的情形并没有发生在文治昌明的宋朝。而赵炅通过修书一事（主要是贞观年间，唐朝官方修纂了六部正史，在这上头想要超越前人十分困难），则彰显了本朝的文治武功，也为自己赢得了一些好的口碑。

修书只是文治天下的一个方面而已。与之相呼应的，便是健全馆阁制度的做法。

赵炅实在看不惯用来典藏图书的昭文馆、史馆和集贤院的矮小嘈杂，遂在即位第二年，诏令营建新馆和秘阁，并赐其总名为崇文院。他对这事十分上心，为此客串了一把建筑设计师，说来也是一段佳话。

馆阁建好了，自然需要有人去管理。于是，让文士担任馆阁学士的想法，也被他付诸实践。自此以后，文官们无不以兼馆职为

荣,由此看来,健全馆阁制度,可不仅仅是为了典藏图书。

这位一心在文治之上赶超前任的皇帝,并不满足于此,他一边命人翻新三馆,一边大开所谓"龙飞榜"的科举考试,凭此笼络了一大批人才。为了消除哥哥的影响力,也为了尽快给朝廷换血,赵炅可以说是煞费苦心。这一次,他录取了进士一百零九人,诸科二十七人,特奏名一百九十一人。

当然,事要这么干,话可得说得好听一些,对此,赵炅说:"朕欲博求俊义于科场中。"不过,客观来看,他让这些天子门生"为政治之具",也是不错的选择。

到了太平兴国五年(980年),赵炅又开了个"龙虎榜",这一次,李沆、王旦、寇准和张咏都凭借自己的才华脱颖而出,成为一代风俊人物。可以说,赵炅为他的儿子,找了不少好帮手。

为了提高进士的地位,从太平兴国八年(983年)开始,但凡及第进士,都能被赐宴于琼林苑,一时风光无限。

后来的文坛领袖欧阳修,在贬任滁州太守期间写过一首《临江仙》,其上阕为:"记得金銮同唱第,春风上国繁华。如今薄宦老天涯。十年歧路,空负曲江花。"追忆的就是当年与朋友同榜及第时的似水年华。

到了雍熙二年(985年)时,赵炅又增设了进士唱名赐第的制度。从那时起,今天中个状元,明天就能刷遍整个朋友圈和非朋友圈了。如果这时还有人觉得,"不想当将军的士兵不是好士兵"是什么至理名言,那可就有些落伍了。咱们新时代的活法是"东华门外以状元唱出者乃好儿!"

这话是后来韩琦对名将狄青所说的,话语间满是赤裸裸的鄙薄之意。

知名度很高的糊名考校之法,是赵炅在淳化三年(992年)时开始实施的。为求开科取士能做到公开、公平、公正,此法的前提,在于对主考官实行锁院制度。在他们看来,只有断绝了请托贿赂之事,糊去考生的姓名籍贯,考试的意义才能彰显出来。

到了真宗之时,要想作弊中举就更难了,因为考官所能看到的试卷,是经过誊录之后的抄件,谁能分得清眼前的试卷是张三写的,还是李四写的呢?

赵炅曾看着满朝文武,若有所思地说:"王者虽以武功克定,终须用文德致政。"

赵炅也曾对着他的万里江山,满怀深情地写道:"承平无事上元节,丝竹歌声更互发。自从雨后最晴明,不似往年今岁别。死来无意在遨游,常愧三光明皎洁。千门万户乐喧喧,就中年少无蹔歇。天街红燄布群星,晃炀人间鬪明月。"(《缘识》)

他是文治天下的优秀皇帝,也是情感丰富的墨客骚人。

【小贴士】

【赵炅小档案】

生卒年:后晋天福四年(939年)—至道三年(997年)

登基时间:开宝九年/太平兴国元年(976年)

年号:太平兴国、雍熙、端拱、淳化、至道

谥号:神功圣德文武帝

庙号:太宗

陵寝:永熙陵

父母:宣祖赵弘殷(追赠)、昭宪太后杜氏

配偶:淑德皇后尹氏、懿德皇后符氏、明德皇后李氏、元德皇后李氏

子女:魏恭宪王赵元佐、昭成太子赵元僖、宋真宗赵恒等九子

七女

关键词：斧声烛影、金匮之盟、灭北汉、高梁河之战、盛世修书

名言：开卷有益，朕不以为劳也

【十国简表】

	创建者	亡国者	建都(今名)	继承国
南吴 902—937年	太祖(追封) 杨行密	杨溥	扬州/南京	南唐
前蜀 907—925年	高祖王建	王衍	成都	后唐
南楚 907—951年	武穆王马殷	马希崇	长沙	南唐
吴越 907—978年	太祖钱镠	钱弘俶	杭州	北宋
闽 909—945年	太祖王审知	王延政	福州/建瓯	南唐
南汉 917—971年	高祖刘䶮	刘鋹	广州	北宋
荆南(南平) 924—963年	武信王高季兴	高继冲	荆州	北宋
后蜀 934—965年	高祖孟知祥	孟昶	成都	北宋
南唐 937—975年	烈祖李昇	李煜	南京	北宋
北汉 951—979年	世祖刘崇	刘继元	太原	北宋

第四章

治世：

富家不用买良田，

书中自有千钟粟

在泰山封禅之后,宋真宗决定"一真到底",要修建一座玉清昭应宫来奉存天书,但此举却遭到了前朝宰相张齐贤等人甚至是王旦不同程度的反对。原因很简单,大家不想再当戏精了,何况此举还劳民伤财!

第一节　花钱买来的和平

自古以来,劝人读书的经典故事层出不穷。这是因为,在重教的风气之下,我们所需的温饱安泰、功名富贵,都有可能会通过"学而优则仕"的渠道,得以实现。

自然了,如果你怀着渔樵耕读般的纯粹主义,也许会鄙视这种过于功利的读书有用论,但我们不可否认的是,这样的功利主义,也能起到促人用功读书,一心向上的作用。它虽是一股兴奋剂,但一般不会对社会发展产生什么副作用。

"富家不用买良田,书中自有千钟粟。安居不用架高堂,书中自有黄金屋。出门莫恨无人随,书中车马多如簇。娶妻莫恨无良媒,书中自有颜如玉。男儿欲遂平生志,五经勤向窗前读。"这是一首家喻户晓的《励学篇》(《劝学诗》),其作者的身份极为尊贵,他正是北宋的第三位皇帝,宋真宗赵恒。

这首明白如话而又生动形象的诗篇,不仅是赵恒勉励天下士子读书的心声,也表明他对老爹文治天下国策的承继之意。经过父子两代的努力,宋朝偃武兴文的局面已经全面形成了。

赵恒登基的时候,虚岁不过三十岁。刚至而立之年,便能继立为帝,这可以说是人生中的大立了。但其实,按照传统的继承法,皇位是轮不到他这个三皇子的,况且他的生母也不是皇后。

赵恒曾名德昌、元休、元侃,在公元 995 年,即太宗驾崩前两年,才被立为太子。在那个时候,除了赵恒这个儿子,赵炅也没有别的更好的选择。先是大儿子赵元佐发疯了(他认为父亲残害骨亲),再是二儿子赵元僖猝死了,变故如此之多,赵炅的老心脏委实有些受不了。

端拱元年(988年)，赵元僖被晋封为许王，赵普也三度拜相。除了拉拢赵普之外，赵元僖也与宰相吕蒙正关系密切。这一切自然都是为了储位。不想，四年后他却在没有任何征兆的情况下猝死了(民间有其误饮了爱妾张氏送给正妻张氏毒酒而死的传闻)。关于储副之位，赵炅其实是属意于他的，悲伤之余老皇帝还写下了一首《思亡子诗》。

储位空缺，冯拯等人上疏请立太子，赵炅极为愤怒，一气之下，将其贬至岭南。直到赵炅箭伤难愈，自知大限将至，才问计于寇准，将三子寿王赵元侃立为皇太子，改名赵恒。

就这样，赵恒成了大宋王朝第一位太子。有了储副，意味着将来国家也有了主心骨，京中百姓见着太子都雀跃不已，可赵炅依然对赵恒不冷不热，不亲不近。

至道三年(997年)三月，赵炅于万岁殿中驾崩，享年五十九岁。赵炅坚持"文德治政"，在其统治期间，社会经济文化日益昌隆。虽说他在晚年时也有些糊涂，对原后蜀统治区域压榨过多，以致催生了王小波、李顺起义。但总体上，他还是能做到过而改之，勇于承认自己用人的过失——彭山县令齐振元所谓的清廉善政是装出来的。

"委任不当，烛理不明，致彼亲民之官，不以惠和为政"，赵炅下了一道检讨自己的《罪己诏》，这种勇气搁在古代帝王的身上，还是不多见的。只可惜，赵炅是想要"改为更张，永鉴前弊"，而他的继承人赵恒，在犯错之后，却一直在自欺欺人。

话说回到赵恒继位之时。这里我用的是一个"继"字，因为赵恒是赵炅的合法继承人。然而在赵恒的帝路上却出现了一些挡道的人。这些人以他在法律上的母亲李皇后为代表。

李皇后本是李处耘的女儿，殿前都指挥使李继隆是她的兄长。

本来说，早失爱子的李皇后没必要在乎谁做皇帝，所以官方的解释便是她觉得赵恒过于聪明，将来不会听她的话。这或许有一定的道理，但不是全部的原因。

不知出于何故，李皇后十分喜欢赵元佐，故而爱屋及乌地抚养了他的儿子。想想吧，赵元佐虽然疯了，可他的儿子没有问题，既然她爱他们，就想要把最好的东西给他们。

这个想法，真的没毛病，哪怕赵恒与赵元佐是同母兄弟。

为了达成自己的愿望，李皇后曾挑拨过太子和他老爸的关系，但效果不太理想。等到赵炅断了气，李皇后便带领着"精神病人亲友团"一起为赵元佐父子争取皇位。其间的典型代表，是宦官王继恩、参知政事李昌龄、翰林学士胡旦等人。

不过，赵元佐虽有亲友团，赵恒的人缘也不差啊！

为赵恒扫除路障出力最多的人，首推重臣吕端。要说吕端，先得说吕蒙正（《彩楼记》男主的原型）。这人是太宗时代的一位能臣，为人处世大有君子之风，至道元年（995 年），吕端从吕蒙正那里接过了宰相之位，他深知，皇帝正是因他具有保护太子的能力，才特别看重他的。

那么问题来了，吕端的本事是什么呢？到了关键时刻他又是怎么保护太子的呢？

话说，在端拱元年（988 年），吕端曾出使高丽。当他遇到风暴之时，竟然夷然自若，悠然读书，浑不似船中其他人那样惊叫失声。是不是觉得这场景很熟悉？若东晋宰相谢安还在世，他俩应该可以浮一大白。

很显然，吕端是一个非常稳重镇定的人。因此，尽管他曾经先后在赵廷美和赵元僖手下当过属官，尽管他向来以嘻嘻哈哈的形象示于人前，但赵炅却评价道："吕端大事不糊涂。"

现在,大事来了!

赵炅气息残喘,吕端在入宫探视时,见太子不在一旁伺候,心里就有些犯嘀咕。他立马在笏板上写下"大渐"二字,让心腹传于赵恒。事实证明,这里面果然有猫腻。老皇帝刚去见他哥哥,李皇后就派了"乱传太子老能手"王继恩,想去把吕端诓过来。

吕端心知王继恩熟门熟路,还要再作一次妖,便先发制人地把他骗去诏书阁。这下好了,太宗诏书是子虚乌有的,王继恩被锁在里面却是真真切切的。

没了王继恩的帮助,李皇后那番"立嗣以长"的言论,对大家都构不成影响力。到了登基仪式时,吕端生怕赵恒被调包,还搞了一出卷帘"验货",方才松了一大口气。

赵恒是个比较厚道的人,对于神志不清(存疑)的赵元佐,没有半点责难之心,并且恢复了他被父皇剥夺的楚王封号。可是,那些"精神病人亲友团"成员,总不能放过吧?对此,吕端自有一番成熟的意见。

首先,扫李继隆提为使相(节度使加同平章事、侍中、中书令等头衔),但必须出镇陈州。这就是说,不让他领中书政事,陈州凉快陈州待着去。

然后吕端分别以"泄露宫禁语言"之名,将王继恩安置到了均州,把李昌龄贬为忠武军节度行军司马。至于胡旦,则给他个"起草诏书时颇恣胸臆"的罪名,将其除名,流放到了浔州。

看看吕端的处理意见,很容易看出,他没有给他们扣上篡位的帽子。所谓"凡事留一线,日后好相见",这个道理很多人都懂,但做得好的人却不多。

第二年,吕端因身体问题辞去相位,张齐贤和李沆并为两相。他们的关系并不怎么和睦,这一点赵恒是知道的。从情感上来说,赵恒当然更亲近李沆,因为他曾经是自己的老师。

咸平三年(1000年),张齐贤因在朝会上饮酒失态而被罢相,次年正月间,赵恒以吕蒙正与向敏中为相。不过,三度拜相的吕蒙正和在职仅一年半的向敏中,在咸平之年并无多大的作为,真正得到重用的宰相,一直是李沆。

李沆也没有辜负赵恒的信任,他为人磊落公允,从不密奏朝事。在他看来,宰相自该事以公言,凡用密奏者,非逸即佞。这话说得很有道理。景德元年(1004年)七月,七十五岁的李沆过世了,"圣相"之誉是对他的最高评价。

这年秋天,萧太后与辽圣宗率军南下,深入宋境。

五年前,辽军就开始在宋朝边境,展开了全方位多角度的"打草谷"仪式。这个"打草谷",说的是辽军出征时"人马不给粮草,日遣打草谷骑四出抄掠以供之"的自筹给养的方式。

这种挑衅行为极为野蛮,宋境的百姓饱受其苦,哀声连天。只是,坚持"守内虚外"主张的统治者,不敢再轻易发兵出击,只是调派杨延朗(即杨延昭,演义里的杨六郎)、杨嗣等将领去打防御战。

防御本身没有问题,但是一再的容让,只会让人觉得你是人尽可欺。辽人可不管什么叫作"得寸进尺",宋人不想一统四海,他们还想呢!

要打仗,能找个理由是再好不过的了。辽朝母子俩的理由就是,他们要收复瓦桥关(今河北雄县旧南关,周世宗时代夺走的)。南京统军使萧挞凛出师大利,首先俘虏了宋将王先知。辽军攻下定州以后,又抓获了宋朝云州观察使王继忠。

消息传回朝廷之后,朝野之间一片震惶,恐辽情绪迅速发酵,激得赵恒也产生了畏敌之心,打算迁都。说来也讽刺,当年太祖是为国家大计而意欲迁都,如今天子却因畏怯敌人而打算逃跑!是

的,此事在八月间拜相的寇准(毕士安同日拜相)看来,就是"逃"。

打着"官家去我老家,我就有面子"的小算盘,王钦若和陈尧叟一个主张迁都升州(今江苏南京),一个主张迁都益州(今四川成都)。赵恒被这些话搞得有些发蒙,险些做出错误决定,好在,大宋此时有一个寇准。

正统十四年(1449年),明廷也出现过徐珵(徐有贞)建议迁都南京,以避蒙军的事件。当时,太监金英狠狠地训斥了他,兵部侍郎于谦更说过提议南迁之人当斩的话。

那么,反对迁都的寇准,又有哪些举动呢?

力请官家亲征,这是必须的。那个没骨气的王钦若,应该被派去天雄军(今河北大名东)当通判,磨炼磨炼。至于陈尧叟嘛,受一顿臭骂再说!

在寇准的坚持下,赵恒被迫北上御驾亲征。对于杨延朗"饬诸军,扼其要路,众可歼焉,即幽、易数州可袭而取"的建议,寇准暂时不予采纳。十一月间,一个好消息传来了。

原来,萧挞凛率军直逼澶渊,本来是很难对付的敌首,哪知宋将领张环(一说周文质)在澶州前线,竟歪打正着地射杀了他。为此,萧太后辍朝五日,万分悲痛。辽军士气大幅下滑,两军之间既是在相望相峙,也是在等待一个不失体面的和谈机会。

先前被俘虏的王继忠,巴不得双方能够和谈,于是大飞唾沫星子劝辽方与宋朝讲和。最初,赵恒是不同意的。原因很简单,萧挞凛一死,战争的风向就变了。

历史学家黄仁宇说:"所以澶渊之盟是一种地缘政治的产物,表示这两种带竞争性的体制在地域上一度保持到力量的平衡。"这种平衡,是来自于什么呢?且听《辽史》的说法。"或者天厌其乱,使南北之民休息者耶!"这意思是说,萧挞凛之死,是老天爷为维持和谐共生的局面,而特意安排的。

寇准恭请赵恒登上澶州北城门楼,当集结在此的几十万兵士们看见官家的龙旗后,"诸军皆呼万岁,声闻数十里,气势百倍",这样的气势,落在补给困难的辽军眼中,是一种巨大的威慑力。

萧太后思前想后,最终听从了王继忠的建议,派人去谈谈罢兵息战的事情。生于深宫长于妇人之手的赵恒,性格里最大的弱点,便是懦弱怕事。如今对方确有诚心,他也不愿再斗下去了。

对于寇准和杨延朗的反对意见,赵恒置若罔闻,寇准无可奈何,也只能悄悄对殿直曹利用说,官家虽许以百万之约,但若他在和谈时谈成了三十万以上的数目,就等着人头搬家吧。

听了这话,曹利用不禁打了个寒噤。经过一番谈判,他终于为大宋谈成了以"互为兄弟之国","以白沟河为界,辽归还遂城及涿、瀛、莫三州","不得创筑城隍,只准以在边境设置榷场,开展互市贸易","每年提供白银十万两,绢二十万匹"为核心内容的一道盟约。

"澶渊之盟"议定之后,宋、辽之间百年无大战,双方互使共达三百八十余次。宋人花钱买来的这种和平,使得五代十国以来罹受战争之苦的百姓得以喘息,使得双方都能安心发展经济。从这个意义上说,这个盟约的签订,不是一件坏事。

第二节　这个真宗不太"真"

自打秦始皇封禅泰山起,历朝帝王就对中岳嵩山和东岳泰山"青睐有加"。不过,在宋真宗之前,也只有六位皇帝干过封禅泰山的事。由此看来,不是每位皇帝都有底气去泰山"潇洒走一回"的。

所谓"封",指的是在泰山上筑土为坛祭天;所谓"禅",指的是在泰山下的梁父山上辟场祭地。如此一来,有德有功的皇帝,才算

是报了天地之命，成就了一世英名。

"山登绝顶我为峰"，想想看，最尊贵的皇帝，一旦登上了最巍峨的泰山，那是一件多么拉风多么气派的事。什么叫受命于天？这便是了。

其实，早在夏商周之前，封禅的传说便已见诸史料之中。根据《史记·封禅书》的记载，管仲在反对齐桓公举行封禅仪式时，便曾说上古只有无怀氏、伏羲、神农氏、炎帝、黄帝等帝王才这么干过，而彼时都有种种祥瑞前来凑趣。

言下之意便是说，您这有嘉禾生出吗？有凤凰来仪吗？啥？没有？呵呵，那就拉倒吧。

按说，"春秋五霸"之一的齐桓公，也真是个了不起的人物，但要想与"天下第一山"来个亲密接触，也不够资格，更何况，曾经在澶渊之盟中表现欠佳的宋真宗呢？

话说，真宗对于澶渊之盟的签订，还是自鸣得意的。毕竟，他不仅"御驾亲征"了一把，还用金钱买来了和平——以输岁币求苟安实为恶例之端，赢得了好长一段岁稔年丰的时光。

为了赶超前人，宋真宗还下诏让资政殿学士王钦若、知制诰杨亿纂修《册府元龟》。之前说过，盛世修书能彰显文治昌隆的大国气度，既然太宗都曾花费九年时间，让大臣们编纂了《太平御览》《文苑英华》《太平广记》这样卷帙浩繁的大部头，他自然也不免心向往之。

不过，宋真宗没想到的是，这次修书大业还催生了一个副产品——诗歌流派"西昆体"。这是因为，大家在秘阁里整日修书，难免有作诗消遣调剂生活的时候。如此一唱一酬，积攒得有些数量了，杨亿便把这些诗作汇编成册，以兹纪念，名号《西昆酬唱集》。随此诗集的刊布流行，"西昆体"诗风也有了极大的热度，说来也是一桩风雅趣事了。

御座上的宋真宗,这些年来过得志得意满,但他却没想到,臣民们对澶渊之盟也颇有微词,只不过,经过层层过滤,那些不和谐的声音没有传到官家耳朵里去罢了。

后来,王钦若抱着贬低政敌的目的,开始给官家灌输,澶渊之盟是城下之盟,是耻辱之事的道理。照王钦若的看法,官家以万乘之尊而为城下之盟,是丢大发了,这破事要怪就怪寇准。应该说,这盆冷水是泼向政敌的,但也无意中浇灭了宋真宗的自信心。

诸位一定还记得,上次咱们说到,王钦若因为密请真宗"避难"金陵而为寇准所斥,之后被迫出判天雄军前线去防御辽兵的事吧。借着修书之事,这软骨头终于爬回了中央,并重新赢得圣心,此时哪能不千方百计地搞事情呢?

想想冷峻如铁的史笔刀吏,宋真宗的心不禁拔凉拔凉的。之后,在王钦若一党的反复攻讦下,宋真宗便在景德三年(1006年)二月,免去了寇准的相职,让他到陕州去做知州。寇准虽然蒙冤遭贬,但却慎独己身,好好当他的地方官,这也为十三年后他的再度拜相一事埋好了伏笔。

此乃后话,先说回当下吧。此时,宋真宗极为郁闷,苦思无果,终在景德四年(1007年)开口向王钦若询问补救之法。因为在他看来,王钦若是个头脑好用又正直敢言之人。

曾经有一次,宰臣们对于御赐的《喜雪诗》都没提什么意见,王钦若却私下里提醒他,某处韵脚用错了一个字。经此一事,宋真宗对王钦若的好感度噌噌往上涨,忍不住在朝会上当众褒扬了他。

然而,宋真宗没有注意到王旦瞠目结舌的神情。其实,这事本是王旦最先看出来的,王钦若却对他说,天子之诗不能为礼部所定诗律所校正,故而大家不再作声。他们哪能想到,王钦若一扭头就

跑去邀功了呢？所以说，史评他是"性倾巧，敢为矫诞"，还真一点没冤枉他。

不过，由于宋真宗迷之信任王钦若，所以哪怕对方给的是歪点子，他也深觉有理。

王钦若劝说官家的策略，分三步走。

首先，他抓住对方既爱慕虚荣，又怕发动战争的心理，寻机刺激他说，只要收复幽、蓟两州，就能一雪前耻。果然，真宗以河北百姓的幸福安宁为由，拒绝了这个建议。

接下来，王钦若才抛出他真正的意见：封禅。唯有封禅，可以镇服四海，夸耀于外。如此这般，国内不会再有不协调的声音，得了便宜的契丹人也不好再卖乖偷笑。到了这个时候，官家自然会蠢蠢欲动，而又担心没有"天瑞"出现。

王钦若赶紧走第三步。他认为，所谓"天瑞"，本就不是说有就有的，前朝的那些祥瑞，没几个不是人为搞出来的，故而只要官家说有它就有。这种事嘛，重点不是真的假的，而是官家的崇奉，朝廷的昭示。正如古代传说的"河出《图》、洛出《书》"这种"天瑞"，谁真见过啊！

应该说，王钦若看穿了"天瑞"的把戏，一点也不迷信，这也不是啥坏事。但作为一个读书人，一个股肱大臣，竟然怂恿一国之君公然做伪，这着实不像话。因为，这种事本来就是"你懂的"却又不便宣之于口的晦密之事。

然而，急需寻回自信的宋真宗听了这话，不仅没有动怒，反而有些心痒难搔。他之所以没有马上"采纳谏言"，是因为他猜想，同中书门下平章事王旦素来慎重有雅望，应该不会跟着自己一块儿装神弄鬼的。

在得知宋真宗的担忧之后，王钦若却说，只要官家开口，王旦不敢不从，思想工作由他去做便好。王钦若领命而去，不知用了什么法子，竟然得到了王旦默许此事的好消息。

不过，真要厚着脸皮制造"天瑞"，宋真宗仍然有着万千顾虑。为此，他先是询问秘阁里时任右谏议大夫、龙图阁直学士的杜镐对河图洛书的看法，再是赐给了王旦一坛"酒"。

杜镐是个很老实的读书人，在不明白官家用意的情况下，如实说出自己的看法——河图洛书只是古圣先贤用以垂示教化的神妙之道。这话听得宋真宗好不欢喜，因为两个老实人的意见竟然如出一辙。

且说，王旦从天子赐筵上拿回的酒坛子里，装的并不是酒，而是价值连城的明珠。看傻眼的王宰相虽觉不妥，但也无法假装清高，要怪就怪自己禁不住王钦若的那张嘴。

于是，宋真宗放心大胆地开始了造神运动。

写至此，不由想起明朝时一桩皇帝贿赂大臣的窘事来。在土木之变中，明英宗朱祁镇"北狩"去了，他的弟弟明代宗朱祁钰被赶鸭子上架后，不仅不想从架子上下来，还想让自己的儿子也挂上去，于是便向内阁大臣们统一"行贿"。

是的，您没看错，又是一次"纡尊降贵"般的行贿事件。而让大臣们哭笑不得的是，首辅陈循、次辅高穀所得的贿银是每人一百两，四位阁员的所得又折了一半下来。

不知道，六位阁臣在被迫"收受贿赂"之时，是否暗暗对比了一下宋臣王旦的荷包。且不说他们想不想干这活，要知道，拥立新太子的难度可比帮皇帝老儿弄虚作假要大得多。这"性价比"，一点也不高！

为了让一众老油条和愣头青们都明白"天瑞"出现的意义，是在于暗示天子封禅，而不是只供大家口头颂赞一番，故此，在当年

的十一月十七日,宗姓大臣赵湘便出来倡议封禅。

用脚趾头想想,也该知道这事是经官家授意而生的。有了这个序幕,到了1008年正月初三,宋真宗的封禅之戏,便正式上演了。

他先说,自己在去年十一月二十七日做了一个梦,梦中的神人说会在来年的正月初三日降下三篇天书,名为"大中祥符",所以他们应该在朝元殿建一黄箓道场,以待神谕。

出于对神灵的敬畏之心,蔬食斋戒多日的他,也不敢前去道场一看究竟,不过,先前听皇城司报奏"有黄帛曳左承天门南鸱尾上"之事,这恐怕便是神人所说的天书吧。

"拿人手短"的王旦,只能当先再拜称贺。紧接着,宋真宗率众步至承天门,把那天书迎奉进了道场,又当众开了封口。"封受命。兴于宋,付于慎,居其器,守于正,世七百,九九定。"帛布上所写的文字便是这样,另有三幅黄色字条,内容不过是说人间的皇帝至孝至道,望他能以清净简俭之行,延绵世祚而已。其辞与《尚书洪范》及《道德经》极为相似,并无新意。

在知枢密院事陈尧叟宣读天书之后,这些神物便被盛入了金匮之中。宋真宗一边遣人祭告天地、宗庙和社稷,一边在崇政殿大摆斋宴,敬受百官朝贺,当即决定大赦天下,加恩百官,并改元为"大中祥符"。

消息一出,朝中发出了一些质疑的声音。比如龙图阁待制孙奭就说过"天何言哉!岂有天书"的话。但这种声音丝毫影响不了宋真宗的兴致。于是,一夕之间,举国振奋,各种"祥瑞"也赶趟儿似的前来凑趣了——原因你懂的。

比我们更懂宋真宗的,是权三司使丁谓。为使官家不背上滥用国库的恶名,丁谓很快将历年收支数据编成《景德会计录》,又将封禅大典的经费预算一同报上,拍着胸脯说,官家您别慌,咱大宋有钱!

在四月初一日,功德阁中再次发现了"天书"。宋真宗自然不能视天意和民情于不顾,终于下诏,命王旦等五位大臣做"大礼五使",负责封禅大典诸色事宜。

大中祥符元年(1008年)十月初四日,宋真宗如愿以偿地前往泰山行封禅大典,之后又去了曲阜祭孔,并尊之为"玄圣文宣王"。直到十一月二十日御驾归京,耗去国库八百余万贯,这事才算告一段落。

但你以为造神运动就此终结了吗?那可就小看他了。

在泰山封禅之后,宋真宗决定"一真到底",要修建一座玉清昭应宫来奉存天书,但此举却遭到了前朝宰相张齐贤等人甚至是王旦不同程度的反对。原因很简单,大家不想再当戏精了,何况这样做还劳民伤财呢?

这时候,丁谓却想继续他的表演,给宋真宗想了一个绝佳的理由,说是修建这玩意儿,能为官家祈求皇嗣。结果呢,这条红线踩不得,想让大家不闭嘴都难。

玉清昭应宫的规制,被时人认为已经赶超了阿房宫(实未修完)和建章宫,其间竟有三千六百一十间殿宇楼阁,这不是劳民伤财,还能是什么?

也许是神灵都对"入戏太深"的人间皇帝看不下去了,故而,在仁宗天圣七年(1029年),降下一大把雷火,把这个豪华气派的玉清昭应宫烧了个精光——除了长生、崇寿二殿。

让人唏嘘的是,臣工们呼声一致,恳请仁宗皇帝不要重建玉清昭应宫。这么看来,这场闹剧的陪演们,都彻底乏了累了。这戏啊,差不多就行了!

第三节　宋仁宗"身前的女人"

有宋一代，文坛才子灿若繁星，但若择一人为其代表，必是苏轼无疑。这位大文豪，一生之中共历五帝，在宋仁宗赵祯、宋英宗赵曙、宋神宗赵顼、宋哲宗赵煦、宋徽宗赵佶里面，他最为推崇的便是宋仁宗。

"宋兴七十余年，民不知兵，富而教之，至天圣、景祐极矣。"这是苏轼对仁宗的评价。无独有偶，北宋如欧阳修、司马光、王安石，南宋如杨万里、刘克庄、文天祥等大人物，都对仁宗赞誉有加。便连那个"十全老人"乾隆帝，也曾说自己平生只佩服唐太宗、宋仁宗和他爷爷康熙帝。

要知道这样一位广受好评的皇帝有着怎样不同寻常的人生，咱们得从他"身前的女人"说起。这个人便是他的"生母"刘娥。

赵恒的原配，是名将潘美的女儿，还未等到他继位便已香消玉殒。赵恒后来所立的皇后郭氏，也在景德四年（1007年）病故了。之后，赵恒多年不立皇后。在他的心目中，最为重要的便是刘德妃。

后人对章献明肃皇后刘氏的评价是"有吕武之才，无吕武之恶"。关于她的出生，史书中说她原籍太原，父祖都曾担任过高级武官，只不过到了刘娥这一代，太原刘氏不幸沦为破落户。

这段记载，被认为是纯属虚构。刘娥坐上皇后之位后，力图拉拢刘姓高官认同宗。权知开封府刘综攀、权发遣开封府刘烨却都不敢冒认这个亲戚，一个说自己是河中府（今山西永济）人，一个说自己是洛阳人。

正因为刘娥身份寒素，当初赵恒想要立她为后时，遭到过寇准、李迪、向敏中、王旦等重臣的强烈反对。可是,生性软弱的赵恒在这件事情上,却有着铁一般的意志,终于,在大中祥符五年(1012年)时,成功地将刘娥推上后位。

与此同时,刘娥的"哥哥"龚美,也改姓为刘,成了她的娘家亲人。为了巴结刘皇后,吴越忠懿王钱俶(六十大寿时暴毙于南阳,宋太宗有毒杀他的嫌疑)第七子钱惟演,还将自己的妹妹嫁给了这个刘美。

其实,刘娥的真实身份,只是益州华阳(今四川成都)的一个孤女。因为父母早早地离世了,刘娥很小便嫁给了银匠龚美为妻。雍熙初年,夫妻俩来到了汴京。京城的生活更为艰难,龚美养不活一家人,便打算卖妻减负。

因为刘娥姿貌动人,韩王赵元休的指挥使张耆,便将她推荐给了赵恒。这么着,千里姻缘一线牵,这一牵,便牵住了一对痴男怨女。

因为老爹不喜欢这个来历不明的女人,赵恒只得搞出一个"金屋藏娇"的法子,将其安置在张耆家中。为了让老爹安心,赵恒又听话地娶了自己的第一任妻子。

如很多坠入爱河的青年男子一般,赵恒对于自己的初恋情人格外钟情,即便后来成了一国之君,也没有移情别恋,别抱琵琶。继位之后,赵恒火速将刘娥接进宫中,等到时机成熟之时,才逐步给了她四品美人、修仪、德妃、皇后的名分。

唐朝有一个王才人,可以拿出来和刘娥比较一番。王氏和刘娥都是出身寒微之人,皆因貌美有才而受宠。开成五年(840年)时,颖王李瀍(李炎)之所以能得到帝位,和王氏的暗中策划不无关系。

唐武宗李炎一直宠爱王才人,并且想将其立为皇后,但却遭到

宰相李德裕的反对，最后无奈作罢。令人动容的是，唐武宗病逝以后，王才人果然依照之前的誓言，在榻下自尽了。唐宣宗继位之后，为彰其节，追赠她为贤妃，葬在端陵之柏城，勉强圆了她与爱郎生死相依的一个梦。

如此看来，刘娥可比王才人幸运多了，赵恒也比李炎更有勇气。为帝王之家难得的真爱，也应该为这对夫妻点一个赞。

在刘娥被册封为皇后的前两年里，她解决了人生中的一个大难题。不知是何原因，刘娥一直没有自己的孩子。大中祥符三年（1010年），在赵恒的默许下，刘娥将侍女李氏的儿子，夺来当作自己的孩子。可以说，有了这个"亲儿子"，刘娥的进阶之路也少了一些阻碍。

一个是万千宠爱于一身的刘德妃，一个是被夺去唯一骨血的普通侍女，民众自然更同情弱者。几百年后，古典长篇侠义公案小说《三侠五义》里便有了一个经典故事，叫作"狸猫换太子"。

后来，这个故事陆续被改编成京剧、评剧、豫剧、黄梅戏等各种剧种，传唱不衰。再后来，它又成为影视剧的热门题材。经此演绎，刘妃的贪婪阴狠，郭槐的谄媚无耻，李宸妃的无辜可怜，包黑子的英明神武……都成为大家茶余饭后的谈资。

然而，真实的情况却是，刘妃并没有用剥皮的狸猫调换李宸妃的孩子；李宸妃那时候还只是个宫女，她也没有被打入冷宫；宋仁宗赵祯得知生母之事时，李宸妃已经死了，"迎李妃还朝"之事是不存在的。自然，包黑子包拯也没干过什么平反的事。

仔细考校《狸猫换太子》的创作背景，可以发现，这个故事是被架空在北宋的。刘妃的原型与其说是刘娥，不如说是明宪宗的万贵妃。从妒心深重、手段毒辣这个层面来说，刘妃确实挺像她的。至于包拯为何成为青天大老爷的代表，容后再说。

夺人之子,需要予人补偿,这是现实中的刘娥与戏剧中的刘妃最大的不同点。明道元年(1032年),刘太后晋封李氏为宸妃,死后也按皇后仪制予以厚葬。这固然是因为听从了吕夷简(吕蒙正的侄子)的建议,也是因为她向来识大体明是非。

果然,第二年,刘太后就去世了,有人立马将当年之事披露出来,并暗示李宸妃之死有些不寻常。听了这话,宋仁宗赵祯悲怒交加,赶紧派人去查验生母棺木。这一打开才发现,皇后衣冠和水银灌注,一应俱全。谣言不攻自破。赵祯虽愧对生母,但也对刘太后的多年养育之恩,心存感激。

只是,李宸妃的悲剧,又滋生出了另一个悲剧。赵祯出于对母家的补偿心理和平衡朝中势力等原因,将爱女福康公主(即兖国公主、岐国公主、周国陈国大长公主)许给了舅舅李用和的二儿子李玮。公主与曾经在京城中"凿纸钱为业"的驸马极为不睦,苦恼不已,后来爱上了宦官梁怀吉。

这当然是不为世俗所容的感情,公主后来郁郁而终,成了令人唏嘘的政治牺牲品。

说回到宋真宗晚年。

大中祥符前四年皆以王旦为独相,之后的五年里,他又与向敏中并相。可见,王旦一直得到赵恒的信任。在澶渊之盟中立下大功的寇准,一方面刚烈正直,另一方面却又心高气傲,多次为难王旦。对此,王旦不过一笑置之。

天禧元年(1017年)七月,王旦辞去相位,并举荐寇准为相。就在乞骸骨当年,王旦过世了。这一生,他唯一后悔的便是没能阻止官家弄虚作假,故而希望死后能削发披缁以殓。

"卑鄙是卑鄙者的通行证,高尚是高尚者的墓志铭",为人的品格高低,是可以对比出来的。看看处心积虑排除异己的宰相王钦

若,和为讨好寇准主动帮他擦拭胡须的丁谓,就能明白王旦死前的心意。

名臣张咏批评过寡廉鲜耻的王钦若和丁谓,后世明代李贽也说:"堂堂君臣,为此魑魅魍魉之事,可笑,可叹!"可怜,王旦受君所累白璧微瑕,而君王却毫无自省精神。

天禧二年(1018年),赵受益被立为皇太子,赐名赵祯。其后,赵恒的风疾越发厉害,这时,他已觉出刘皇后不甘其后,有干预朝政的心思,便决定听听寇准的意见。是的,到了这个地步,爱情虽然很重要,但赵恒却不想变成唐高宗。

寇准知道丁谓和钱惟演站在刘皇后这头,便给出了太子监国的建议。怎知丁谓却诋毁寇准,说他这个提法是包藏祸心。于是,天禧四年(1020年)六月间,寇准被免去了相位。

这之后,太子派的势力大为削弱。七月里,内侍头目周怀政等人试图发动政变,把太子推上皇位。此事赵祯并不知情,经得同中书门下平章事李迪的劝说,赵恒才没有加罪于太子。不过,这事却又牵连了寇准,他再次被降为道州司马。

乾兴元年(1022年),真宗驾崩。刘皇后终于变成了刘太后。垂帘听政之后,她将看不顺眼的寇准贬为雷州司户参军。第二年,寇准死在贬所。他应该记得,从他反对刘娥被立为皇后的当日起,就已经成为那个女人的敌人了。

值得注意的是,才智出众的刘太后,早已有了自己的后党,否则她的垂帘地位,也不会来得这么容易。举个例子,丁谓就曾在王曾书写遗诏时,力主去掉"权取处分"中的"权"字。别小看了这个字,没了它,刘太后就可以名正言顺地霸在政治前台不走了。

第二年,天子宜改元。十三岁的赵祯的第一个年号,叫作"天圣"。这两个字大有玄机,拆开来看,分明是"二人圣"三个字。这就是说,大宋的帘前幕后,有小皇帝和刘太后两位圣人。

刘太后就此成为宋朝第一位垂帘听政的太后,她的政治手腕十分灵活,先是与丁谓一道,把讨人厌的寇准、李迪贬远了;再是借着都监雷允恭乱改山陵的位置,来贬黜雷允恭所倚赖的丁谓——这一招可以叫作"隔山打牛"。

民谣说:"欲得天下宁,当拔眼中丁;欲得天下好,莫如召寇老。"丁谓是被干掉了,但寇准是不可能诏回来的。刘太后胆大心细,且不怕麻烦,在其理政的十一年里,曾做过不少利国利民的好事。

为了修正前朝的过失,她听从王曾和吕夷简等人的建议,把天书都葬入了永定陵之中;为了访查下情,她创设了便于听闻意见的谏院;为了澄清吏治,她时常惩治贪官污吏,还颁布了《约束文武臣僚子弟诏》,以训示纨绔子弟;为了解决水患问题,她下令堵塞了黄河滑州(今河南滑县)决口;为了促进经济发展,她批准在成都成立官办的交子务;为了完善科举制度,她新设了诸如武举在内的考试科目……

有一个很有意思的细节,值得一说。刘太后曾要求大臣们把亲族姓名尽数报来,假称这是拿来作推恩授官之用的。大家听得乐呵呵的,满以为大有好处可捞,纷纷将七大爷八大舅的名字都写了上去。

没想到啊没想到,姜是老的辣,套路还是刘太后的深。自此以后,文武大臣们的亲族想当什么大官,难度不是一般的大。何故?原来啊,刘太后自从得到这名单之后,就把它贴到自己的寝殿之中。只有她自己才知道,这个名单,其实是臣工们的裙带图!

"当天圣、明道间,天子富于春秋,母后称制,而内外肃然,纪纲具举,朝政无大阙失。"

对于当时的政治气候,《宋史·列传第五十六》给予了高度肯定。这其间,自有刘太后的一份功劳。

第四节 辽、宋、夏三国鼎立

一提到"三国鼎立"这个词,一般人首先会想到魏蜀吴三国。在历史上,这个名词可不是魏蜀吴的专利。南北朝时期的东魏、西魏、梁,公元11世纪的辽、宋、夏,都呈现出三国鼎立的关系。

在这里,我们先来看看辽、宋、夏三国的建国时间和基本情况。

从建国时间来说,辽朝是三国中最早建立自己政权的国家。他们的第一个年号,设立于公元916年,名曰"神册"。若以五代中的朝代来看,当年也是后梁贞明二年。此时,与辽朝并列的政权还有南吴、前蜀、吴越、闽、于阗等。

辽太祖耶律阿保机(迭剌部的首领)称帝之时,契丹族以族名为国名,自号为"契丹"。这个民族,源于东胡鲜卑,与室韦、库莫奚有着一脉相承的关系,并且在他们的面前表现出强硬的姿态。

耶律阿保机是个了不起的人物,公元915年的时候,他曾失去过汗位,但很快在滦河边建出了新的城郭,第二年就称帝建制了。再过两年,耶律阿保机定都于上京临潢府(今内蒙古赤峰市巴林左旗南波罗城)。

任用汉臣,是耶律阿保机的一贯主张。在韩延徽、韩知古、康默记、卢文进等人的辅佐下,契丹的汉化进程推进得很快。他们不久以后就有了自己的文字,从而尽快走向了封建制。

雄才大略的耶律阿保机,本来打算在东征渤海国之后便逐鹿中原,没想却在回师途中病逝了。皇后述律平摄政之后,在契丹天显二年(927年)十一月间,扶持次子耶律德光为帝。这便是之前说过的被做成"中国版木乃伊"的辽太宗了。

三年后,东丹王耶律倍南逃后唐,去寻求政治避难,辽太宗就此统一了契丹。辽太宗耶律德光先得燕云十六州,后在中原出糗一事,不再赘述。只强调一下辽太宗改国号为"辽"的时间,是在辽会同十年(947年)二月。不过,这年还有两个年号,是"大同"和"天禄"。

辽太宗驾崩之后,辽朝进入了世宗时代。太后述律平本想"发挥余热",扶持耶律李胡继位,后来碍于形势,承认了耶律阮的帝位,并退出了历史前台。耶律阮的帝位得来不易,但这个人虽有入主中原之志,却无励精图治之心,最终引发了国人的强烈不满,被刺于协助北汉攻打后周的途中。

这一年,是公元951年。耶律察割弑君夺位后,也没有得意几天。辽太宗的长子耶律璟,在老臣耶律屋质等人的帮助下,杀掉了耶律察割,即位称帝,史称辽穆宗。这个历史上有名的"睡王",抱着"举世皆醒我独醉"的方式当皇帝,国家哪有不乱的?

如果不是周世宗柴荣因病而返了,也许他在公元959年就能收回燕云十六州,改写中国的历史。此后,辽军一度不敢南下,只好加强边地的防御工事。

十年后,耶律璟为侍者所弑,耶律贤被公推为皇帝,是为辽景宗。有鉴于几代君王都死于非命的惨痛教训,耶律贤极为勤政爱民,辽朝进入了全盛时期。当然,对这个时期的建设做出重大贡献的,还有耶律贤的皇后——也就是未来的萧太后。

耶律贤病逝后,如果不是摄政太后萧绰在主持大局,辽朝的前途未必就能一片光明。萧太后的确是个难得一见的女中豪杰,比爱搞建设却更爱搞破坏的述律平强了不知多少倍。

对于宋辽两个国家来说,西夏和他们的关系,最大限度地诠释

了"左右逢源"这个成语。因为它从建国之前开始，就时常在两国之间摇来摆去，捞取利益，最终建国勃兴，从而形成三国鼎立的局势。

我们都知道，北宋建国的时间是公元960年。那么西夏建国前后的情况又是怎样的呢？

西夏是由党项人建立的政权。他们起初住在四川松潘高原，到了唐朝时才迁居陕北。入唐后，因党项部首领拓跋思恭在平黄巢起义中立有大功，被赐以李姓，封为夏州节度使。其势力范围包括夏、绥、宥、银四州。

其后，中原王朝虽更迭频繁，但在他们看来都是符合历史正统观的，故而，唐亡之后，这些党项人所依附的政权都是中原王朝。

所以后周没了，他们的老大就自然而然地换成了宋朝。不过，有老大要奉承，和多交好朋友一点都不矛盾。站在他们的立场上，与周边的所有政权保持良性的互动，实在无可厚非。他们挤在大小国家之间，要图谋民族的长远发展，也别无他法嘛！

两百多年过去了，宁夏地区越发富饶，蓄养牛羊、采炼青盐，成了他们经济收入的主要来源。钱多了，腰围粗了，胆气也就壮了。与之俱生的，便是不甘人后的气魄——别人都可以建国称帝，凭什么我们只能做割据一方的诸侯？

何况，这个割据，还只是名义上的。从宋太祖开始，他们宋朝是怎么削夺藩镇兵权，党项族人们都清楚。应该说，对于西北少数民族，宋朝的政策要宽容一些，比如允许他们世袭节度使之位，这是其他节度使做梦都得不到的优惠。

只是党项族人不会一直都做乖宝宝，伺机自立已是必然趋势，一切只是时间早晚而已。终于，一个名叫李继迁的党项人跃上了历史前台。

太平兴国七年(982年),宋太宗再度削藩,他的如意算盘是,先把夏州节度使李继捧全族骗到京中,再彻底拔除这股割据势力。李继捧是比较听话的,但其族弟李继迁却长了心眼,不肯自投罗网,赶紧找借口溜了。"天苍苍,野茫茫,风吹草低见牛羊",这人哪儿找去?

不过,宋太宗却不觉得这家伙能掀起什么巨浪来,所以没怎么追究。可他却没想到,李继迁这家伙很会钻营,不仅自己能折腾,还拉了不少外援,靠着一众岳父们发了家,起了势。

在反复的拉锯战之后,李继迁终于选择在雍熙二年(985年)时,跟宋朝这位昔日老大彻底撕破脸。杀宋将算什么,占银州陷会州才是一盘好菜。凭着这样的投名状,李继迁立马向辽国请求臣附,获封为夏国王。

在宋太宗时代,李继迁被暴揍了好几顿,但就是有一股子"不抛弃、不放弃"的勇气,诚心跟宋朝死磕到底。宋真宗觉得没有必要多惹是非,加上夏国的驻地宋朝统治起来也鞭长莫及,索性将夏、绥、银、宥、静等几州都交给李继迁打理。

可惜在澶渊之盟中,宋真宗寸土不让的底线,竟然在这里溃掉了。因为,这种做法的本质,是承认了夏国的独立地位。这是一件遗祸无穷的事。

果然,对方在得到三分颜色之后,就想快点开染坊。咸平五年(1002年),李继迁把灵州端走了,并改名西平府,作为自己的一块根据地。之后,西北重镇凉州,也就是宋朝与西域的商道必经之地,也被李继迁占据了。自此以后,宋朝要想得到西域的入贡,真是比上几条蜀道还难。

更严重的是,宋朝得不到优良的战马,骑兵的素质又怎么提高呢?

不久后，李继迁被吐蕃人暗害了，但他的儿子李德明青出于蓝。李德明把发展眼光投向了河西走廊，靠着南击吐蕃、西攻回鹘的战略，进一步坐大了实力。表面上，他依然首鼠两端地同时对宋、辽称臣，实际上已经把自己当成了无冕之君。

宋天圣十年（1032年），李德明之子李元昊继立为夏国公。李元昊自改为嵬名氏，并以"曩霄"为名。次年不再使用宋仁宗赵祯的年号，理由也很冠冕堂皇，"明道"犯了他老爹的讳。"显道"，便是西夏历史上的第一个年号。

有了年号，建宫立馆、设立文武，便是水到渠成的事情了。"车同轨，书同文，行同伦"的道理，他们也是懂的。于是西夏文和秃发令，就在这样的时局下，应运而生了。

在已坐拥夏州、银州、绥州、宥州、静州、灵州、会州、胜州、甘州、凉州、瓜州、沙州、肃州等地的基础上，李元昊于公元1038年正式称帝，定都兴庆（今宁夏银川），建国号为"夏"，史称西夏。

这一年，是北宋宝元元年，辽朝重熙七年，其统治者分别是宋仁宗赵祯和辽兴宗耶律宗真。被誉为辽国"盛主"的辽圣宗耶律隆绪在七年前驾崩了，在位四十九年，是辽朝历史上执政时间最久的皇帝。

李元昊的年号很有意思，叫"天授礼法延祚"，史上的年号，多为二字，四个字的也有，但如汉哀帝的"太初元将"、光武帝的"建武中元"、太武帝的"太平真君"、武则天的"天册万岁"、赵炅的"太平兴国"、宋真宗的"大中祥符"都已属罕见。真不知，李元昊是怎样一个非主流皇帝。

对于得寸进尺，冒宋朝之大不韪，公然搞独立的李元昊，宋廷大为光火。等到第二年，李元昊遣使来请求承认其皇帝称号的时候，宋朝硬起骨头，绝不相从，并下诏削夺其官爵，断绝互市。不但如此,宋朝还在两国边境张贴榜文,高价购买李元昊的脑袋。

懂了,这回宋朝是不会妥协退让的了!

李元昊面对死亡威胁,当然不会坐以待毙。三国间的鼎立局面初步形成了,之后的一出出好戏,才刚刚开始呢!

【小贴士】

【赵恒小档案】

生卒年:开宝元年(968年)—乾兴元年(1022年)

登基时间:至道三年(997年)

年号:咸平、景德、大中祥符、天禧、乾兴

谥号:文明武定章圣元孝皇帝

庙号:真宗

陵寝:永定陵

父母:宋太宗赵炅、元德皇后李氏

配偶:章怀皇后潘氏、章穆皇后郭氏、章献明肃皇后刘娥

子女:温王赵禔、悼献太子赵祐、宋仁宗赵祯等六子二女

关键词:咸平之治、澶渊之盟、东封西祀、"造神运动"

名言:书中自有颜如玉

【赵祯小档案】

生卒年:大中祥符三年(1010年)—嘉祐八年(1063年)

登基时间:乾兴元年(1022年)

年号:天圣、明道、景祐、宝元、康定、庆历、皇祐、至和、嘉祐

谥号:神文圣武明孝皇帝

庙号:仁宗

陵寝:永昭陵

父母:宋真宗赵恒、章懿皇后李氏(李宸妃)

配偶：郭皇后、慈圣光献皇后曹氏、温成皇后张氏

子女：杨王赵昉、雍王赵昕、荆王赵曦、周国陈国大长公主等三子十三女

关键词："狸猫换太子"、庆历新政、仁宗盛治、宋夏战争

名言：岂不可忍一夕之馁，而启无穷之杀也

第五章

变革：
不畏浮云遮望眼，
自缘身在最高层

他写过《中山晚步》这样的闲淡之诗,也写过《读史》这样的忧愤之作。终其一生,王安石也没有低下一代改革家的头颅,那些短见无识的俗儒,根本不值得他多看一眼。还是应了那句话,"只有那些永远躺在坑里从不仰望高空的人,才不会掉进坑里!"

第一节　千嶂里，长烟落日孤城闭

要悬购李元昊的脑袋，当然得知道他长什么样。

可能是因为那时没有身份证，李元昊又有些神龙见首不见尾，故此从宋朝边将的描述里，难以拼凑出一个确定而完整的形象。长什么样，有多高，有什么器度识见，每个人的说法都不一样。

驻守在陕西沿边的曹玮，听说李元昊经常出没于榷市中，便几次三番跑去搞偶遇。可没承想，这位高人始终不曾露面。之后，曹玮辗转得来了李元昊的画像，不由惊叹出声："真英雄也！"从他的面相上，曹玮预见到了他对宋朝政权的威胁力。

面对宋朝的悬赏令，李元昊迅速展开了还击。

他先是断绝了使节往来，向宋朝送去带有侮辱性质的"嫚书"，再是与辽交好，最后又表达了与宋朝的和谈之意。他表面上反复无常，其真实想法是战是和？很简单，咱们来看看他背地里做的事，就能看明白了。

私下里，李元昊屡次派出细作，在两国边境刺探军情。他们还试图煽动分散在宋境内的党项人，搬回到自己的国家去。这个似乎可以理解，但细作们还教唆汉人也跑去附夏，就有点说不过去了。李元昊的野心到底有多大，可以想见。

北宋宝元二年（1039年），李元昊对三川口，也就是延州，发动了建国后的第一次大战役。之所以选择此处，主要是因为它既控遏着西夏的出入口，也是宋朝西北边境的要地。

照着李元昊的打算，他是想借此一战，树立国之威望，迫使宋仁宗承认他的地位。赵祯这时刚至而立之年，亲政也已有六年时光，骨子里还是有一股锐气的。只是无论是这次的三川口之战，还

是康定二年(1041年)的好水川之战(同年七月有麟府丰之战),庆历二年(1042年)的定川寨之战,宋军都由胜转败,损失了大量西北将士。

宋朝在两国三战中,被迫采取守势,却一败再败。可是,众所周知,庆历四年(1044年)时,北宋与西夏达成了"庆历和议",其中最为惹眼的内容便是,西夏重新称臣于宋,李元昊接受宋的封号,可以得到岁币十五万匹绢、七万两银和三万斤茶叶。至于双方所掠的将校、士兵、民户,则各归各管,互不相返。

这么看起来,李元昊似乎已经臣服于宋朝了。那么双方之间到底出现了什么新情况,导致李元昊做了这样的退让呢?我们先来读一首词。

> 塞下秋来风景异,衡阳雁去无留意。四面边声连角起,千嶂里,长烟落日孤城闭。
> 浊酒一杯家万里,燕然未勒归无计。羌管悠悠霜满地,人不寐,将军白发征夫泪。

这是名臣范仲淹的一首《渔家傲·秋思》。

因为被选入语文教科书,很多人都读过这首词。词作者范仲淹,便是那个在《岳阳楼记》中发出"先天下之忧而忧,后天下之乐而乐"之声的范文正公。和许多的词人不同,这位出生于苏州的文人,不仅长于文辞、政治,还是一位富有韬略的军事家。

范仲淹的父亲范墉病死于任所,母亲孤苦无依,遂改嫁于朱氏,范仲淹随即改名为"朱说"。大约在二十三岁的时候,范仲淹得知身世,想想先辈们尤其是范履冰(唐朝宰相)的业绩,他不甘心寄人篱下,遂辞母求学,终于在四年后,一举考上进士。

脍炙人口的"断齑画粥"的故事,就发生在这个时段里。在具有奉养母亲的能力之后,范仲淹将母亲接来一道居住。

因为他刚正不阿、政绩突出,两年后,范仲淹由掌管讼狱、案件的广德军司理参军,升任为集庆军节度推官。此后(时间有争议),他认祖归宗,改回了本来的姓名。

"达则兼济天下",此乃儒家学说的精义之一,这样一个以"兼济天下"为己任的才俊,多年来历任兴化县令、秘阁校理、陈州通判、苏州知州等职,但也因耿直敢言而遭到不少打击。梅尧臣就曾在《灵乌赋》中劝他独善其身,而范仲淹的回复却是"宁鸣而死,不默而生"。

康定元年(1040年),范仲淹以龙图阁直学士身份,兼任陕西经略安抚招讨副使。韩琦也和他一道戍边西北。他们的共同主张是,以"屯田久守"之计,来巩固边防。

这一待,便待到了庆历三年(1043年)。

范仲淹在西北边陲囤守,开始着手改革军事制度、调整战略部署。当时,有一首童谣唱道:"军中有一范,西贼闻之惊破胆。"这个"西贼",说的就是西羌族人。因为范仲淹当时还兼有龙图阁直学士的身份,所以他们将他称为"龙图老子"。

至于西夏人(西羌族的一支),则称其为"小范老子",说"小范老子胸有十万甲兵"。

宋军三战三败之后,重新部署了边防,分置了五路军区:张亢、王沿、庞籍、范仲淹、韩琦,分别领麟府路、泾源路、鄜延路、环庆路、秦凤路的指挥权。

摆在五位首脑面前的问题比之前更为棘手,李元昊的兵种十分齐全,连"泼喜军"这种炮兵部队都有。在麟府丰之战中,泼喜军突然跑出来,用投石车对着宋军一阵乱轰,守将们猝不及防,加之援军来迟,丰州便这样被攻陷了。

泼喜军，无疑是李元昊攻城拔寨的"秘密武器"，虽然只有两百人，仍然发挥了极大的作用。天知道，这家伙以后又会弄出什么鬼名堂来。眼下，对方的骑兵、步兵，攻城拔寨的泼喜军都规划全了，宋军该如何应对呢？

大家都将目光投向了范仲淹。

有鉴于大小城寨都容易被攻陷的现实，范仲淹的扩建要寨之法便得到了大家的认可。他的做法，简单概括起来，便是"守旧"不如"扩新"。因为，把寨子扩建为城，并连成一片，平时可以容纳更多的驻防军民，战时则能真正做到坚壁清野。

这个道理，有些像是歌词里所唱的，"一根筷子轻轻被折断，十双筷子牢牢抱成团"。

庆历二年（1042年）九月，李元昊又带着一种"秘密武器"来了，这种新军种叫作"擒生军"，共有好几万人，其中什么民族的人都有，他们擅长各种方言，专业从事劝降、分化工作。

是啊是啊，"老乡见老乡，两眼泪汪汪"，那还打啥打啊！赶紧的！在泪意与温情的包围中，咱们拉拉手，做个好朋友吧！这种心理战，是很有创意的，理论上也该达到不错的效果。

要问擒生军里的汉人是哪来的？很简单，党项人不爱杀俘虏，俘虏来的汉人，既然可以当奴隶，自然也可以当士兵。

这一次，李元昊发动的兵马，总数有十万人马，算是倾国而出了。他听从谋士张元的建议，分了两路疑兵，直指鼓阳城与刘璠堡，做出围攻固原的态势。此举之目的，在于吸引宋军来救。这样一来，分布在边地上的精兵良将，就可能会赶来增援，从而形成牵制之力。

现在的关键之处，在于要让宋军上当。李元昊的运气比较好，泾源路经略安抚招讨使王沿听说固原被围，果然中计，他立马派葛怀敏调集各城寨的万余兵力,分四路前去支援。而且,葛怀敏的手下刘贺,没把事情给办好。

原来,刘贺带着五千番兵去抢占寨西的水源,可他们在遇到擒生军以后,却阵前倒戈,哗变投敌了。没有水源,各部都只能拔营再寻驻处,时间定在次日黎明。

大半夜里,擒生军又跑来招降了近万人。葛怀敏突围未果,阵亡报国了。

这一仗,西夏这边的损失很小,李元昊听说之后不免洋洋自得,自以为攻克渭州,直据长安指日可待。李元昊带领着大部队,从栏马、平泉两座城寨,一路杀去渭州。因为王沿的兵力较为分散,驻扎在渭州城里的宋军,只不过两万多人。

按照先前的阵亡率,李元昊有理由相信,渭州城很容易被攻下,却哪里想到,渭州城池坚固得不得了,四面新盖的八角楼,压根就不怕你的投石炮。是的,要想坚壁清野,加强城防绝对是个好办法。

定川虽然大败,但只要能将渭州守住,战争的劣势不见得不能被扭转回来。王沿不待多想,死守不出。这时候,该轮到李元昊着急了。在他的主力方位暴露之后,各路宋军都快马加鞭地跑来增援,他可没有必胜的把握。

本来嘛,李元昊打的就是时间仗,只要在宋朝援军赶到之前破了渭州城,他的目的就达到了,可是……该死的小范老子!李元昊磨磨牙。

张亢所领的麟府路攻进了西夏腹地,顺手牵羊、牵牛、牵马也是不错的。范仲淹所领的环庆路军,以六千兵力驻扎在潘原,意欲截断李元昊的退路。

李元昊气愤不过,就此逃跑又有些不心甘,便做样子攻了三天

城,又在周边地区打了一把草谷,就此悻悻地回军了。定川之战,就这样画上了句点。

从伤亡的角度上看,宋军这一仗仍然是悬着一个大大的"输"字,但由于李元昊暴露了逐鹿中原的战略意图,宋朝便在关中增设了驻军。自此以后,李元昊想要实现他的大国梦,就只能是白日做梦了。

因为范仲淹的周妥部署,定州之败的战局,得到一定程度的扭转。李元昊回国之后,深感以一隅之力,找中央之国的碴,纯属吃饱了撑的,于是主动请求和谈。两年后,辽朝与西夏因为河曲地区的所有权发生了矛盾。

为免两面受敌,李元昊终于放弃了帝号。"庆历和议"就是在这样的背景下,才得以签订的。

通过这一仗,我们可以看出,范仲淹构筑的以大顺城为中心、堡寨相应的防御体系,确实在战局中起到了很大的作用。在双方势均力敌的情况下,其实没有太大的必要,杀得你死我活。坚壁清野,打好防御战,又何尝不是一桩战果呢?

不禁想起五胡十六国时的统万城来。

位于陕西榆林靖边县城北五十八千米处的红墩界乡白城子村,是南匈奴贵族赫连勃勃建立的大夏国都城遗址。且不说费时六年的统万城,有着"华林灵沼,重台秘室,通房连阁,驰道苑园"的空前繁荣,只说其"高隅隐曰,崇墉际云,石郭天池,周绵千里"的气势,就已经令人叹为观止了。

这样的都城是怎么建成的呢?史书中称,督造者叱干阿利"残忍刻暴,乃蒸土筑城,锥入一寸,即杀作者而并筑之"。您看,用白石灰、白黏土一起搅拌注灌的做法,是不是和当代水泥加模板的浇注法很相近呢?只是,它仍然没能保护胡夏政权,北魏太武帝拓跋恭到底还是攻破了这座坚城。

所以说,河山城池之固,并不是保得家邦安全的唯一凭恃,"天时地利人和",古人之言,诚不欺余。

第二节　苏学士的迷弟来了

"庆历和议"签订以后,宋、夏关系得以缓和,和平岁月大致维系了半个世纪。据此,我们可以说,北宋又花钱买了一次和平。

因为西北边陲暂无战事,范仲淹被召回京,授为枢密副使。与此同时,欧阳修、余靖、王素和蔡襄并为"四谏"。庆历三年(1043年)八月间,宋仁宗再拜范仲淹为参知政事,两个月前范仲淹就推辞过一次,现在宋仁宗有意调整辅臣结构,将富弼和范仲淹视为国之股肱,显然是要捋起袖子大干一场了。

在此,很有必要简要回顾一下刘太后与赵祯的关系。

表面上看来,二人是一对母慈子孝的典范。在赵祯十八岁和二十岁时,他不仅没有理会大臣们的亲政之请,而且还亲率百官去给太后贺寿,并行跪拜之礼。

但其实,赵祯对刘太后颇有一些敬畏甚至是怨恨的情绪。

这是因为,赵祯年幼继位,刘太后对他管束极严,有时甚至到了不近人情的地步。比如,为了治愈赵祯的风痰之症,刘太后不允许他吃海鲜。小孩子哪里懂得这些呢?口腹之欲不曾满足,难免心里不快。倒是一同抚养赵祯的杨淑妃,对他"仁慈"得多,悄悄弄了海鲜给他吃。

到了赵祯成年之后,为了"身后的女人",他也和刘氏产生过一些摩擦。骁骑卫上将军张美的孙女和四川富豪王蒙正的女儿,才是赵祯属意的女子,但刘太后却逼他娶平卢军节度使郭崇的孙女

当皇后。这就为日后的帝后矛盾,乃至废后之事埋下了伏笔。

也倒是,男女感情这种事,怎么能够勉强呢?明道二年(1033年),刘太后去世后,赵祯便将张美人追尊为皇后,还对已为人妇的王美女念念不忘。这明显是在发泄不满情绪。

综合各种指标来看,宋仁宗堪称宋朝最完美的皇帝,但他却因为废后一事,遭受了一些非议。那时,范仲淹就曾因劝谏之事遭到过贬斥。到了景祐三年(1036年)正月,赵祯追复郭氏为皇后,算是弥补了一些过失吧。

话说回来,赵祯一生恭俭仁恕,不愿扩建苑林,不愿在外呼人伺候饮水,不愿吃昂贵的蛤蜊、费事的羊羹,不愿浪费百姓的膏血……这又何尝不是得益于幼时所受的教育呢?

李宸妃默默奉献的母亲形象,着实令人感动;小娘娘(赵祯的称法)杨淑妃的温存体贴,也令人依恋不已;而刘太后严父般的抚育之恩,也同样值得赵祯尊敬。

赵祯当然明白这个道理,所以,敬畏归敬畏,对于曾经穿过帝王衮衣,在太庙祭祀过历代帝王,有过称帝想法的刘太后,他也没有过多的怨念。刘太后出葬之日,赵祯行执绋之礼,一直将灵柩送出皇仪殿。

刘太后撒手去了,谥号为"章献明肃",司马光在《上皇太后疏》中评之曰:"章献明肃皇太后保护圣躬,纲纪四方,进贤退奸,镇抚中外,于赵氏实有大功。"这话说得很好。历史上,前有冯太后临朝,为北魏孝文帝元宏开辟新路的故事;如今亦有刘太后称制,为"仁宗盛治"启开新篇的佳话。

庆历三年(1043年)九月间,准备大干一场的赵祯,得到了范仲淹所呈的《答手诏条陈十事》,这十项改革主张是"明黜陟、抑侥幸、精贡举、择官长、均公田、厚农桑、修武备、减徭役、覃恩信、重命令"。随后,富弼和欧阳修等人的上疏言事,也大多被采纳,颁行全国。史称"庆历新政"。

不过,因为新政的核心是吏治改革,这就大面积地触犯了贵族官僚的利益,因而遭到以夏竦为首的老臣的阻挠。所谓"小人和而不群",夏竦等人延续了一贯的朋党风格,而改革派却也不避朋党之嫌,赵祯思前想后,觉得消除朋党之争更为紧要,故此在庆历五年(1045年)初,暂时将范仲淹、韩琦、富弼、欧阳修等人调出中枢,废止了吏治改革。

历代学者批评赵祯对庆历新政,是"锐之于始而不究其终",大有叹其"靡不有初,鲜克有终"之感,但这次看似失败的改革,却成了后来王安石变法的先导。同时,在改革期间,"和而不同"的士风也得到了一定程度的发展,这对于宋朝文人政治的延续和张扬,具有较为重大的影响力。

宋仁宗是宋朝在位最长的皇帝,在他统治的四十二年内,政治、经济和科学文化都具有一些盛世气象。要说他对历史最大的贡献,应该是这个宽容仁厚的皇帝,培养了百余优秀的文武名臣,他们就像繁星一般,照亮了仁宗、英宗、神宗的时代。

政治军事方面的人才,最值得一说。

除了被后人所称颂的"千百年间,盖不一二见"的范仲淹,还有很多很多,譬如不惧险难出使辽朝的富弼,老练沉稳历仕四朝的文彦博,经常喷皇帝口水(本义和比喻义都有,这位御史太激动了)又断案如神的"包喷子"包拯,首开出身行伍而升至枢密副使之例的武人狄青,恩抚羌人建立起震慑西夏人的"种家军"的将帅种世衡……

嘉祐八年(1063年)三月二十九日,赵祯驾崩。

得知噩耗后,国内"京师罢市巷哭,数日不绝,虽乞丐与小儿,

皆焚纸钱哭于大内之前"。国外"燕境之人无远近皆哭",辽道宗耶律洪基哭着说他"四十二年不识兵革",又要求历代皇帝"奉其御容如祖宗"。

《宋史》赞曰:"《传》曰:'为人君,止于仁。'帝诚无愧焉。""君臣上下恻怛之心,忠厚之政,有以培壅宋三百余年之基。"

北宋的皇帝们,有兄终弟及的,也有父死子继的,但宋英宗赵曙却与众不同,他是通过养子的身份继位的。这是因为,宋仁宗赵祯没有一个儿子能活下来。

三十四岁之前,赵祯便有三个儿子,但他们无一例外地夭折了。之后,他虽有众多的妃嫔,娇俏的女儿,却一直没有再得到男嗣。更麻烦的是,赵祯在位时间虽长,但他的身体状况并不怎么好,时时经受病痛的折磨,不能正常理政。

在这种情形下,请立太子的声音也越来越大。首倡立储的是知谏院范镇,事后,宰相文彦博批评他这种冒失的举动,范镇却说他已无畏生死之忧,只为社稷之安。对于这件事,时任并州通判的司马光和御史赵抃,都表示支持。

赵祯没有怪罪范镇,但其心情凄凉之处可以想见,他甚至在臣子面前泪如雨下,希望他们能耐心等他再育男嗣。

"不如意事常八九",赵祯等了很久还是没能如愿以偿,只能与宰相韩琦(与富弼并相)商议立储之事。原来,韩琦早在嘉祐三年(1058年)时,已帮皇帝想了一个办法——择宗室子弟中的贤能者立为储副。只是因为当时皇帝对有孕的妃嫔还怀有期待,故而不肯做决断。

在韩琦和司马光等人的再三催促下,嘉祐六年(1061年)十月初,赵祯在其所抚养过的两个宗室子弟中,选择了濮安懿王赵允让的十三子宗实作为太子。这就是说,赵祯是把堂兄的儿子过继过来了。

早前,宫中有一桩美谈,是"天子娶妇,皇后嫁女"。这里说的男女主人公,便是赵宗实和高滔滔。高滔滔是曹皇后的养女,自小与赵宗实有青梅竹马之谊。曹皇后将这情形看在眼里,也记在心里。向皇帝提出合婚的建议,也在情理之中。

这着实是个不错的选择。如果赵宗实将来能被立为皇储,高滔滔就顺理成章地成了皇后。这样一来,将来曹皇后也能有个依靠不是?因为联姻,赵祯在二中选一的时候,也会带有明显的倾向性。

对于赵宗实来说,当不当太子似乎不是特别重要的一件事。要知道,他在四岁那年就已经入宫了,可才过了几年,却因仁宗次子的出生,而被送回王府。

这叫什么?在别人眼中,或许这叫作好事多磨,但在他自己看来,却是有了希望又再次失望。之后,等到你再给他希望的时候,他已经对这个位置不太在乎了。

刚巧,这时赵宗实正在为生父守丧,便打算以此为借口,不接受知宗正寺的授命。知宗正寺,即是立储的象征。赵祯没辙,就听从了韩琦的建议,直接立赵宗实为皇储,为其正名。

建立东宫一事,就发生在次年八月,宗实成为太子后,改名为赵曙。半年后,赵祯夜间猝死,在曹皇后和韩琦的主持下,赵曙无法推辞皇位,只得乖乖就位。

北宋皇族很可能有一些遗传病,很不幸的是,赵曙也不是身体康健之人,据说他不狂则已,一狂惊人,与当年的赵元侃有得一比。四月间,仁宗大殓,赵曙在灵柩前坐立不安,狂呼大叫,瞬间震惊了宫闱。

韩琦富于决断力,随后请曹太后效仿刘太后,垂帘听政。赵曙

的狂躁之病从前并不明显,否则赵祯也不会犯险传位。可事已至此,只能走一步看一步。举止失常的赵曙,逐渐对曹太后的态度也轻慢起来,两宫之间的关系极为紧张。

曹太后没少在重臣跟前诉苦,韩琦与司马光等人担心她会废掉皇帝,只能费心当和事佬。

就在赵曙养病期间,他还说过"太后待我无恩"的话,韩和事佬又忙用"母慈子孝"的道理来规劝他。

等到治平元年(1064年),赵曙病愈之后,他的执政才能开始显现出来。因为曹太后不肯撤帘还政,赵曙对她极为不满,台谏、侍从的请奏也像雪片似的飞来,压得曹太后喘不过气来。

迫于压力,尤其是韩琦所施加的压力,曹太后不得不退回到幕后。所谓"新官上任三把火",新皇帝上任亦如此。赵曙一开始似乎很有干劲,为了搞好吏治建设,还任命前朝的谏官唐介权御史中丞,负责纠察弹劾之事。韩琦他们稍微松了一口气。

对于宋朝的台谏制度,顺便介绍一二。唐宋之际,台官指的是以纠弹为职掌的御史大夫、御史中丞等官员,谏官说的是负责建言的给事中、谏议大夫等官员。因为他们的职责有些交集,故此时人便将之合称为"台谏"。

这种制度的存在,对上下官员乃至帝后内宫,都形成了一定的制约机制,这也就是两宋时临朝称制的事例虽多,却从未产生母后乱政现象的一个重要原因。当然,台谏官员为了达到工作量,小题大做乱喷口水的事情,也是客观存在的。

苏轼曾在《谏买浙灯状》中写道:"台谏有如此数人者,则买灯之事,必须力言。"此言,可窥得台谏制度之一斑。说起苏轼这位大文豪,还真是了不得。赵曙很少服人,但对他的文才非常仰慕。用今天的话来说,赵曙是苏轼的迷弟。

继位之后,赵曙有意将苏轼召入翰林院,授予他知制诰之职。那时,苏轼不过二十八岁,考虑到他年龄尚小,韩琦以越次提拔会惹人非议为由,否决了这个圣意。赵曙犹不心甘,又想命他修起居注,韩琦却说,修起居注和知制诰官职性同品级近,也不合适。赵曙这才作罢,令苏轼在史馆试用。

《宋史》中称赵曙有"明哲之资",这种评价实有溢美之嫌。在他在位的五年之中,要说有什么重头戏,那也是他对生父名分过于执着的那件事情。

赵曙刚亲政半个月,便将韩琦等人追封濮安懿王的奏疏押后,这是为了寻机给生父以尊贵的待遇。次年四月,韩琦等旧事重提,赵曙便请太常礼院展开讨论。一场持续一年半的讨论,就此展开了拉锯战。这个事件,被史家们称为"濮议之争"。

以司马光、吕诲、吕大防、范纯仁等人的主张,濮王只能被称为"皇伯",仁宗皇帝才应该被称为"皇考";而中书韩琦、欧阳修等比较倾向于赵曙自己的意思,尊生父为"皇考"。因为曹太后也站在赵曙这边,他自然更有胆气,便将吕诲、吕大防、范纯仁三人贬出汴京。

这段历史很容易让人想起明朝嘉靖帝朱厚熜所策划的"大礼议之争"。赵曙和朱厚熜的情况比较相似,都是以外藩入继的,故而都想为自己的生父正名,同时树立自己的威信。前者争了十八个月,后者僵持了三年,最终都以皇帝的胜利而宣告结束。

对于这类事情,不应该按照今人的观念来加以点评,群臣们之所以认为外藩入继的皇帝,既是在继统,又是在继嗣,是与当时的礼教道统不可切分的。对此,我们应该表示理解。

只不过,比起在位四十五年的嘉靖帝而言,赵曙的命运比较悲催。治平三年(1066年)十二月,赵曙再度不豫,果断册立了长子。

次年正月八日,赵曙驾崩于福宁殿,时年不过三十六岁。因为赵曙英年早逝,濮安懿王被称为了"皇"(与"皇帝"不同),但那也只是口头上的。

辛苦争忙一场,亲生父母的谥号终究也没能上去。

赵曙在位期间,提供优厚待遇,命司马光设局修书以编写历代君臣故事,这便是我国历史上第一部编年体通史《资治通鉴》的由来。

第三节 拗相公拗不过保守派

传说,在一个星光满天的秋夜,古希腊哲学家泰勒斯在痴痴地仰望星空。

他边走边看,没注意到前面的深坑,便一脚踏空掉了下去。深坑中的水虽然不多,但泰勒斯离地面却有二三米。路人将泰勒斯救起后,听他说"明天会下雨"觉得很是可笑。直到第二天,淅淅沥沥下起雨来,人们才纷纷赞叹他。

对此,也有人说他只看得到天上,却看不见脚下。两千年后,德国哲学家黑格尔对此评价道:"只有那些永远躺在坑里从不仰望高空的人,才不会掉进坑里。"

不管这个哲学故事的细节是否完全真实,其道理却值得我们深思。仰望与跌倒往往是相伴而生的,理想与挫折也总是如影随形的,但我们如果害怕跌倒,畏惧挫折,那将一无所成。

这里,我们要说的这个仰望星空、驰骋理想的人,便是为列宁所称誉的"中国 11 世纪时的改革家"王安石。而支持他变法,锐意进取的皇帝,便是北宋的第六位皇帝宋神宗。

王安石,生于宋真宗天禧四年(1021 年),临川(今江西抚州市临川区)人。熙宁元年(1068年)四月间,宋神宗赵顼为摆脱内忧外患,特意召见了王安石。王安石便提出治国先革新的理念。次年二月,王安石任参知政事,七月间开始实施以"均输法""青苗法""农田水利法"为核心的变法运动,史称"熙宁变法"。

显而易见,王安石是在四十多岁的年纪,才得到了皇帝这样的认可。那么之前的他有着怎样的成长经历,赵顼又有着怎样的心性和才智呢?

王安石自幼便表现出卓越的才华,在随父王益宦游的过程之中,又接了一些地气,因此对民间疾苦感同身受。从他当时的文章中,就能看出一些移风易俗的观念。

宋仁宗景祐四年(1037年),王安石以文名世,经曾巩的推荐,得到欧阳修的赏识。

庆历二年(1042年),王安石进士及第,授淮南节度判官。其后,他放弃了入京的机会,在鄞县任职,关注水利和教育事业,一时颇有成效。

庆历八年(1048年)四月,宣仁圣烈皇后高氏为宋英宗赵曙生下长子,八月间被赐名为"仲针",这便是赵顼。三年后,王安石改任舒州通判,成为深受百姓爱戴的地方官。文彦博和欧阳修先后举荐过他,但被他婉言谢绝了。

从王安石不愿得到任何越级提拔一事,不难看出他为人极为耿直刚毅,无怪乎后来被人们称为"拗相公"。

王安石之后又担任过群牧判官和常州知州,他与曾在月岩悟道的周敦颐交情匪浅,二人相见恨晚,互有切磋,留下过动人的文人佳话。"予独爱莲之出淤泥而不染,濯清涟而不妖",从传世名篇《爱莲说》中,我们能看到周敦颐不慕名利、洁身自好的性格。以友观人,王安石的为人秉性,也是可以想象的。

若说二人在从政的观念上,有什么大的区别,我想,那是周敦颐始终能保持"不染"的境界,而王安石却希望能让一池污水得以澄清,一摊淤泥得以清除。

在那个时候,王安石便发出过"发富民之藏以救贫民"的声音,具体的做法,就是拿富民的良田开刀。这种思想应该就是日后变法的雏形了。

嘉祐三年(1058年),王安石调为度支判官,在入京述职后,他写了长达万言的《上仁宗皇帝言事书》,将他在地方为官的经历做了小结,并给出了解决国家积弱积贫问题的变法主张。简言之,就是要注重法度。其间,晋武帝司马炎、唐玄宗李隆基等皇帝,成了反面教材,都一一躺枪了。

可能是考虑到庆历新政的教训,宋仁宗没有采纳他的意见,但是,这洋洋洒洒的万言书,却有幸被后来的太子赵顼看到。由于那时的赵顼为《韩非子》所折服,极为欣赏法家"富国强兵"的那套办法,因此也很欣赏这位叔叔辈官员理财治国的思想。

只是,这位倔脾气的叔叔,抱着赌气的心理,对朝廷的任命一直爱理不睬,只负责编修了《起居注》。不久后,因为申请删改诏书文字一事,又开罪了一些王公大臣,王安石索性趁着为母守丧的由头,辞官回了江宁。

嘉祐八年(1063年),宋仁宗驾崩,赵曙继位,十六岁的赵顼也被授为安州观察使,封光国公。赵顼这个人十分喜欢读书,到了废寝忘食的地步,让父皇看着都有些纳闷。于是派遣内侍去劝他休息,便成了家常便饭。

同时,赵顼还是一个非常克制、注重礼仪的人,这一点从他的着装行止上都看得出来。当今很多人虽然常将"心静自然凉"这样的话挂在嘴边,但大都一边吹着空调,吃着西瓜,一边喊热。所以对于衣冠整齐，从不用扇的人，我是十分佩服的。

治平元年（1064年），赵顼进封颍王。治平三年（1066年）三月，赵顼纳故相向敏中的孙女为妻，十二月间，正式被立为太子。应该是从那时起，赵顼就在想象日后重用王安石的情形了。因为，终英宗一朝，王安石都以种种理由谢绝赴京任职。赵顼不忍心浪费这样的人才。

治平四年（1067年）时，宋英宗赵曙龙驭宾天了。赵顼刚一继位，便将王安石起用为江宁知府，不久后，又将他擢升为翰林学士兼侍讲。

就此，一段君臣相得却未善始善终的故事，便拉开了序幕。赵顼有着锐意改革的理想，他知道，"仁宗盛治"虽然很了不起，每年的平均收入大概是一万一千六百一十三万两白银，却入不敷出，还差上四百万两白银！到了治平二年（1065年）时，宋朝的财政赤字已达一千七百五十余万两白银。

这其中的原因，他不是不知道，但是各级军费必须要支持，辽朝、西夏的岁币不能不给，庞大的官僚系统也要运作，怎么办？怎么办！雪球不能越滚越大，压力不能越来越重！改革！必须改革！

熙宁元年（1068年）四月，王安石决心辅佐赵顼完成"简明法制"的改革工作。"大有为之时，正在今日"，君臣俩抱着摆脱王朝政治、经济危机，改变积贫积弱局面的目的，于次年二月，开始着手变法运动。

"不在其位不谋其政"，为了抬高王安石的地位，使其变法的阻力更小，赵顼特意在此前，就任命其为参知政事，这就是说，他已经是副宰相了。

熙宁变法与庆历新政不同的是，后者重在改革吏治，前者却将重点放在了改变风俗、确立法度之上。要改革，先立法，设立"制置三司条例司"，以指导新法的顺利施行，是一个先决条件。此事，由

王安石和枢密院事陈升之总领。

早闻变法之事,许多有志之士或投机之人,都踊跃地加入了这个阵营。嘉祐二年(1057年)的进士吕惠卿就是其中之一。只是,很可惜,吕惠卿因为一些性格缺陷,没有得到史书多少好评,但不可否认的是,他的政治才干是很突出的,作为"熙宁变法"的二把手,他也做出过不少贡献。

吕惠卿与王安石,是在讨论经义时产生的交情,两人之间的关系,可以说是亦师亦友。因为王安石的推荐,赵顼认为吕惠卿既贤且能,故此也很用心地栽培他。在变法一开始,吕惠卿便开始负责制置三司条例司的日常事务,他派出的四十多位提举官,则承担了颁行新法的任务。

王安石对吕惠卿极为信任,大小之事皆与之议论商谈,便连他有关变法之事的奏章,都交由吕惠卿执笔。一时之间,人们甚至将王安石比附为孔子,将吕惠卿比附为颜渊。

再一年,王安石升任为同中书门下平章事,实为大宋朝的宰相。他将新法推行的范围,扩大到全国各地,均输法、青苗法、市易法、免役法、方田均税法、农田水利法为财政方面的举措;置将法、保甲法、保马法则是他在军事制度上的改革。

所有的目标,都指向君臣俩"富国强兵"的初衷。

"不忘初心,方得始终",虽然熙宁变法没有走到最后,但其效果还是十分明显的。

新法旨在抑制地主的兼并势力,限制高利贷的盘剥能力,增强农民的生产动力,通过诸多理财之法,宋朝的财政收入大幅增长,国库积蓄能供给朝廷二十年之需。谁说"积贫"的局面不能扭转,谁说"富国"的梦想没有希望?王安石就做到了!

至于"积弱"这个问题,无论是国家的军事储备,还是兵士们的战斗素质(谁都不想被裁员),都有了不少的良性变化。熙宁六年(1073年)时,熙河路经略安抚使王韶,收复河、洮、岷等五州,大战吐蕃的军事行动,就是最好的证明。要知道,这样的战果是北宋前期、中期都鲜有的。此后攻御西夏的战线也被拉长了。

如果熙宁变法能一直开展下去,如果变法者能及时弥补缺漏之处,或许北宋能真正做到国富民强,或许北宋"守内虚外"的国策能够得到匡正,然而历史却没有如果,历史只给了他们许多反对的声音,许多党派的争斗,还有一个专业败家的皇帝——宋徽宗赵佶。

但凡改革,就没有百分百完美的可能性。

首先是王安石变法心切,有些开辟财源的办法,比如均输法,会争利于民,导致国富民贫的恶果。然后是,有一些农民竟以自残的极端手段,表达对保甲法的强烈不满,因为他们既要交高税又要入伍当兵,算来算去都不合算。

最后,推行变法时,王安石有些盲目塞听,对于下头执行者的一些谋利之事,没有过多的听闻干预。不妨打个比方,这犹如一本经,本来是个不算完美但还差强人意的,可是念经的和尚却把它给念歪了。

变法运动展开之后,遭到司马光等保守派的坚决抵制。在司马光看来,王安石是贤良却不通世务,但吕惠卿则不然,他就如前朝的江充、李训一般,以才而鸣,却又善于阿谀谄媚,不是个善茬。司马光甚至给王安石写信,让他要提防这个家伙。

在历史上,熙宁变法,又被称为"熙丰变法",这是因为,王安石在两度罢相(熙宁七年和九年)之后,变法之事还有一些余波。元丰,是赵顼的第二个年号。

元丰八年(1085年),神宗去世,宋哲宗赵煦继位,由太皇太后

高氏临朝称制。此时,王安石虽有司空之尊,但已无多少实权在手。高太后更是起用司马光为相,全面废除了新法。

第二年,即元祐元年(1086年),王安石病逝于江宁,获赠太傅之衔。大概他是追随壮志未酬的先帝和他为变法操心而死的儿子王雱而去了吧。

晚年的王安石,退居江宁养老,他学会了在冷寂的生活里,调和自己的矛盾心态。所以,他写过《中山晚步》这样的闲淡之诗,也写过《读史》这样的忧愤之作。

"自古功名亦苦辛,行藏终欲付何人。当时黮暗犹承误,末俗纷纭更乱真。糟粕所传非粹美,丹青难写是精神。区区岂尽高贤意,独守千秋纸上尘。"终其一生,王安石也没有低下一代改革家的头颅,那些短见无识的俗儒,根本不值得他多看一眼。

还是应了那句话,"只有那些永远躺在坑里从不仰望高空的人,才不会掉进坑里!"

第四节　西北望,射天狼

老夫聊发少年狂,左牵黄,右擎苍,锦帽貂裘,千骑卷平冈。为报倾城随太守,亲射虎,看孙郎。

酒酣胸胆尚开张,鬓微霜,又何妨?持节云中,何日遣冯唐?会挽雕弓如满月,西北望,射天狼。

这是一首闻名中外的《江城子·密州出猎》,苏轼在写作这首词的时候,正在密州(今山东诸城)担任知州,也就是熙宁八年(1075年)。

景祐三年(1037年)十二月,苏轼出生于四川眉山,其先祖苏味道,其父苏洵、其弟苏辙,都是以文名世之人。所谓"轼",老苏以《名二子说》一文释之。他希望苏轼能像车前的扶手一般,处世能介乎有用无用之间,圆融无碍。

眉山这个地方,人杰地灵,享有"进士之乡"的美誉,仅在两宋时期,便涌现了八百八十六名进士,史谓"八百进士"。虽说两宋一共录取了四万余名进士,但以一县之地,能孕育出这么多的人才,也是举世罕见的了。

更难得的是,苏轼所考中的类目,是比常科难度更大的制科。还是拿数据来说话吧。有宋之世,考上制科的士子,仅有四十一人。苏轼入第三等,因第一二等为虚设,所以被称为"百年第一"。与此同时,苏辙考中了第四等,与哥哥在同一榜中。

其实,在嘉祐六年(1061年),苏轼应中制科考试之前,爷仨的名声就已经非常响亮了,韩琦和欧阳修都对他们赞誉有加,后者甚至还说:"读轼书,不觉汗出。快哉!快哉!老夫当避此人,放出一头地也。可喜!可喜。"

"更三十年,无人道着我也!"早从那时起,光风霁月的欧阳修,就预言了文坛的未来。宋仁宗看着这二十二岁的哥哥、十九岁的弟弟,也欢喜地说他为子孙们觅得了一双太平宰相。再往后看,当韩琦阻止宋英宗赵曙破格提拔苏轼时,便说这人是能成大器的,等到时机成熟以后,他不仅能成为国之股肱,还能引发全国文士对朝廷的孺慕之情。

他们,都是惜才的人。后来,苏辙做到了副宰相的位置,苏轼虽然没能成为政治的赢家,却成了千百年来最受人追捧的文人之一。

苏轼少年得志,虽有妻死母丧父亡之痛,但仍是个奋发有为的青年人。熙宁四年(1071年),判官诰院苏轼上书直指新法之弊。

王安石对于这个后生无可容忍，便请御史谢景弹劾他。

"大行不顾细谨"，从王安石的角度出发，排除万难也要将新法进行到底，因此他对苏轼的排挤尚在情理之中。只是苏轼受不得这个窝囊气，一气之下，索性远离政治漩涡，自请出京做个地方官。

熙宁七年（1074年），苏轼由杭州通判，调往密州（山东诸城）任知州。照着苏轼离京时"爱咋咋地"的心理，他对再度回到中枢去做京官，应该没有多大的期待。但是，时局一直在变化，苏轼的心态也有一些波动。

在《江城子》中，我们可以看到他的矛盾心态，一方面，他为他能得到百姓们的"倾城"相随而有些洋洋自得——治绩突出的好官理应深受拥戴；另一方面，他也有些盼望，朝廷能给他派来一个"冯唐"。

若如此，他必将"雕弓如满月"，为朝廷射去可厌的天狼星。什么是天狼星？《旧唐书·天文志》中说："狼星分野在江、河上源之西，弧矢、犬、鸡，皆徼外之象。今之西羌、吐蕃、蕃浑，及西南徼外夷，皆狼星之象。"不难看出，"天狼"是苏轼在暗喻侵犯国朝边境的辽国与西夏。

苏轼要抒发的胸臆十分明显了。他想杀敌报国，担起卫国戍边的重任。范文正公当年可以做到的事，苏轼也想做到。词作一经面世，便引发了轰然效应，他自己曾说，词作达到了"令东州壮士抵掌顿足而歌之，吹笛击鼓以为节"的地步。

不过，苏轼虽然打动了东州壮士，却没能打动皇帝的心意。须知，入京这种事，往往是出得容易，进得艰难。

熙宁十年（1077年）四月至元丰二年（1079年）三月，苏轼担任徐州知州。这期间，发生了一件非常感人的事件。徐州城里突然洪水决堤，富民们有钱有力，都争先恐后地往城外跑。苏轼深知此举会动摇民心,赶紧制止了他们,表达了"城在我在,城失我亡"的意思。

苏轼的责任感很强,办法也很多。武卫营的将士们皆为之所用,硬是筑成了一道解决水患的长堤。事后,苏轼还请求上级增调夫役,增建木岸(捆扎树枝成堆,钉在河床两侧,用以减缓流速),朝廷深以为然。

下一月,他又去了湖州。延续以往的为政风格,四十二岁的苏轼仍然是个注重民生的父母官。可没承想,大片的阴霾没有预兆地罩在了他的头上。

苏轼上任后,向官家进呈了一封《湖州谢表》,其中有"愚不适时,难以追陪新进","老不生事或能牧养小民"这样的话语。新党借此大做文章,将一把把利刃,戳向了苏轼。

最猝不及防的,是来自沈括的那把刀子。他自名为苏轼的粉丝,努力地找寻偶像作品中的敏感诗句。他懂得,只要找到对方讪谤新法的疑点,他就又拥有了一笔升官发财的资本。

沈括其人,曾被英国科学技术史专家李约瑟称为"中国整部科学史上最卓越的人物",他的确是个卓有成就的科学家,但同时也是个因嫉妒而变得阴邪毒辣的小人,因畏妻如虎而导致"斯德哥尔摩综合征"爆发的可怜人。

苏轼这个人,时常说自己是"吾上可陪玉皇大帝,下可陪卑田院乞儿,眼前见天下无一个不是好人",现实却狠狠地扇了他一个耳光。

必须补充说明的是,彼时,原本的变法领袖王安石已离任退居江宁,朝中当政的新党人物,早已不是他了。

其实,赵顼和王安石,都是本性纯良之人,二人之所以和苏轼产生摩擦,只是因为彼此的政见不同,他们之间从来就没有私怨。

包括后来得到高太后重用的司马光,也是正直磊落之人。

苏轼受到小人的攻讦,被押至御史台(乌台),受到了许多折磨,而百姓、正直士人、王安石("安有圣世而杀才士乎?")、曹太后都为之大鸣不平。赵顼也听到了这些声音,还说过"诗人之词,安可如此论?彼自咏桧,何预朕事"这样的公道话。

两个月后,苏轼获释出狱,被贬往黄州(今湖北黄冈市)任团练副使。

必须指出的是,宋朝有一条祖宗家法,也帮了苏轼的大忙。根据南宋叶梦得的《避暑录话》等作品记载,赵匡胤在开国之时,曾经"密镌一碑,立于太庙寝殿之夹室,谓之誓碑"。

后来,每一个新君继位之后,都要"谒庙礼毕,奏请恭读誓词"。由于群臣近侍都离得远远的,所以誓词的内容,不得而知。此事,直到靖康之变时,才由搞破坏的金兵泄露出来。

原来,那誓碑上说的是:"柴氏子孙,有罪不得加刑,纵犯谋逆,止于狱内赐尽,不得市曹刑戮,亦不得连坐支属;不得杀士大夫及上书言事人;子孙有渝此誓者,天必殛之。"

很显然,苏轼能对应的那条,正是"不得杀士大夫及上书言事人"。百年以来,除了苏轼,当朝的韩琦、富弼(王雱建议杀之)等人都得到了"实惠"。

开明、包容的氛围,更易孕育出璀璨的文明,这是毫无疑问的。

苏轼终于迈过四十三岁这个坎儿,在山水的陶冶之中,他学会将佛老思想融于一身,给自己取了"东坡"的别号。所以苏轼和苏东坡其实不是一个人,称法的改变,意味着他自我认同的不同。

一边参悟着人生,一边抒发着襟怀,苏轼在黄州留下了《赤壁赋》《后赤壁赋》和《念奴娇·赤壁怀古》等千古名篇。只不过,"约他年、东还海道,愿谢公、雅志莫相违",他自比为谢安,一颗亦隐亦宦的心，依然在犹豫挣扎着。

直到宋哲宗即位后，以火箭速度升官（翰林学士、侍读学士、礼部尚书）的苏东坡，又因反对尽废新法，而被贬至惠州、儋州（昔年海南岛很荒凉）等地，他才真的淡望了一蓑烟雨，笑看了一枕风云。

朝云说他"一肚皮不合时宜"，他说，"知我者，唯有朝云也"。但在朝云死后，没有知己的路，也要坚强地走下去。朝云过世以后，苏东坡在儋州这样瘴疠肆虐的蛮荒之地，开始为国家保育人才。因为有了他，儋州无人进士及第的局面终于被打破了。

元符三年（1100年），赵佶即位。六十五岁才获赦北还的苏东坡，对自己的一生做了这样的总结："心如已灰之木，身似不系之舟。问汝平生功业，黄州惠州儋州。"这里头，是怒，是嘲，还是释，无从得知，唯他自己心知。

当年七月二十八日，苏东坡卒于常州，葬于汝州。宋高宗时，他被追赠为太师，谥号"文忠"。他是眉山最出色的骄子，也是两宋最耀眼的明星。

【小贴士】

【赵曙小档案】

生卒年：明道元年（1032年）—治平四年（1067年）

登基时间：嘉祐八年（1063年）

年号：治平

谥号：宪文肃武宣孝皇帝

庙号：英宗

陵寝：永厚陵

父母：濮安懿王赵允让、仙游县君任氏

配偶：宣仁圣烈皇后高滔滔

子女：宋神宗赵顼等四子四女

关键词：幼年过继、两宫失和、英年早逝、濮议之争

名言：太后待我无恩

【赵顼小档案】

生卒年：庆历八年（1048年）—元丰八年（1085年）

登基时间：治平四年（1067年）

年号：熙宁、元丰

谥号：英文烈武圣孝皇帝

庙号：神宗

陵寝：永裕陵

父母：宋英宗赵曙、宣仁圣烈皇后高滔滔

配偶：钦圣宪肃皇后向氏、钦成皇后朱氏、钦慈皇后陈氏

子女：宋哲宗赵煦、宋徽宗赵佶等十四子十女

关键词：熙宁变法、熙河开边、元丰改制、经略熙河

名言：诗人之词，安可如此论？彼自咏桧，何预朕事？

第六章

国耻：
甘心万里为降虏，
故国悲凉玉殿秋

阿长的这种"伟大的神力",本来只能唬唬小孩子。按说,这类荒诞的事,不会出现在一个重视文治的国家,然而,它确确实实出现了。就在靖康元年(1126年)十一月二十五日,汴京城上的守军都奉旨退下,为宣化门中冲出的"六甲神军"让道。这个六甲神军听着很威风,到底是何方神圣呢?

第一节 叛逆少年的逆袭路

元丰八年(1085年)二月,赵顼病危,宰相王珪等宰执请立东宫,并请按前朝故事,由他的母亲垂帘听政。赵顼气若游丝,点头应允。高滔滔的外曾祖是曹彬,作为开国元老的后人,她对祖宗家法有着深刻的感情,自然也就认为熙丰变法是在乱弹琴。这为高滔滔以祖母之尊干预朝政,废除新法之事埋下了伏笔。

三月一日,高滔滔垂帘听政,赵顼第六子赵煦被立为皇储。当时,宰相蔡确等人试图将赵颢或赵頵抬上储位,在遭到高滔滔的侄子高公绘的反对后,反咬了他一口。但其实,高滔滔在这个问题上,几乎没有私念。

五日那天,赵顼去世,庙号为神宗。所谓"神",《逸周书·谥法解》:"民无能名曰神。"《论语》中又对"民无能名"解释道:"大哉,尧之为君也!巍巍乎,唯天为大,唯尧则之。荡荡乎,民无能名焉。巍巍乎其有成功也,焕乎其有文章。"这意思是说,帝尧功业卓著,只有他才够资格与天并论。

那么在变法中选择无奈妥协的宋神宗赵顼,算得上"神"吗?对于这个问题,只能仁者见仁智者见智了。但可以肯定的是,他是一个一心变法图强,不甘心无所作为的皇帝。

正因为这种心气,赵顼后来还展开了一场改革官制的"元丰改制",其目的有二,一则解决冗官问题,提高工作效率;二则可能是想借机将保守派的势力削弱一下,以便将来再次启动新法。可惜,实际效果不太理想。

元丰四年(1081年),趁着西夏内乱(汉人梁太后幽禁夏惠宗李秉常)时,赵顼发动了伐夏之战,目标直指兴庆府。可宋军最后只

攻下了兰州,第二年又在永乐城遭遇惨败。

《宋史》对宋神宗评价道:"不治宫室,不事游幸,励精图治,将大有为。"可惜,赵顼英年早逝,又有一些褊急躁进,终于没能做出可比帝尧的功业来。

有一点值得注意的是,从宋英宗赵曙开始,到宋神宗赵顼和宋哲宗赵煦,都可用"英年早逝"来做一个粗略概括。可想,英宗这一脉的身体素质实在堪忧。

与祖父两代人不同的是,赵煦虽然二十四岁时就病逝了,但他在位的时间却有十五年之久。不过这其中的一半时光,他都活得很不开心。

原因很简单,太后临朝称制,他却只能在祖母的身后,遥听臣子们的声音。

哲宗一朝的政治,以高滔滔还政为分水岭,呈现出两种截然不同的气象。之前,权欲上瘾的高滔滔起用司马光等旧党人物,成为"元祐更化"(即元祐党争)的核心集团,旧臣们都唯其马首是瞻,把小皇帝当空气一般。等到太皇太后过世之后,赵煦才开始亲政,重用如章惇、曾布等新党,并恢复了新法中的保甲法、免役法、青苗法等。

姑且先忽略祖孙俩的意气之争,我们不得不承认的是,赵煦再度启用一些新法,确实起到了减轻农民负担,增强国力的效果。这也是绍圣年间,宋朝能出兵征讨西夏,迫其乞和的底气之由。

忆及少时,赵煦一直都心有阴影,他在追述过往情形时,时常说"朕只见臀背"。这是说,在朝堂上,因为赵煦的御座与他皇祖母的凤座正好相对,大臣们都只顾着"面朝太后,春暖花开",而把背影留给皇帝。他们也很少考虑赵煦的感受,连转身向他禀报的样子都懒得去做。

这么看来,臣子们的情商不怎么高啊!要知道,太皇太后的垂帘听政只是一时的,而小皇帝迟早都要亲政当国的嘛。

曾经有一次,高滔滔问他,大臣们在奏事的时候,你为什么一言不发。赵煦便阴阳怪气地回道,娘娘您已经处理好了,还让我多说什么呢?言外之意便是,你们拿我当摆设是吧,可以,我就来个非暴力不合作!

高滔滔听了这话,一时间默然不语,但她明知皇帝对她不满,也没有打算归政于他。

当初,朝中大臣和赵颢、赵頵本人都对立储一事极为上心,赵煦年纪虽小,但已经懂得保护自己的将得利益,曾不止一次地对他们"怒目视之"。

为了断绝亲王们的念想,高滔滔曾经命人关闭宫门,禁止二王出入父皇寝宫。她还密令宦官梁惟简的妻子秘密赶制合身的皇袍,又在群臣面前夸赞第六子赵佣(赵煦)聪明孝顺,写得一手好书法——陶宗仪在《书史会要》评之为"翰墨亦佳"。

那么问题来了,如果说高滔滔一早就抱定日后干政的想法,为何不支持比赵煦年纪更小的赵颢、赵頵做太子呢?我相信,彼时她并没有更多的想法,只是,时移事易心思亦异,人性本就复杂万端。

赵煦好容易挨到了十七岁,但高滔滔不打算放权,群臣们也依然拿腰背屁股对着他。他只能隐忍着怒火,直到亲政之后,才将元祐大臣们一一贬斥。

必须说明的是,高滔滔虽然独揽大权,但没有打算将赵煦养成一个废人。尽管,摄政之人大多喜欢暗弱无能的皇帝。其实,高滔滔和大臣们,都打心眼里希望赵煦成为一个可比仁宗的贤君,为此,无论在学习还是生活方面,都对其管束严格。

在学习上,吕公著、范纯仁、苏轼和范祖禹等人都是赵煦的侍

读大臣,大家的内心独白是——

您得像仁宗皇帝学习,成为一个优秀的守成之主,开创又一个清平盛世;至于你爹,还是算了吧,我们就笑笑,不说话。在私人生活上,这个就不要学仁宗皇帝了。

为何这么说呢? 因为啊,仁宗这个人,虽然不耽于女色,但还是有些缺乏克制力的。所幸台谏官们紧守本分,经常向他吐口水,这才让他的好色指数少了两颗星。

所以,宋仁宗还是有缺点的。为避免赵煦不分精华糟粕地乱学一气,高太后有意让年长貌陋的宫嫔照顾他的起居,还让他必须自己睡阁楼里。

家有儿女的人,都明白一个道理,对于很多事情,都宜疏不宜堵。高太后他们急着吃热豆腐,效果却只能适得其反。

赵煦年龄越大,逆反心理就越明显。何况,赵煦的生母朱德妃又受了很多委屈。因为高滔滔不喜欢这个儿媳妇,朱氏也无法母凭子贵。看着所谓的母亲从皇后升级成了皇太后,而自己的母亲则只有太妃的名分,赵煦的心里憋屈得不行,亲政之后即刻下令提高母亲的待遇,不说有多高吧,但至少不能输给皇太后向氏。

高太后和赵煦的暗中较劲,成为哲宗一朝朋党之争的根由之一。于是,王安石和司马光在政治上的分歧,发展到如今,便彻底成为新旧集团之间掐架的借口,这与建设家国的初衷相去甚远。

在高太后垂帘的八年时间中,旧党把新党殴打得几乎没有还手之力。旧党人物刘挚、王岩叟、朱光庭等人捕风捉影地诋毁章惇、蔡确,制造了"车盖亭诗案"。这是继"乌台诗案"之后又一次较大规模的文字狱。

旧党将蔡确贬至新州,以司马光、范纯仁和韩维为"三贤",以蔡确、章惇和韩缜为"三奸",还将王安石和蔡确等人的亲党名单张榜公布,好让世人知道他们的奸邪之名。到了徽宗时期,蔡京"创造性"地搞出一个"元祐党人碑",应该是从这里得到的启示吧。

有句话说得好,"出来混总是要还的",等到太皇太后垂垂老矣,旧党终于肯将笑脸面向年轻皇帝的时候,他们已经无法改变"三十年河东,三十年河西"的命运了。

元祐八年(1093年)八月,高滔滔喘着残气告诫范纯仁和吕大防等人要谨防皇帝报复,尽早退出朝堂,处江湖之远。从之后发生的事情看来,这自然是富有先见之明的意见了。

太皇太后断气后,赵煦可高兴坏了,心说:哈!你们保守党不是很牛气吗?看看苍天饶过谁!

脸上的眼泪还没有干,赵煦便宣布他要"绍述"。"绍述"的意思是"继承"。他要承的不是别人,正是元祐老臣们不让他承的老爹。

父业子承,父志子继,有毛病吗?赵煦说,没毛病。

为了好好地"绍述"父业父志,赵煦在次年改元"绍圣",以章惇为班子首脑,尽复太皇太后所废的新法。在官方正史中,章惇是被列在《奸臣传》中的,但这不代表所有人的想法。比如,元人郝经在《龙德故宫怀古》诗中说道:"蔡京奸计假荆公,绍述虽同事岂同?"在他看来,哲宗绍述之事,和蔡京狐假虎威胡搞乱来的事情,是有本质区别的。

为了打击旧党,已经过世的司马光只能躺枪了。

追贬,必须追贬!苏轼、苏辙这些旧党,也不能放过,赶紧滚去岭南吃荔枝吧。至于太皇太后,经得章惇等人的评价,赵煦心中愈发恶心,几乎忘记了对方的贡献,说她"老奸擅国",差点追废其太后称号及待遇。

像!就褊急躁进这点来说,赵煦的性情,和他父亲确实很像。

这样的皇帝，容易伤害到别人。但褊急躁进的人，往往也是锐意进取的。如果他能克制自己的情绪，控制自己的色欲，应该能活得久一些，建树多一点。

赵煦当政以后，激化了两党的争斗，引发了党争之祸，甚至给朝廷内部的分裂埋下伏笔，这无疑是他的一个污点。与此同时，赵煦所谓的"绍述"，又去掉了熙宁新法中注重发展生产的内容，因此没能解决严重的土地兼并问题。

通过绍圣元年（1094年）至绍圣五年（1098年）两次平夏城之战（章楶"立边功，为西方最"），赵煦也得到了西夏遣使谢罪，双方重归和平的战果。其后，从元符二年（1099年）六月开始，赵煦对河湟地区展开了军事活动，王厚等人攻取了邈川和青唐，招抚了不少吐蕃首领，有力地保障了宋境的安定。

《宋史》中说"夏自平夏之败，不复能军，屡请命乞和。哲宗亦为之寝兵"，这是说，北宋重创西夏，将其打得濒临亡国之险，可见哲宗一朝的外交军事确实比较给力。

第二节　千里江山，糟糕臣子

1082年，宋神宗赵顼的第十一子赵佶出生。

据说，在赵佶降生之前，赵顼刚好在秘书省看见了南唐后主李煜的画像。李煜生有重瞳，体貌与常人有异。赵顼"见其人物俨雅，再三叹讶"，不久，后宫为他诞下了赵佶。

"生时梦李主来谒，所以文采风流，过李主百倍"，这是民间的传言。在相信轮回报应的国人眼中，历史之所以安排宋徽宗赵佶走上政治前台，是因为他是李煜托生而成的，此行乃是打算为他的前生，报那灭国害身之仇。

是啊，想当年，宋太宗因为李煜词中的思乡之情，而心生恨意，派赵廷美赐了一杯鸩酒给他。后来，同样耽好艺术的徽宗、钦宗父子，又败了自己的国家，这不是报应，还能是什么？

于是，后世的人们将此作为茶余饭后的一个谈资，一直津津乐道。

元符三年(1100年)正月，赵煦驾崩。因为他没有存活的儿子，所以北宋历史上第二次兄终弟及的情况发生了。赵佶，就是这个幸运儿。当然，这恰恰也是北宋臣民的不幸。对于当下的百姓来说，家邦的安定，无论如何都比艺术享受来得重要。

要问赵佶的幸运，是怎么得来的，一定得说到向太后和曾布、蔡卞、许将等执政大臣。因为他们对赵佶的支持，所以宰相章惇的建议，没有被采纳。尽管，章惇为了继立哲宗同母弟简王赵似，或者是长弟申王赵似，搬出了很多事例，不可谓不引经据典。

"先帝尝言：端王有福寿，且仁孝，当立。"他们用大行皇帝说过的话，来反驳章惇。胳膊拧不过大腿，章惇无可奈何，但却毫不留情地说："端王轻佻，不可以君天下。"

在他看来，这个自幼养尊处优，喜好书画、骑射、蹴鞠，耽迷奇花异石、飞禽走兽的浪荡王爷，绝对不具人君之相。

有句话怎么说的来着？这人活在世上嘛，"不蒸馒头也要争口气"，以庶子身份幸得皇位的赵佶，可能就是抱着这样的想法，因此他在建中靖国年间，还曾孜孜不倦地专注于政事，得到过"小元祐"的时评。

先来看看赵佶的"小元祐"吧！

因对向太后心存感激，赵佶仍请向太后垂帘听政，但她对政治没有什么欲望，不过做了半年样子，便将大权还归于赵佶。能够大展拳脚的赵佶，最初十分注重外界的评价，为此他"咨诹善道，察纳

雅言",一时言路大开,颇有开启一代治世的气象。

之所以要将他的第一个年号定为"建中靖国",既是说他对于元祐和绍圣的政治遗存,要用一个不偏不倚的角度来继承,以达到消释朋党之争的目的;又是说他当前的中心任务,是要除旧布新,建设一个安定团结的国家。

在建中靖国年间,赵佶拜韩琦之子韩忠彦为左相,对元祐旧臣范纯仁极为尊重,为文彦博、王珪、司马光、吕大防等三十三位元祐党人恢复了名誉和官职。至于章惇和蔡京、蔡卞(王安石的女婿)等人,则被遣出了朝廷。

不忙着给章惇的奸臣角色下定义——人物评价本来就应多面立体,当初他评价端王赵佶的话,后来的确不幸言中。这种识人之明,还是值得我们为之点赞的。

在两位并相之中,赵佶和曾布的关系更为密切。这个其实不难理解,毕竟曾布曾经支持他当皇帝,即便只是出于感激之情,他也该亲近曾布的,更何况,曾布这个人,似乎是个"建中"的人,没有明显的政治倾向。

然而,这只是似乎。

曾布,其实是新党人物,只不过,他的思想藏得比较深,一时半会儿还看不太出来。等到他的思想倾向明晰之时,赵佶已经被他彻底洗脑了。其实,热爱艺术、行为跳脱的皇帝,骨子里还是欣赏新党人物的。曾布不断地陈说绍述的必要,赵佶心中的天平已经没了衡准。

不过,真正标志着"小元祐"局面一去不复返,北宋政治彻底崩溃的事件,倒与曾布关系不大。如果说曾布是楔子,蔡京则像是小说的正文。

话说,蔡京被贬谪至杭州后,那叫一个不甘心啊。隔着千山万水地讨好曾布,近距离收买远赴杭州收集书画的宦官童贯,便成了蔡京的日常课题。同时,经过宦官童贯的吹嘘,赵佶对擅长书法的蔡京也格外"惺惺相惜"。

身为神宗的儿子,赵佶认为自己也应该做个"变法派"。到了这时,赵佶已经忘了自己曾说过"其言可用,朕则有赏;言而失中,朕不加罪"的话。他听不进韩忠彦的话,却听得右相曾布、起居郎邓洵武和尚书右丞温益分别对他说,若他想要有所作为,还得让蔡京做宰相。

三人成虎的道理大家都懂,三人成事的事情也是有的。

其实,蔡京不是一个坚定的新派支持者,赵佶选择由他来主持"绍述",并不是明智的选择。这么说吧,蔡京支持过熙宁变法,也附和过元祐更化,很显然是个风吹两边倒的角色。可就是这么奇怪,一个政治骑墙派,硬是得到了意图"绍述"的皇帝的信任。

赵佶急着想要"绍述"一把,仅仅用了半年多的时间,就将蔡京调回了中枢。为了颁行新的政治纲领,他们决定将第二年(1102年)改元为"崇宁",意为"崇法熙宁变法"。这就是说,调和中立的"建中"策略已成为过去式。

在这一年里,左相韩忠彦和右相曾布相继贬任知州,蔡京先升右相,再升左相,之后霸着独相的位置长达三年之久。就此,旧党的势力彻底垮台。蔡京冷笑一声,是时候来一个斩草除根了!

蔡京打着"绍述"的旗号,展开了令人切齿的"崇宁变法"。

蔡京心道,既然前朝可以将王安石和蔡确等人的亲党名单张榜公布,那么他也可以将元祐党人的名姓公之于众啊!于是,蔡京在九月间,以司马光等人破坏先圣之法为由,游说皇帝惩治奸党。紧接着,他们将文彦博、司马光、苏轼、秦观、李格非等三百零九位所谓的元祐党人名单,刻在石碑上。

蔡京这个人，要么就不玩，要玩就玩狠的。张榜这种事在他看来有些外行，要放名单是吧？那就非碑牌莫属，只有碑牌才能"万古长存"嘛！另外，当今官家的御笔那么漂亮，不物尽其用实在太可惜了。

于是，赵佶的御笔亲书，就被刻在了碑牌之上，置放在文德殿端礼门外。所以，请记住，这个皇帝不光沉迷于艺术，画过《瑞鹤图》《听琴图》，他还会用他的瘦金体，来谑弄他的臣子们。死了的，削去官爵；活着的，统统降职流放。

除此以外，赵佶一方面命工匠将奸党们的罪状逐一列出，一方面让各个州县也来拷贝一份。很显然，他是想让百姓认同他的观点，他是想让这些人遗臭万年，永世不得翻身。然而，他低估了百姓的脑子，刻工的良心。说苏轼、黄庭坚这些文名远播的人是奸党？拉倒吧你！

九江的李仲宁，长安的常安民，都不愿意雕刻这样的石碑，为此，他们宁受责打之苦。

民情如此，糊涂狭隘的皇帝和那些狐假虎威的大臣，只能用更滑稽而暴力的方式，来推行没什么价值的"崇宁变法"——本质就是排斥异己和捞钱夺权。卖官鬻爵、搜刮民财、大兴土木的事，他们可一样没少做。

从变法一开始，蔡京就仿照前例，设置了相当于三司条例司的讲议司。崇宁三年（1104年）时，他设法将熙宁、元丰年间的功臣抬举起来，又是绘像，又是让变法首领王安石配享孔庙。蔡京再度为相后，还将王安石追封为舒王。

崇宁五年（1106年）正月初五，大宋骤现彗星，把赵佶吓得赶紧搬到偏殿之中，节食祈罪。根据一些文人笔记的说法，几天后，雨夜的惊雷还把元祐党人碑一劈为二了！

之前,赵佶对元祐党人时宽时严,玩尽了花样,如今,他觉得上天在惩罚他,因此,他哆嗦着下了全面解禁党人及其家属的诏书,命人将树于全国各地的"元祐党人碑"尽数拆毁。"复谪者仕籍,自今言者勿复弹纠。"他如此说。

下一月,蔡京被罢相,赵挺之(李清照曾写过"炙手可热心可寒",来讽刺这个公公不帮助亲家李格非)便替补了上来。

说来也好笑,民间的纷纷物议,在奉行天人感应观念的时代里,还比不上彗星与惊雷的作用。但不管怎么说,这场滑稽可笑的政治清洗活动,终于煞尾了。如果说,赵佶此时能醒悟过来,不沉溺在豪奢的艮岳间,不沉迷在佞臣的花言巧语中,他的千里江山兴许还有救。

蔡京虽然几经沉浮,但依然能在大观、政和年间两度拜相,拼命把赵佶往歪路上拉。什么内库藏有五千万缗,官家您想干啥就干啥的话,频频从他口中说出。丁谓要是知道后世还有个蔡京,估计也只能"望洋兴叹"。

蛇鼠一窝的事,放在哪个朝代都不少见。除了蔡京的儿子蔡攸、蔡絛、蔡祜等人,被百姓称为"六贼"的王黼、童贯、梁师成、朱勔、李彦(还有一个当然是蔡京本人),都是蔡京的爪牙。从身份上说,这里面比较特别的是童贯。

先前说过,童贯是个宦官,但他也是历史上第二个被封为王的宦官——第一个是北魏太武帝时代的宗爱。诚然,童贯在军事上还是有所建树的,但他和那五贼一起贪赃枉法、盘剥百姓,为人还十分高调,这不是在作死吗?

宣和年间之所以会兴起方腊起义和宋江起义,都应了"官逼民反"这个颠扑不破的真理。

也就在此期间,赵佶做样子下了罪己诏,并撤除了造作局和应

奉局。可是百姓们是不会买账的。到了南宋时期,说唱艺人根据宋江起义的故事,敷衍出了《宋江三十六人赞》,这便是我国历史上第一部以农民起义为题材的章回体小说的雏形了。

第三节 谁是"海上之盟"的赢家

物极必反,盛极必衰的事,在历史上并不少见。

蔡京嚣张跋扈十来年后,终于成为另一个倒台的宠臣。这之前,蔡京的势力已经膨胀到只手遮天的地步,要知道,皮球吹得太大,终究是会爆裂的。

在赵佶眼中,蔡京不像话的地方多了去了。其中,最讨人厌的就是:他竟然让他家的仆役也跻身官场上层,让陪嫁的婢女被封为夫人。这心也未免太贪了些吧!

宣和二年(1120年),赵佶勒令蔡京回去休息。四年之后,蔡京依靠朱勔得以翻盘,再度拜相。这是他第四次拜相了,三度拜相的赵普等人,已经被他比了下去。

可是人到底是老了,走路发颤的蔡京很难正常处理政事。有事儿子服其劳,蔡绦乐滋滋地为老父干活,连上朝入奏的事,也一并揽了。蔡绦是蔡京极为宠爱的一个儿子,这个家伙若能活到他爹那把年岁,一定是个更为厉害也更为奸邪的角色。

因为他小小年纪,就已经学会了结党营私、窃权敛财的那一套。他让他的妻兄韩木吕做了户部侍郎,他们一起排挤有志之士,一起搜刮民财,说是充作天子私库。你懂的,只要动手摸摸民脂民膏,哪能不沾点油荤呢?

然而,蔡绦的哥哥蔡攸因为恨屋及乌(父子决裂),对他也产生了妒意,并做出"大义灭亲"的举报之事。终于,赵佶先将韩木吕贬去黄州,再罢去蔡绦侍读之职,迫令蔡京辞职。蔡攸绝不是什么好东西,用市井浪语来取悦天子,甚至开玩笑讨要后宫女人的事,也就他才敢干。

就此,民间所称的三相——"公相"蔡京、"隐相"梁师成、"媪相"童贯终于少了一个,但朝中的黑暗势力并未得以消除。诸如以球技得宠的高俅,以文墨起家的宦官梁师成,以侍奉宦官"著称"的浪子李邦彦等人,都是朝廷的神奸巨蠹。

不过,这些人虽然祸乱一时,但其势力还在可控范围。这得多亏了台谏制度的良性作用。不过赵佶的可笑之处,便在于他明明罢去了蔡京的相位,却又一次次地将他提拔上来。这说明,在做个有为之君和做个风流天子之间,他还是倾向于后者的。

正如《宋史·徽宗纪》中所说,他既不像说出"何不食肉糜"这样蠢话的晋惠帝那样,智商堪忧;又不像孙皓那样,没事干就喜欢剥人脸皮搞行为艺术,是个不折不扣的暴君。那么,其失德失政的根本原因,就在于他把小聪明都用在享乐游冶之上。这样的事,是贤良之臣难以支持的,于是,在赵佶的身边,逐渐挤满了臭味相投的奸佞小人。

亲佞远贤的后果有多严重呢?贤良之臣,是不会无视皇帝在宫禁中搞真人秀装乞儿讨酒喝的——南齐亡国之君萧宝卷就干过这样的事;贤良之臣,是不会同意皇帝专设行幸局,有事没事跑出去微行冶游的;贤良之臣,更不会像蔡攸那样说出"所谓人主,当以四海为家,太平为娱。岁月几何,岂可自苦"的混账话来的。

天下太平了吗?在奸佞的眼中是的,在赵佶的眼中也是。所以,那些贤良之臣紧皱的眉,逆耳的话,很难讨得天子的欢心。长此以往,赵佶自然亲近六贼之流。

野史中,曾绘声绘色地说起,风流天子看腻了三千佳丽,跑去

妓馆私会李师师的桃色事件。这是个三角恋的故事,另一个男主角正是写出《少年游·并刀如水》的音乐才子周邦彦。传说或有不尽不实之处,但古人早就说过,"空穴来风,未必无因"。

赵佶在嬉游玩乐之余,偶尔也会想想收复燕云的事情。政和元年(1111年),机会来了!

为了庆贺天祚帝的生辰,端明殿学士郑允中和检校太尉童贯,一道出使辽朝。这一次例行之事,竟然为北宋带来了眼前的丰厚利益,和不久之后的滔天巨祸。

因为在河湟和进击西夏的军事行动中,童贯都颇有些收获,他便抱着打探辽朝虚实的目的,主动请缨。这个皇帝,是辽朝国力下滑的元凶,可以想象其为人作风。童贯对此心里有数,在归国途中,他又结识了辽朝的光禄卿马植。

马植告诉童贯,辽朝皇帝昏暴,燕云大为可图。

这个人,在辽朝一直混得风生水起,官至光禄卿,可他既发觉国内政治摇摇欲坠,又明白女真族不满压迫的反动情绪,便觉得与其在这里混吃等死,还不如来一把政治投机。

童贯听闻此言,欣喜若狂,他还想着建功立业呢,这简直就是"踏破铁鞋无觅处,得来全不费工夫!"马植听从童贯的安排,暂时按兵不动,在辽朝潜伏,四年后叛辽归宋(时间有争议)。

在马植潜伏的这段时间里,女真族优秀的领袖完颜阿骨打,揭起反辽的旗帜闹了独立,建立了金朝。马植得到赵佶的亲自接见,呈上了他的战略思想:辽朝打不过女真人,咱们大宋应该和女真人一起去讨伐它,这样便能赢回燕云十六州,拯救那里的汉家百姓了。

马植还描述了这样一幅画面——汉家百姓一旦见到天兵一般的王师,定会箪食壶浆,以香花搭起的彩楼,来迎接他们。

一席话，听得大宋君臣都心旌摇曳，心动不已。

心动不如行动！马植被赐以国姓，名为"良嗣"，官封秘书丞，承担起了沟通宋金盟谈的任务。外交这种事，和下棋一样，都需要看三步走一步。可惜，热衷于投机倒把的赵良嗣却看不透这一点。

应该说，他对辽朝将走向灭亡的预估，还是比较准确的，但是他未免臆断了燕云十六州的汉家百姓。民族为汉，不代表他们就对汉人政权有什么执念。作为老百姓，只要衣食有着家庭美满，何必在意那些缥缈的"家国情怀"？作为汉人官员，只要仕途坦荡得到尊重，何必在意他们侍奉的是哪国哪朝？

这样说虽然很残忍，但事实的确如此。当时，有不少边境长官，都看出了胡汉民族的融合度，真定安抚使洪中孚就表示过担忧。一则，汉人不缺做官机会，他们不想走；二则，大宋人才太多，他们也不想争；三则，"安土重迁"的汉民多与契丹联姻，他们更不想搬。

不过，这样的声音，是不会打动那些头脑发热的大宋君臣的。

宋金之间想要接触商谈，交通的问题是个难题。因为，金朝是起于白山黑水之间的，在地理上，两国被辽朝阻隔着，无法正常在陆地上通使。有鉴于此，重和元年（1118年）间，大宋使臣自山东登、莱（今山东蓬莱）两地行经渤海，才能顺利赶赴金朝。

使臣为了达成结盟的目的，狠狠地拍了一下完颜阿骨打的马屁："日出之分，实生圣人。窃闻征辽，屡破勍敌。若克辽之后，五代时陷入契丹汉地，愿畀下邑。"这话听得对方颇为愉悦。

可有一点，却是八面玲珑的使臣们所不知的。金人对结盟这种事，并不怎么感冒。原因不难想象。他们自己都有能力推倒那堵墙，又怎会需要别人带有目的的帮助呢？

因为镇压方腊起义，童贯分身乏术，赵佶也因为产粮区的破坏

而焦躁不已,产生退却之念。可是,当他们见到金朝攻破中京,把天祚帝撵了出去,又有些心痒难搔。

几番商谈之后,宣和二年(1120年),宋金间达成了一道军事合作盟约。其主要内容是,宋朝负责攻取南京析津府,得燕云十六州;金朝则负责进击中京大定府,"继承"大宋之前赐辽的岁币。

这笔生意,赵佶觉得可以有,虽然大宋会因此背负"喜新厌旧"的背盟之名,虽然每年给的冤枉钱还得继续给出去,但燕云十六州却有可能收回啊!那可是燕云十六州,从后周开始祖祖辈辈都念念不忘的燕云十六州啊!

因为宋金的盟约,是通过海上的沟通得以完成的,因此这道盟约便被称为"海上之盟"。大宋君臣对于这件事看法各异。毕竟,朝中不尽是头脑发热的臣子,只是清醒理智的臣子没有掌握更多的话语权而已。

抗辽主帅种师道就上书说,如果大宋这么干,无异于是见着邻居家有难,而跑去趁火打劫。种师道说的有没有道理呢?肯定是有的。其实还有一个道理,是赵佶看不明白,朝中也很少有人提出的。

枢密院执政邓洵武认为,"兼弱攻昧"是不对的,"扶弱抑强"才有道理。打个比方,摆在大宋面前的两个邻居,一个是吃得饱饱的但行将就木的胖子,一个是没有吃够正在长身体的壮汉。试想,如果邻里之间产生矛盾,更具危险性的,是那个胖子还是这个壮汉呢?

民间俗语常说:"去了一个饱鬼,来了一个饿鬼。"这是多么朴素而深刻的道理啊!

对于种师道的谏阻,赵佶一点也听不进去,一怒之下就让他回去养老了。为了筹措灭辽之战的经费,赵佶下令在全国摊派人头税。

六千二百万缗钱,够了!

宣和四年(1122年)三月,十五万宋军吹响了集结号,奔赴北线作战。然而,令赵佶大失所望的是,他的士兵们竟然打不过耶律大石的大军。虽说辽朝常胜军统帅郭药师临阵倒戈,搞了一把政治投机,但是得到臂助的宋军依然兵败如山倒。

此时,金军已经成功攻下了辽上京及辽中京。为了面子上好看一些,童贯便秘派使臣请求金军出师相援。

十二月间,金军帮着宋人攻下了燕京,但提出了赎买燕云之地的要求。

作为猪队友,咱不嫌弃你没用就算好的了,但你总得给钱吧,不然的话,谁出力谁得利。对方的逻辑就是这样。

您想,收复燕云的动静闹得那么大,最后却收不回,这事丢人不丢人?赵佶丢不起那个人,便只能咬咬牙答应完颜阿骨打,不仅每年交纳五十万岁币,还要支付一百万贯的"代税钱"。

其实吧,花钱买地,也不是不行。可是赵佶得到的燕云之地是什么样子的呢?

史书上,说的是"城市丘墟,狐狸穴处",这就是说,赵佶得到的燕京,是一座残破的空城。原来,金人在撤走之前,将城中财物劫掠一空,连那些精壮人口也不放过。对于早已安居乐业的汉民来说,这真是无妄之灾!

所以那些老弱病残们的一致想法是,回国?啊呸!

赵佶才不管这些,反正燕云六州(景、檀、易、涿、蓟、顺)和燕京都收回了,史家会好好记上一笔的。但是,"海上之盟"的真正赢家是谁,大家心知肚明。

第四节　靖康之耻恨千年

燕云之地，共有六州回到了大宋的怀抱。不过，有个细节是一定要补充的，那便是，金人没那么慷慨，其中的涿、易二州，是主动降宋的。至于平州等地，并未收回。

即便如此，赵佶和那些附臣却依然自鸣得意。一方面，王黼、童贯、蔡攸、赵良嗣等人都加官晋爵，以示褒扬；另一方面，赵佶还命人撰写《复燕云碑》，将他的"功劳"刻石勒碑，以告慰祖先。唉，倘使太祖、太宗泉下有知，恐怕连棺材板都按不住了。

傻啊，蠢啊。自我陶醉的赵佶，估计从来都没把金太祖撤走前说的那句话当回事。人家已经说了，而且是扯开嗓子说的，不过两三年，他们还要再把燕京拿回来。

这是一句很流氓的话，但却不像是在开玩笑。

宣和五年（1123年）八月，被史书评为"数年之间，算无遗策，兵无留行，底定大业，传之子孙"的金太祖完颜阿骨打，在返回上京的途中病死了。随后，金太宗完颜晟继承了皇位。

由于燕民不想被徙往东北，故而设法鼓动执掌平州的张觉叛金投宋。张觉深思之后，一边与金决裂，意图奉立天祚帝之子（天祚帝已退出漠外）；一边又派李石使宋，表达归降之意。

燕云之地并未全境归复，赵佶本就引以为憾，此时哪有不应之理。可赵良嗣等人却认为，宋金既已有盟在先，不宜落人口实自找麻烦。赵佶不以为然，不仅不斩杀李石，还答应了张觉以平、营（今河北昌黎）、滦（今河北滦县）三州归降的请求。

在南北朝时期，东魏侯景几乎同时降了西魏、南朝梁，最后搅起了三国间的大动乱。同理，如今张觉做两般打算，也不可能为宋朝带来什么好果子。果然,就在张毂准备出城迎诏之时,金帅完颜宗望(斡离不)来了。当然,是带着兵马来的。

张毂连忙跑去投奔郭药师,因为逃得匆忙,他甚至来不及带走老母爱妻。张毂之弟救母心切,赶紧交出大宋皇帝颁赐的御笔金花笺手诏。

这下可好了,白底黑字,字字有据!宋朝理亏,金朝自然要大做文章。眼下,他们只是向宋朝索要张毂,不久以后,他们便会再次补足证据,前来攻宋。

那么赵佶有没有交出张毂呢?有。在命人顶替张毂一事被拆穿之后,金人极为恼怒,誓要得到张毂及其二子的人头不可。赵佶畏惧金朝,只能一切照办。

那么,赵佶出尔反尔之后,有没有产生什么恶劣影响呢?也有。之前投降的郭药师,见此情状气怒交加,心生兔死狐悲物伤其类之感,包括他在内的许多军人都没有什么心思再为宋朝效力了。照此看来,郭药师之后再降金朝,也不仅仅是因为他的品行不好。

如今,燕云之地中,还有新、妫、儒、武、云、寰、朔、应、蔚等九州没有拿回,赵佶不免有些遗憾。两国间一阵扯皮之后,完颜晟答应将武、朔二州给他们。

下一年三月,金朝派人来索要二十万石军粮,双方没有达成共识。完颜晟很是生气,三个月后,开始挑衅宋境,攻陷了蔚州。

宋金之战,已不可避免,赵佶之前的努力,已经完全失去了意义。

很有必要思考一下,赵佶联金灭辽与收复燕云的做法,应该得到怎样的历史评价。简言之,辽朝已经势弱了,如果北宋具有收复燕云的实力,的确应该大展拳脚。但实际情况是,宋军的拳头还不够硬。既如此,赵佶还想着联金灭辽,这难道不是自曝其短,让金

朝觉得"大有可图"吗？

从地缘政治学的角度看，辽朝和当年的北汉有些相似。它固然是宋朝的心腹之患，但也可以将另一个心腹大患摒绝在外，暂时缓冲宋金间的矛盾。连高丽国王都捎来"辽为兄弟之国，存之可以安边；金为虎狼之国，不可交也"的话，可想，"旁观者清"这句话还是说得不错的。

是的，趁着两国互殴的时机，赶紧壮大本国的军事实力，才是上上之策。能坐收渔利自然是好，他日宋金之间就算难免一战，其势也不至于危如累卵。

只是，一个政治上腐朽至极的国家，能在军事上有大的作为吗？还是洗洗睡吧。

北宋宣和七年（1125年），即辽朝保大五年的二月间，辽天祚帝为金人完颜娄室等人所俘，八月被解送金朝上京（今黑龙江省阿城区白城子），降为海滨王。

辽朝既亡，宋朝焉能独活？三角稳定性，搁这儿也是讲得通的。

两个月后，没有后顾之忧的金朝，以宋朝赖账为由，分兵两路南下。完颜宗翰（粘罕）和完颜宗望分别担任左右副元帅，负责攻夺太原、燕京。以军事能力著称的童贯，见对方势不可挡，索性连枢密院事的职衔也不要了，赶紧溜之大吉。当然，借口还是要找的，回京汇报军情呗！

十二月间，郭药师投降了完颜宗望，并声称愿意担任向导，为灭宋之战贡献力量。另一头，完颜宗翰遭到了张孝纯所率太原军民的抵抗，只得匀出部分兵力向东挺进，以期与完颜宗望顺利会师。

转眼间，铁蹄就已逼近了汴京。打从宋朝立国之日起，这个四战之地也没有迎来它的敌人,但这样的事竟发生在贪图安逸享乐的赵佶身上,怎能不令他惶恐无措呢?

赵佶万万想不到金军竟然说打就打,急火攻心之下,竟然晕厥了过去。赵佶被急救醒来之后,也不再迷恋皇权富贵了,赶紧下了一道罪己诏,决定将花石纲、应奉局等弊政一一废除。他又下旨召集四方勤王之师,用以增强京中兵力。

当然,最重要的一件事,是要把皇位扔给太子。

是的,无论是在太子赵桓(赵亶,赵煊)本人,还是在时人乃至后人的眼中,宋徽宗赵佶的这种做法,都是在甩锅。可是,明白归明白,赵桓再不情愿,都没有办法铿锵地说一个"不"字。

就这样,赵桓苦哈哈地继位了。他便是北宋的最后一位皇帝,宋钦宗。不过,很有意思的一点是,人们更喜欢把他爹当作亡国之君。咋说呢?该!"不是每一口锅,都叫'特能扔'。"就算背锅侠自己不觉得惨,百姓们都觉得他亏大发了,一定要在舆论上给他找补一下。

当然,这不是说,这个十六岁的少年皇帝,就没有一丝过错了——北魏太武帝也是十六岁登基的,但比起他那荒疏朝政的老爹而言,他多少还有些担待。

刚刚就说过,清明的政治更利于孕育强大的军事实力。宋军不堪一击的原因,自然有一大半要算到六贼之流的头上。

转眼就到新年(1126年)了,赵桓改元靖康。很显然,他在年号里,寄寓了靖边以求国家安定太平之意。正月初一日,赵桓下旨广开言路。很显然,政治清算的时间到了。

六贼为祸太烈,哪能逃得过清算?王黼在贬往永州的途中被秘密处死,李彦被抄家赐死,朱勔被遣回田里,梁师成也被先贬后杀。

是战还是和？明知打不过金朝，朝廷上下的意见也很不统一。

自称为"教主道君太上皇帝"的甩锅人，以去亳州太清宫进香还愿为由，悄咪咪地携眷去南方避难了。背锅侠失望至极，本来，他是打算效仿真宗来个御驾亲征的，此时见老爹完全不负责任，自己也难免有些泄气，有了逃往陕西的打算。

好在，朝中还有个直臣李纲。在李纲的苦谏下，赵桓鼓起了御敌的勇气，放权给兵部侍郎、尚书右丞、东京留守李纲，让他做了亲征行营使。主张割地赔款的宰相李邦彦、张邦昌，暂时被冷落了。

且说，宋徽宗没有真的放弃君权，等到战事过了，四月间，便带着他的佞臣们，一起回来了，其做派大有抢班夺权之嫌。赵桓当然有必要剪除其羽翼了。加上蔡京作为六贼之首，想要全身而退，无异于是痴人说梦。在侍御史孙觌等人的诘难下，朱勔和童贯先后得到了惩治。蔡京被一贬再贬，最后客死于潭州，其子或贬或流，大多没有好下场。

比较值得一书的，是蔡京的季子蔡绦。在流放白州期间，蔡绦写成了《铁围山丛谈》这样一本史料笔记。其时上讫宋太祖建隆年间，下至宋高宗绍兴年间，素为历代学者所重。

说回到抗金这头。李纲担负起了汴京的防务，便积极地投入到备战之中。

除了各种防守器械，城中四方都得备上万余正规军。为防不测，正规军之外，还有与之相辅的军队和保甲民兵。与此同时，李纲将四万马步军分为前、后、左、右、中五军，每日对其进行魔鬼式训练。

靖康元年（1126年）正月初八日那天，金军抵达汴京城下，战火已经烧到了眉头。正好，各地的勤王之师星夜驰来，来得及参与东京保卫战。于是，在李纲的督战下，军士们齐心协力地打败了攻城的金军。

当前,金军所面临的形势非常严峻,首先是,他们在汴京这里,是孤军深入死伤无算;其次是,河北、山东的义军也在奋力抵抗。"好汉不吃眼前亏",金军也懂得这个道理,迅速做出了撤退的决定。

这一次,军民们一同捍卫了自己的家国。

如果,赵桓能通过这次东京保卫战,持续地激发全民抗金的热情,或许靖康之耻的历史能被改写,然而,尝到了些许甜头的他,很快就变成了他讨厌的那个人。生活中,这样的事情是普遍存在的。我们可能很不满意自己的父母,但他们的行事作风,却一点点地晕染了我们的生命。

骨子里,赵桓还是个怯懦的人。因为这样的性格缺陷,在金兵北退,战事暂时告一段落之后,他便倾向于主和派的官员了。投降主义一时兴起,李纲被排挤出京,那些勤王之师和民兵组织,也一一被遣散了。

赵桓糊涂若此,国内的防务也无从说起。半年之后,他便尝到了苦头——金军再度南侵。

这年秋天,注定是北宋和汴京的大劫之季。这一次,金军依然兵分两路,西路和东路的目标,分别是太原和真定。会师之后,金军围攻汴京,于闰十一月二十五日,攻陷了汴京。

金军之所以能得到这样的战果,主要是三个原因。一是,完颜娄室封锁了潼关,斩断了西军的勤王之路;二是,完颜宗翰和完颜宗望两路有机配合,将汴京城团团围住,陷其于孤境之中;三是,赵桓病急乱投医,竟然迷信妖人郭京的六甲神兵。

什么是"六甲神兵"? 看过《阿长与山海经》的读者都应该记得这一段。"'那里的话?!'她严肃地说。'我们就没有用么? 我们也

要被掳去。城外有兵来攻的时候,长毛就叫我们脱下裤子,一排一排地站在城墙上,外面的大炮就放不出来;再要放,就炸了!'"

阿长的这种"伟大的神力",本来只能唬唬小孩子。按说,这类荒诞的事,不会出现在一个重视文治的国家,然而,它确确实实出现了。

就在靖康元年(1126年)十一月二十五日,汴京城上的守军都奉旨退下,为宣化门中冲出的"六甲神军"让道。这个六甲神军听着很威风,到底是何方神圣呢?

赵桓脑子一热,便信了近卫郭京的邪,对其委以军事重任。据说,这个郭京神得不行,自称能施以六甲之法。京中如能集齐八字符合六甲七千七百七十七人(敢情这是集齐七龙珠召唤神龙?),就能撒豆成兵、以一当百、退敌于前。

好吧!信!信!信!

结果?错!错!错!

郭京赚得盆满钵满,一见宋军死了大半,就骇得关城闭门了。郭京以作法为由,效仿了当日的教主道君太上皇帝,撒丫子跑了。这下好了,一口烂得不能再烂的锅,就这样甩给了整个汴京,整个大宋。空无一人的城墙,如何能抵挡嘚嘚的蹄声?

靖康二年(1127年)四月初一日,徽钦二宗被金军押解北上,最后客死异国,骂名无数。

文艺皇帝,如当年的李煜一般,也不忘以诗词来表达自己的亡国之痛。"九叶鸿基一旦休,猖狂不听直臣谋。甘心万里为降虏,故国悲凉玉殿秋。"一首《题燕山僧寺壁》多少表露了他悔恨莫及的心迹。

然而,我们都知道,世界上什么药都有,唯独没有后悔药!宋朝立国于公元960年,在公元1127年时被暂时终结了,史家将这一时期的宋朝,称为"北宋"。

【小贴士】

【赵煦小档案】

生卒年:熙宁九年(1077年)—元符三年(1100年)

登基时间:元丰八年(1085年)

年号:元祐、绍圣、元符

谥号:钦文睿武昭孝皇帝

庙号:哲宗

陵寝:永泰陵

父母:宋神宗赵顼、钦成皇后朱氏

配偶:昭慈圣献皇后孟氏、昭怀皇后刘氏

子女:献愍太子赵茂等一子四女

关键词:元祐更化、绍述之政、两败西夏、收取青唐

名言:娘娘已处分,俾臣道何语?

【赵佶小档案】

生卒年:元丰五年(1082年)—绍兴五年(1135年)

登基时间:元符三年(1100年)

年号:建中靖国、崇宁、大观、重和、宣和

谥号:圣文仁德显孝皇帝

庙号:徽宗

陵寝:永祐陵

父母:宋神宗赵顼、钦慈皇后陈氏

配偶:惠恭皇后王氏、显肃皇后郑氏、明达皇后大刘氏、明节皇后小刘氏、显仁皇后韦氏

子女:宋钦宗赵桓、宋高宗赵构、柔福帝姬赵多富等三十一子

三十四女

    关键词：创瘦金体、宣和画院、联金击辽、被俘北上

    名言：玉京曾忆旧繁华，万里帝王家

【赵桓小档案】

生卒年：元符三年（1100年）—绍兴二十六年（1156年）

登基时间：宣和七年（1125年）

年号：靖康

谥号：恭文顺德仁孝皇帝

庙号：钦宗

陵寝：永献陵

父母：宋徽宗赵佶、显恭皇后王氏

配偶：仁怀皇后朱琏

子女：太子赵谌等三子一女

关键词：铲除六贼、金营议和、六甲神军、靖康之耻

名言：不用种师道言，以至于此

第七章

偏安:
遗民泪尽胡尘里,
南望王师又一年

绍兴二年(1132年)起,以赵构为首的流亡政府,基本上在江南站稳了脚跟,完成了宋室南渡。于是,赵构开始在这里修建明堂、太庙,并准许权贵富户们经营宅邸、置办产业。他的政治意图十分明显:朕不想走了,诸位也不妨在此安居乐业吧!

第一节 "漏网之鱼"和"断头将军"

千载以来,二帝被俘宗室受辱的靖康之耻,都引发了不少学者的反思。

南宋文人罗大经在《鹤林玉露》中提道:"国家一统之业,其合而遂裂者,王安石之罪也;其裂而不复合者,秦桧之罪也"。这是说,王安石首开党争之例,他是北宋灭亡的罪魁祸首。无独有偶,明朝内阁学士叶向高和清初学者王夫之也说,人臣争胜会引发内讧,扰乱纲纪,故而靖康之耻的肇始者是王安石。

要想知道这种说法是否站得住脚,很有必要再回溯一下金人两度南侵的一些细节。

金人第一次南侵失利后(请注意,是失利之后),曾遣使入城与宋议和,宋钦宗的态度比当年的宋真宗还要"积极"得多。不过,同知枢密院事李棁带回的议和条件里,有许多他不敢擅自做主的细则。比如,金太宗要当宋朝皇帝的伯父,宋朝要输币、割地、遣质等等。在李纲等人的反对下,钦宗暂时没有采纳主和派李邦彦的意见。可就在李纲全心部署守城时,宋钦宗就悄悄派人去乞和了,那份誓书上,已改称对方为"伯大金皇帝"。

被遣去做人质的,是赵桓的异母兄弟康王赵构和宰相张邦昌。赵构,便是此后南宋的第一位皇帝宋高宗。

二月初,在完颜宗望的威压下,赵桓愈发恐金,索性罢免了李纲和种师道,打算交割三镇。好在数万太学生伏阙上书,军民们敲烂了登闻鼓,打骂了李邦彦,才迫使皇帝将李纲、种师道复职。

金人第一次南侵,最终选择退兵,很大程度上是因为李纲、种师道等人坐镇京中。但可笑的是,解围之后,他便先后将种师道和

李纲罢职免官,压制抗金舆论。民谣讽刺他是"城门闭,言路开;城门开,言路闭",还真是一针见血。

因为担心太上皇帝会搞复辟,赵桓又急巴巴地将幼子立为储君,以正一己之名分。

正因看出对手的孱弱腐败,这一年的秋天,金军又来了。赵桓在十一月,曾派人去交割黄河。闰十一月初,李纲被重新起用,但远水是来不及救近火的。赵构应诏做了天下兵马大元帅,赶紧入援京城。

汴京陷落之后,对于金人所提割地、与宋徽宗面谈等要求,赵桓决定以身代父,结果被对方扣押在青城斋宫里。三天以后,赵桓在祖辈们祭天前夕斋戒留宿之处,向金军献上降表。不知道,赵匡胤等先人若是在天有灵,会不会想打死这两位不肖子孙!

金人明抢暗夺,既搜刮了财物,又抓走逼杀了很多民妇宫女,她们的遭遇,比起当年因黄巢而死的少女们,还要凄惨。

考虑到灭国容易治国难的实际情况,在金人的逼迫下,刚当宰相没多久的张邦昌,被册立为傀儡政权大楚的皇帝,时在三月七日。

回溯完金军南侵的一些细节,我们不得不对南宋以来对王安石的诘责之事,多一些思考。

首先,党争为祸巨大,这确是无可辩驳的,但是熙宁变法的初衷是什么,正面效果是否存在呢?难道说,变法倡导者们,是为了党争而变法的吗?当然不是。

其次,自熙宁变法以来,到靖康之祸发生,已经经历了三位皇帝,好几十年,纵然前朝积弊甚重,难道他们不应该去设法矫正吗?

就好比,过去的孝文改制的确是疏忽了六镇军贵的势力,但不能因为几十年后发生了六镇起义,而怪早已作古的孝文帝。很显然,孝明帝元诩和胡灵太后的乱政,才是起义的根由。

再如,赵匡胤杯酒释兵权的做法在当时是十分正确且行之有效的,但后人在发现问题以后,不去加以匡正,这就是他们的问题了。再能干的皇帝,也不可能将百年后的事情全部计划好。

再次,党争这种事情,在王安石之前就已经有过。既然宋仁宗能处理好这些事情,那么,高太皇太后和宋神宗之后的三位皇帝,为何就不能去想办法调和两大集团的矛盾呢?况说,汴京陷落的一大原因,是主和派的得势,而旧党与新党的朝臣,并没有分别对应主和与主战这两种思想。

最后,想想荒唐的艺术家皇帝,想想荒诞的六甲神军吧,死了几十年的老人家,可没那个本事,"指导"后人干这些蠢事。

综上所述,靖康之耻这口锅,王荆公他老人家,不背!

作为一国之君,宋徽宗是很失败的,但我们还是很有必要肯定一下他某些方面的历史贡献。宣和年间,宋徽宗下旨开办了宣和画院,培养了诸如张择端这样的优秀画家。张择端的《清明上河图》描绘出了东京汴河两岸的风俗人情,为后世研究宋朝城市社会生活,提供了极为直观可靠的历史资料。

不过,宋徽宗父子带给宋朝的灾难与耻辱,更是让人难以忘怀的。于是,自此以后,有人用文字来怀念汴京繁华——如孟元老的《东京梦华录》,也有人用"靖康耻,犹未雪,臣子恨,何时灭"这样的句子,燃成强有力的雪耻热情。

当这样的热情,遇上真正意图恢复的有为之君时,必能发挥它最大的热能,湔洗前耻。

历史往往会在柳暗之时,给人以花明之感。几百年之前,仓皇过江的西晋宗室司马睿,就曾一度带给了人们这种惊喜。大部分臣民,都将晋室中兴的希望,寄托在了他的身上,但是东晋这个门

阀政治的产物,终于还是让他们失望了。

几百年之后,宋朝宗室赵构也如司马睿一般,成为一条幸运的"漏网之鱼",由他所建立的王朝,在历史上被称作"南宋"。

国不可一日无君,在群众的呼声中,宋徽宗第九子赵构,站上了历史前台。除了没有成为阶下囚之外,赵构还拥有其他亲王所不具备的优势。相比而言,他是宗室成员中,难得一见的心理素质和军事素质过硬的亲王。

话说,在金人第一次围困汴京之时,康王赵构便在金营中做过一段时间的人质。当时,他是自请前去的,显得勇气可嘉。二月间,张邦昌被金人责骂得伏地痛哭,但赵构却淡定自若,毫无惧色,令人称奇。

到了金人再次发动攻势时,赵构又接下了烫手山芋,前去金营求和。幸好,赵构在途经河北磁州(今河北省邯郸市)的时候,被守臣宗泽拦下了。

此时,宗泽已是年近古稀的老人了,他虽出身贫寒,但其家有"耕读传家"的传统,这是他成为文武兼备之才的一个有利条件。"不以物喜,不以己悲",以追求治国之道为己任的宗泽,可以看作范仲淹一般的人物。

三十三岁那年,宗泽在殿试中以万言书针砭时弊,一鸣惊人,进而步入仕途。他任地方官二十余年,以治绩斐然、造福一方、国而忘家著称,只因其正直刚烈,不为权奸所容,而不曾得到重用。

宣和元年(1119年)时,宗泽任祠禄官赋闲在家,也遭遇过一些挫折。三年后,宗泽被安置在西南边陲巴州领了闲职。职闲,心可不闲。辽、金两朝对本朝的威胁,对宗泽来说如鲠在喉,在此期间他一直借文抒怀,希望能为国效力,若有这样的机会,他宁可拼着一身老骨,做一个"断头将军"。

等到靖康元年(1126年)初,报国的机会来了。当时,宋钦宗命宗泽以宗正少卿的身份,充任和议使。可是,当宋钦宗得知,宗泽的打算不是议和,而是要迫退敌军,便担心他"搞事情",转而将其派往磁州担任知府。宗泽虽然心有不甘,但念及太原失守之后,谁也不愿去战争前线就任——几乎等于送死,遂带着十几名老弱士卒慨然赴任。

可能谁也想不到,就是宋钦宗的这个糊涂举动,挽救了宋祚。如果赵构没有遇上宗泽,也许赵宋皇室的这一点血脉也保不住。忍不住一声叹:历史啊,就是这么任性。

宗泽到了磁州以后,将被金军蹂躏过的城市加以修缮疏浚。在此基础上,他又整治军械,招募义勇,做好坚壁清野的准备。赵桓看他是个能办事的人,便命他做了河北义兵都总管。

十月间,金军进攻磁州。宗泽身先士卒,指挥若定,击败了金兵,浇灭了金军的嚣张气焰。经此一战,河朔各地宋军的斗志也振奋了许多。

宗泽依然驻守在磁州。就在这里,他带领着当地军民,一起拦下了康王赵构。

"肃王一去不反,今敌又诡辞以致大王,愿勿行。"在宗泽看来,赵构去了金营,不仅办不成议和的事,还会被对方再度扣留,他应该保存实力,留作他用。明白人听明白话,赵构懂得宗泽的意思,便顺应民意留在了磁州,直至被授为河北兵马大元帅,才转回了相州。

赵构之下,以宗泽、汪伯彦为副元帅,但对于赴京勤王一事,宗泽和赵构的看法存在分歧。最终,宗泽独自领兵而去,而赵构却先移屯河北大名府,再转至山东东平府,保持袖手旁观的姿态。

倒是老将宗泽,一路孤军奋战,捷报频传,践行着他宁做"断头

将军",不为"投降将军"的誓诺。只可惜,宗泽刚到黄河边上,朝中便传来了汴京陷落的消息。

赵构的这种观望姿态,十分让人寒心,不禁使人想起梁武帝萧衍的第七子——梁元帝萧绎(典故"半面妆"的男主人公)。太清二年(548年),侯景围逼建康之时,明明可以发兵勤王的萧绎,却只派了儿子萧方等和大将王僧辩带着不多的人马予以增援,自己则作壁上观,私心大炽。

但不管怎么说,宗泽为大宋保住了赵构,赵构也成了众所公认的皇室继承人,这肯定不是一件坏事。人们都愿意相信,既然老天爷给大家留下了这么一条"漏网之鱼",那么他也应当是一个能重整乾坤的"中兴之主"。

"祸兮福之所倚",但愿,靖康之耻后,一个新世界的大门,会在人们的面前徐徐打开。一切,就看这个手里拿着钥匙的新天子了!

第二节 过河! 过河! 过河!

举国上下,皆为赵宋王朝的皇室遗脉而倍感欣慰,宗泽自然也不例外。

在朝见赵构之前,宗泽打算渡河营救徽、钦二帝,却因勤王之兵的不配合,而不得不作罢。之后,他又计划讨伐张邦昌伪楚政权。然而,一纸大元帅府传来的书信,却让他暂停了行动。

宗泽对此大为不解,几次上书说,张邦昌身为人臣,却恬不知耻地窃占了皇位,罪不容诛。只有替天行道,讨伐奸逆,才能重新凝聚人心,以免天下动乱。在宗泽看来,如果赵构连一个张邦昌都不敢铲除,便可能会有很多个"张邦昌"蠢蠢欲动。

为了江山大计,宗泽也对赵构说了很多鼓励他奋发图强、兴复社稷国家的话。

一直以来,都有不少人将张邦昌和刘豫视为同样的跳梁小丑,但其实,这样的看法,对于张邦昌来说,是不太公平的。虽然同为傀儡政权,但从张邦昌的表现来看,他确实有不得已的苦衷,才被迫背上了篡国称帝的污名。

不妨来看张邦昌的两个表现。

靖康二年(1127年)三月里,金军通过"票选",决定册立张邦昌称帝。张邦昌虽然是主和派大臣,却不想叛国自立,为此不惜以自杀相抗,但在金军屠城的要挟之下,只能暂时选择屈从妥协。在册立仪式上,张邦昌痛哭不止,迟迟不愿就位。虽然他还是被迫称帝了,但最大限度地为赵宋皇室保留了一分尊严。比如,他不立年号,不享受包括坐正殿、受朝贺等天子礼仪,甚至身服缟素,领着满朝文武,向徽、钦二宗拜别。此外,张邦昌还把写有"臣张邦昌谨封"的封条贴在大内宫门上,表示秋毫无犯和为臣之义。

这年四月初一日,金军北归,而赵构是下一月才在南京应天府(今河南商丘)登基的。金军刚一走,张邦昌就开始派人寻访康王赵构,从中不看难出,他是真没打算做这个皇帝。得知哲宗废后孟氏也是一条"漏网之鱼"(宫中有位号的女性都被掳走了),到了初九日那天,张邦昌又献出大宋国玺,将她迎入宫中,尊之为元祐皇后,请她垂帘听政,以太后的名义下诏册立赵构为帝。

至于张邦昌自己,则在手书中说:"所以勉徇金人推戴者,欲权宜一时以纾国难也,敢有他乎?"其后,张邦昌退下帝位,以太宰之位自居。大楚这个傀儡政权,前后只持续了三十二天,中原的政权再次回归于赵氏手中。

当然,说张邦昌只不过是碍于他和赵构的"革命友情"与当前的人心思向,才不继续他的傀儡事业,也不是没有一丝道理。但

是，要给张邦昌定罪，首先还得看清楚这样一件事。自古以来，像元晔、元恭、元朗这样的傀儡皇帝，不管他们是被迫退位，还是主动还政，结局都极为凄惨。所以，张邦昌犯不着冒着性命危险，费这样的周章，"卖国贼"这顶帽子并不适合他。

赵构即位称帝，改元"建炎"，历史上为了方便区分两个赵宋政权，将之称为"南宋"。这与区分"西晋""东晋"的做法如出一辙。确实，两晋和两宋有很多相似之处，被俘走的晋怀帝、晋愍帝，分别对应着徽、钦二宗，而司马睿则对应着赵构。

我想，话说至此，一定有很多人关心张邦昌的命运。

一句话，他死了，而且是被泼了脏水之后才死的。

赵构这个人的心眼并不大，他是巴不得张邦昌死的，但考虑到张邦昌的逊位之功，遂在面对李纲的弹劾（为重振国风赵构很快起用主战派首领李纲）时，只将其贬为节度副史意思意思。但这不代表，赵构不想寻机弄死张邦昌。

因为宋徽宗的靖恭夫人李春燕，曾被金人立为伪楚皇后，故此李、张之间多少有些情谊。赵构得知此事，便对李春燕来了一顿威逼利诱，女人家家的哪里受得这等惊吓，当即答应指认张邦昌的卖国罪状。

看看，赵构果然是炮制冤案的能手，"诏数邦昌罪"五个字，便将这个被迫当过皇帝，却又还政于他的人判了死刑。不过，这还不算什么，以后他还将炮制一个更大的冤案，叫作"莫须有"。

六月初，宗泽入朝觐见。眼见新君起用了李纲，宗泽怎么看皇帝，怎么顺眼。在他眼里，赵构无疑是一个英明威武的中兴之主。李纲为宗泽的复国大计所感动，对赵构建言说，收复汴京非他不可。于是，赵构便又命宗泽改任知开封府。

当时的汴京，是一个很不太平的地方。金军虽将张邦昌立为傀儡皇帝，但不能放心大胆地离开，依然派驻了部分兵力留屯于黄河边上。鼓声喧阗，传至百姓耳中，激起一阵阵惊悸；盗贼横行，无所不为，几乎到了逢人便抢的地步。

宗泽抱着收复和建设好汴京，便能奉迎新君回国的美好愿景，火速抵达了汴京。对于这些为祸作恶的盗贼，宗泽先是杀鸡儆猴，再是尽量招降入军。王善、杨进这样的匪头，都为他的一颗赤心打动了。

不只是招降盗贼，各地的义军也应该尽量团结起来，八字军（因其面刺"赤心报国、誓杀金贼"八字而得名）便是宗泽招纳来的有生力量。除此以外，宗泽还挖掘培养了岳飞（秉义郎岳飞犯法当斩，宗泽命其立功赎罪）、杨再兴、李贵、丁进等高素质的抗金将领。

在惩戒了囤积居奇的商人，修复了满目疮痍的京城的同时，宗泽数次击退金兵的进攻，骇得金人连呼"宗爷爷"。为了安抚民心，宗泽也没忘了上疏奏事，请求皇帝回返京师。在不到一年的时间里，赵构收到了二十四封《乞回銮疏》，却并不为之所动，反而怀疑对方居心不良。

在赵构看来，宗泽如此急切地劝他回京，主持收复失地的大计，很可能是想借此迎回二帝，更甚者还会以兵权威胁他的皇权。即便宗泽不会这么做，那两人被迎回之后，自己又如何自处呢？

您想，赵构连张邦昌都容不得，又怎能忍受两位正牌皇帝来与他争列呢？如此想来，没有比与金军议和更好的选择了。因为，议和双方往往需要人质，为了家国之安，就让那两个人待在五国城养老吧！

挟着一己私念，赵构不仅不欲还都，还做了如下部署：明里强令宗泽退兵，以促成宋金双方的和谈；暗里则加派人手监视宗泽，以防其生出造反之心。

宗泽身经百战,且文韬武略无不通晓,怎能看不出赵构的这点小九九。只是,气愤归气愤,他依然效忠于他的兴复理想、民族大义。面对黄潜善等人阻拦皇帝归京(应该也是看准了赵构的心思,才投其所好)的恶劣行径,宗泽忧愤非常,背上随之长出了毒疮。

眼见自己病入膏肓,宗泽心痛如割,一憾壮志难酬,二憾忠而见疑,唯有以"出师未捷身先死,长使英雄泪满襟"的句子,来抒发内心的痛苦。他将收复河山的理想,寄托在诸将身上,而对家事只字不提,弥留前只悲愤地连呼三声"过河!过河!过河!"

《箜篌引》中曾载有一个狂夫渡河而死的故事,其妻丽玉苦劝无果,故而拨弹箜篌,唱道:"公无渡河,公竟渡河!堕河而死,将奈公何!"一曲悲歌之后,丽玉殉情而死。

对于这个故事,可以有多维的理解,而我认为,宗泽在某个方面很像这位狂夫。孟子说,"虽千万人吾往矣";法国罗曼·罗兰也说,"世界上只有一种真正的英雄主义,那就是认清生活的真相后还依然热爱生活"。宗泽,就是这样一位为了理想付出一切的"狂夫"!

当然,宗泽比狂夫要幸运一些,此时此刻,他的身后没有几个不理解他的"丽玉"——大宋军民们多"渡河"之志。史载,汴京官民听闻宗泽之情形,无不涕泪交纵,痛哭失声。然而,很遗憾的是,理解宗泽的人虽有千千万万,但他们都无法掌舵国家发展的方向。

建炎二年(1128年)七月十二日,宗泽溘然长辞,大家自发地帮助宗泽的儿子宗颖和部将岳飞,一起扶柩至镇江京岘山上,与其亡妻合葬。

得知宗泽过世的消息,赵构并不理睬宗泽遗书中还都汴京的主张,只是做样子追赠他为观文殿学士、通议大夫,谥号"忠简"。

在宗泽的墓道前,有一座牌坊,其上写道:"大宋濒危撑一柱,英雄垂死尚三呼。"这样的高度评价,宗泽当之无愧。而大宋失去了宗泽,便也少了一根撑天的长柱。

赵构即位之初,南宋的"天",是什么样子的呢?由于黄河北部地区成了金人的囊中之物,大宋的皇帝也就失去了半壁江山。这半壁江山,对于金人来说,是一块消化起来尚有难度的肥肉,既然张邦昌"背叛"了他们,他们当然要重新物色一个合适的汉人傀儡。

宗泽过世的那年冬天,金人围攻济南,贪生怕死又追名逐利的小人刘豫,成为他们密切关注的对象。

因为人品不好,刘豫屡遭贬黜。靠着贿赂新任的枢密使张悫上位,刘豫谋到了一个济南知府的职位。这一头,是金军打算施展反间计;那一边,是刘豫希望得到高官厚禄。很自然双方一拍即合,一起拿下了济南。

下一年,刘豫被金朝册封为东平知府兼诸路马步军都总管,其子刘麟则做了济南知府。这样一来,刘豫控扼了黄河以南的沦陷区。

再下一年的九月,也就是建炎四年(1130年),金朝以刘豫为傀儡皇帝,建号为"齐",定都于大名府(今河北大名)。与当年的石敬瑭一样,刘豫誓以儿子的身份,永远效忠于金朝。

说来真是可笑,稍有作为的石敬瑭已作古百年,死后的骂声犹不绝于耳,而刘豫早前不曾有功于民,即位后也无劳于国,竟还妄想效仿这位前辈。真是怪哉!

这位汉奸的结局,必然只能是惨淡收场,"止增笑耳"。

第三节　惶惶如丧家之犬

说到宋朝皇帝的寿命之最,非享年八十一岁的宋高宗赵构莫

属,而他在位的时间也有三十五年,在这三十五年间,如若他真能深自砥砺,重整乾坤,很有可能会成为一个不负众望的中兴之主。然而,这个皇帝终究还是让大家失望了。

赵构一生中最为人诟病的问题,便在于他的议和思想,这种思想的产生并不只是因为他骨子里的懦弱怯战,也是因着他"继承"了祖辈们长年累月的"恐辽症"。辽朝已成为明日黄花,但恐惧外族的因子在血液里遗传了下来,这种病似乎就成了不治之症。

在一开始,赵构尚有恢复山河的一腔热血,他以主战派李纲为相,无疑是给天下百姓吃了一颗定心丸。李纲入相后,与主和派的黄潜善、汪伯彦无可避免地产生了诸多矛盾。

建炎元年(1127年)秋,金人趁着赵构立足未稳,发起了攻宋之战,理由也很冠冕堂皇——你杀了我们的"皇帝"必须得给个说法。坚守,还是南逃?战和两派争执不下。当然,这时还有一条路,那就是东京留守宗泽提出的还都。

坚守,守不住怎么办?还都,都城残破还是小事,一个不留神重蹈了父兄被掳的覆辙,可怎生是好?嗯,求人不如求己,靠百姓不如靠自己,赵构没有多想,七月间就下达了"巡幸东南"的手诏。

好吧,亲爱的建康(今江苏南京),朕来了!

说来也好笑,啥叫"巡幸"?南逃就南逃,说得跟真的似的。一年前的康王还是一个热血小青年,怎么这一当皇帝就变了呢?不行,还得劝,还得拦!李纲立马抬出赵构不久前"独留中原"的承诺,希望他不要食言而肥。

赵构厌极了李纲,八月间便做了一系列的人事安排。简单说来,便是要让主和派上位,有事儿没事儿就攻击李纲一把。他先是将李纲升为左相,再令黄潜善替补右相,汪伯彦进知枢密院事。

事实证明,正是因为赵构意气用事,才葬送了抗金的大好形势。

不久后,李纲力主支持两河军民自发建立的抗金联军,黄、汪二人便上奏要撤销张所的招抚司和傅亮的经制司。非但如此,他们还让御史弹劾李纲,以至于李纲愤而辞职。

赵构心中暗喜,假惺惺地挽留了一下李纲,便顺势将其罢相。

黄、汪二人得到了更多的信任,而南宋政权的怯战基调,也就此定了下来。

李纲任相不过七十五日,义愤填膺的人们对此纷纷表示不满。赵构为了平息物议,便将"不杀士大夫与上书言事人"的祖宗家法抛诸脑后,迅速处决了带头闹事的陈东与欧阳澈。赵构如此痛恨他们,除了因为他们维护李纲,批评他纵情声色,还因为陈东竟然质疑他继统的合法性。

呵呵,这口气我能咽下去,我就不姓赵!

是的,他确实姓赵,所以他和之前大多数赵姓皇帝一样,走上了一条畏敌如虎的不归路。不管事后赵构如何弥补陈东和欧阳澈的家人,甚至在官修史书里,也强调他不过是误听了小人之言,但这都没用。陈东和欧阳澈在百姓的眼里,是杀身成仁,虽死犹生;而赵构他自己,却已经失去了人望民心,抛弃了半壁江山。

没人再有本事和气力来阻拦赵构,他的巡幸之路却十分难堪,而这种难堪,恰恰是由他费心讨好的金人们带给他的,恰恰是战地后方的空虚造成的。

十月里,赵构来到了扬州。在诗人的笔下,扬州是一个烟花繁华之地,风流雅逸之所,赵构对此也十分满意,竟然决定不走了。在这个朝廷的临时驻地里,他将政务都交由黄、汪两位宰相处理,自己则在行宫之中,该吃吃,该喝喝,一心当他的跷脚老板。

孟子云:"生于忧患,死于安乐。"赵构似乎忘了,他如今不是一个太平天子,而是一位逃亡皇帝,即便他不为正在浴血奋战的中原军民而忧,也应当为他自己的艰难处境而倍感焦虑才是。真不知,要有多强大的"心理素质",才能撑得起他的一颗玩乐之心。

这边厢,是赵构一个人玩得飞起;那边厢,却是金人的百般筹谋。建炎二年(1128年),金人兵临山东,做好南下的准备。两年后又扶持刘豫做了伪齐皇帝,一边恶心残宋天子,一边让刘豫配合作战。

在得知他们畏惧的宗爷爷过世的消息之后,金军便在建炎三年(1129年)二月里,突袭了扬州。赵构这才明白过来,无论他躲到哪里,都没有安生日子可以过。没办法,赶紧拾掇拾掇,再次渡江吧!

根据历史记载,赵构在金军突袭之夜里,正搂着美女在做一些不可描述的事情。猛然间听得敌军前锋直抵天水军(今安徽天长)的消息,赵构被吓得丧失了某些功能,此后便再也无法拥有自己的子嗣了。

仓促间,赵构气喘吁吁地带着少数亲随,连夜出城渡江,这便是"康王泥马渡江"的故事了。两宋间最负盛名的才女李清照,曾泪眼望天,"作诗以诋士大夫",时至今日,我们所能得见的,只有"南来尚怯吴江冷,北狩应悲易水寒","南渡衣冠少王导,北来消息欠刘琨"这样的残联。

饱受家国沦丧之苦,她以典抒怀,针砭时弊,痛斥皇帝大臣们的奢靡之风、逃跑主义,而他们却说她是在诋毁他们。果真如此吗?赵构以实际行动说明了,什么叫作"身体和灵魂总有一个在路上"(此处自为贬义)。这还用得着去诋毁?

身体始终"在路上"的大宋天子,沿着杭州、常州、平江的路线,开始了他的巡幸之旅。在"饱览了河山秀色"之后,他又重新转回了杭州。

话说,在扬州大溃退的次日,来不及撤离的军民们遭到了金人的侵害。对于这件事,自然要有人自己站出来或者被推出来做个交代。那么,恭喜黄潜善和汪伯彦,出来混迟早是要还的!

二人被罢相以后,朱胜非担任了右相;王渊则任签书枢密院事,仍兼御营司都统制;吕颐浩为江东安抚制置使。说实话,让王渊来当这个官,还真不能服众。且不说能力大小吧,只说王渊在扬州大溃退之时的所作所为,便让人忍不住想抽他两个大耳刮子。

您要问他到底干了什么事啊,答案便是——什么也没干!

是的,拥兵数万的王渊,面对五六千名金军,本来应该大有所为,却摆出一副"关我屁事"的态度,这能不让人窝火吗?可奇怪的是,他不但不像黄、汪那样因罪而贬,反倒成了皇帝跟前的红人。

此间秘诀,便是王渊朝中有人,他跟宦官康履、蓝珪是铁哥们。这俩本是从前康王府的老人,赵构对他们已经有了一种独特的依赖与信任,自然也就看那王渊格外顺眼。

经此一事,赵构已经点燃了军民们心中的怒火,谁知,不作不死的宦官们却有恃无恐,又在逃亡的路上,做出很多天怒人怨的事情来。可以想象,即便没有苗刘兵变,赵构的皇帝宝座也很难坐稳。

所谓"苗刘兵变",指的是护卫亲军统制(宋帝防武将防了百余年,这回可应验了)苗傅和刘正彦两人,利用军士的不满情绪,发动的一场逼宫之战。此战之目的,一是要灭掉王渊和他的铁哥们,二是要胁迫赵构退位。那么问题来了,苗、刘二人属意的皇帝,是谁呢?

是赵构的第一个,也是唯一一个儿子,赵旉。

两百多年后,赵旉被韩林儿追封为"靖文元懿殇孝皇帝",实际

上，作为一位活了不到三岁，且只在位二十六天的傀儡皇帝（年号为"明受"），很难得到正统皇帝的身份认证。牙牙学语的赵旉，一夕之间从魏国公变成了皇帝，这是文臣张浚、吕颐浩和武将韩世忠、刘光世、张俊（请区别于张浚）等人所不能容忍的。

"八仙过海，各显神通"，在文臣武将的通力合作下，勤王平乱的战果很快就得到了。在这期间，表现最为可圈可点的，是张浚、韩世忠和孟皇后这三个人。

先来说说张浚。

依着家谱看来，张浚是西汉留侯张良、唐朝开元名相张九龄之弟张九皋的后人。此人年幼即成孤儿，但将自己磨炼得沉稳大度，学识不凡。宋徽宗年间，张浚登进士第，就此步入仕途。

汴京陷落之后，张浚便对延续宋祚的赵构忠心耿耿，一心追随。与黄潜善、汪伯彦不同，张浚虽然也得到了赵构的信任，但他是一个主战派。当朱胜非成为右相之时，张浚正在守备平江，负责招抚溃兵。

苗傅、刘正彦废去了赵构，便欲以礼部尚书一职拉拢张浚。对于苗、刘这样的人，硬碰硬是来不得的。张浚一边写信敷衍他们，一边联络吕颐浩、张俊、韩世忠、刘光世等人合兵勤王。

值得一说的，乃是苗、刘二人雇凶杀人一事。他俩发现张浚有些异动，便借皇帝的名义革了他的职。张浚假装听不懂的样子，将勤王大本营驻扎在秀州，并以人格魅力征服了那名刺客，最终与韩世忠等人成功会师，为赵构扳回了这一局。

再来看韩世忠。

号称"武功第一"的韩世忠，十分具有传奇色彩。一方面，他与岳飞、张俊、刘光世这三个将领被称作"中兴四将"；另一方面，他与夫人梁红玉，又是抗金杀敌的夫妻档。出身贫寒的韩世忠，从十八岁开始参军立功。智勇双全的他,曾在抗击西夏、金朝的战争中,立下赫赫战功,尽显大将风范。

收到吕颐浩的密信后,韩世忠和张浚等人敲定了平乱的计划。苗、刘二人见势不妙,便以梁红玉作为人质,不过,经由宰相朱胜非的"劝说",他们又决定让梁红玉去劝降韩世忠。哪知,朱胜非对他们是假意投诚,韩世忠既无后顾之忧,自然有能力翻转局势。

眼见诏书被烧,使者被砍,杭州也快落入韩世忠之手了,苗、刘二人自忖实力不足,慌忙间带了两千主力出奔。

在解救了那个过气皇帝之后,韩世忠奉旨前去对付先前支持叛军的吴湛。力大无比的韩世忠,当场捏碎了吴湛的手指。十指连心哪,当吴湛疼得哭爹喊娘之时,作风酷炫的韩世忠便已经预约了他的人头。

在韩世忠的奋力追捕下,刘正彦和苗傅先后被擒拿归案,就地正法。

末了,来讲讲这个孟皇后的事。

孟氏是宋哲宗赵煦的第一任皇后,出身于名门世家,一直为祖母高太皇太后和母后向太后所重,可是,这样一个传统意义上的贤后,却得不到赵煦的欢心。因为赵煦喜欢刘婕妤,故听信她和宰相章惇所炮制的谣言,以为孟皇后在诅咒自己。孟皇后因罪被废,被迫当了道姑。

在新旧党争之间,孟皇后又再度被复位,接着又被废黜。但谁能想到,后来,刘皇后在宋徽宗年间会受辱而死——这也是报应,而孟皇后却因为玉牒中没有她的名字,而免于靖康之祸。

还是应了那句话,"祸兮福之所倚"。后人从野史中刨出了孟皇后曾试图迷奸皇帝的证据,无论此事是真是假,能挨过坎坷岁月的女子,都很不简单。

而后,孟皇后先是被伪楚张邦昌恢复了"元祐皇后"的尊号,还获得了垂帘听政的特权。稍后,她又撤帘归政,被尊为"隆祐太后"。

在苗、刘兵变中,叛军威逼孟皇后再度垂帘听政,在这紧要关头,孟皇后曲意安抚苗、刘,私下里却联络韩世忠等人回来平叛。乱事平定之后,孟皇后也不恋栈权势,再度撤帘还政。

对于张浚、韩世忠、孟皇后这三位具有再造之功的大恩人,赵构理应有所表示。枢密使、武胜军节度使,是张、韩二人应得的褒赏,而隆祐太后则真正成了皇室中最尊贵的女人,得到了赵构的终生爱戴。

南宋的历史,在公元1129年的时候按下了一个暂停键,而后又将君王的冠冕,加回到赵构的头上,给了他修正错误的机会。只是,他能不能反思己过,发愤图强,全看他自己的造化了。

第四节　包围川陕的英雄们

对于赵构来说,建炎三年(1129年),是他执政以来,最幸运也最倒霉的一年。

幸运有三:一是,臣子忠心耿耿,皇位失而复得;二是,金人因为战败、气候和水土,暂时撤离了江南,短期内他不用再东奔西跑,疲于保命了;三是,原先为金人所擒的臣子秦桧,来到了他的身边。

至于这个倒霉,便是说,他差点丢了皇位,之后没多久,赵旉夭折了。

原来,平叛之后,赵构连忙遣使乞降,恳求他们"见哀而赦己",停下南进的脚步。如果说这是权宜之计,尚可理解。然而,似乎是为了表达诚意,赵构无论明里暗里,都没有认真部署过抗金战争。这也就是说,他将他的求生之路和国家的兴复之路,都寄托在金朝的"恩典"上。这种做法,真是幼稚可笑!

建炎三年(1129年)五月,赵构离开杭州,北上建康(改江宁为"建康")。赵旉也跟着他爹一起巡行。就在七月间,赵旉生了疟疾。行宫里的条件并不好,赵旉又在病中,谁都没想到,他会因为一个宫女绊倒炉子的声响,而惊厥身亡。

赵构和潘贤妃伤心欲绝,追封赵旉为"元懿太子",葬在了宋简宗陵。死者已矣,生者的苦难日子,还没到头呢!

九月,赵构率众南逃;十月,赵构沿着越州(今绍兴)、明州(今宁波、舟山)的路线,一路漂泊至海上,最后逃到了温州。令人感慨的是,赵构在前头跑跑跑,在后面追追追的人,并不只是金军,还有一个女子。

这个不畏生死一心追赶皇帝的女子,便是李清照。就在赵构四处奔逃之时,李清照也写过讽刺孱头们的《夏日绝句》。但是她为什么要追赶赵构呢?

当时,一个所谓"玉壶颁金"的流言,在朝野之中风传起来,已经过世的赵明诚,被冤为可恶的卖国贼。"匹夫无罪,怀璧其罪"这个道理大家都懂。李清照无法可想,便决定将她残存的文物无偿捐献给朝廷。

于是乎,皇帝往哪儿逃遁,她便往哪里追行。

当然,由于"赵跑跑"经验丰富,李清照再怎么努力追赶,也追他不着,加上途中又损失了不少文物,最后便打消了追献文物的念头。

话说至此,不得不说明一下。赵构这个人,在军事政治上虽然没有多大作为,但在文化事业上,还是颇有建树和功业的。他继承

了赵佶的艺术气质，尤其喜好书法，黄庭坚、米芾、"二王"，先后成为他的"书法老师"。

赵构热爱书法，自然也对南宋书法的发展，产生了一些推动作用。他在《翰墨志》中自称，五十年来，"未始一日舍笔墨"。在绍兴初年，赵构和吴皇后亲自为太学誊写经书，并命人将之铭刻在巨石上，这便是《南宋太学石经》的来由。

此外，赵构还有志于收集法帖名画，因此他在统治期间，于整理和收集艺术精品方面，有卓越的贡献。当初，李清照打算追献文物，也的确不失为一个明智之举。

话说回到建炎四年（1130年），即金朝天会八年。在这一年里，有这么三件事情是值得注意的。

第一件事，是宋军获得了黄天荡大捷。

话说，赵构逃到了温州之后，金将完颜宗弼（兀术）打算乘船入海追捕他。哪知宋军水师趁着一场大风暴，把他们打得灰头土脸。完颜宗弼遭到这样的败仗，又考虑到战线过长于己不利，索性做了战略撤退，先行退回明州。这一路上烧杀抢掠，坏事自然是没少干的。

三月间，完颜宗弼指挥军队从平江府撤军，打算从镇江渡江北上，没承想却被韩世忠的伏兵截断了归路。水战异常激烈，梁红玉也为之擂鼓助战。鼙鼓声中，金军心慌不已，死伤惨重。韩世忠再逼一招，将其死死地堵在建康东北七十里处的黄天荡。如果不是金人掘开了老鹳河故道，循路北撤，很可能会导致全军覆没的结局。

在黄天荡大捷中，韩世忠以八千水师包围十万金军，与之相持达四十余日，最终浇灭了对方的嚣张气焰，再也不敢贸然渡江了。赵构得知金军北撤，才又长出了一口大气，泛海回到越州（今浙江绍兴)。与此同时,岳飞打败了从陆上撤退的金军,收复了建康,人心为之振奋不已。

第二件事,是金太宗在七月二十七日,颁诏册立刘豫为大齐皇帝。

根据金太宗的规划,这个代他统治汉地的傀儡政权,将定都于北京大名府,所辖范围在黄河故道以南的河南、陕西地区。

当时,金朝得知宋室竟然还有一条漏网之鱼,自然欲除之而后快。哪里想到,自己杀来杀去,都抓不住小九这家伙的衣角。于是,金人便产生了卵翼傀儡政权,以成缓冲屏障的想法。得不到张邦昌的"忠诚",但刘豫也还不错。诏令下达之后,刘豫的伪齐政权在九月里组建了起来,其后,改年号为"阜昌"。

第三件事,是徽、钦二宗,被远徙到了五国城(今黑龙江依兰)。

不过,此时对于他们的准确称法,应该是昏德公和重昏侯。这两个侮辱性的爵号,是金太宗在祖庙前,行献俘之礼时为他们取的。

自从宋军取得一些为人称道的战果以来,兵士们的爱国热情持续高涨。建炎四年(1130年)八月,张浚也收复了长安。眼见张浚向东进发,势不可挡,驻扎在六安的完颜宗弼,便率领了两万精兵前来增援完颜娄室。

战事一触即发。张浚在邠州(今陕西彬县)督战,集结在富平的各路宋军,号称四十万人,对金军形成了压倒性的优势。金军似乎看穿了张浚恃兵傲物的面目——他想堂堂正正地决斗,于是一直在拖延时机不肯迎战。

王彦(原八字军首领)、吴玠等人都提出过自己的防守建议,但张浚没有同意。其间,吴玠看出完颜宗弼和完颜娄室一东一北的夹击之势,便向张浚等人提出移营高处以避骑兵的建议。没想到,

将士们跟张浚一样自信，一则自恃兵多将广，二则仗着苇泽护身，压根不理会他。

到了九月二十四日，双方正式交战。刚一开战，宋军就傻了眼。但见完颜娄室的骑兵们，竟然将各自准备的泥土，一袋袋地填在沼泽之上，硬是铺出了一条通道。好在，刘锜反应够快，身先士卒，才刺醒发蒙的兵士们，一起击退了金军。

一场恶战下来，完颜宗弼险些被俘，韩常也被宋军射中数箭。完颜娄室想要扭转劣势，便瞅着兵力较为薄弱的环庆路军下了刀子。

可以说，富平之战，败就败在环庆路经略使赵哲身上。面对来势汹汹的完颜娄室，赵哲吓得直打哆嗦，自己撒丫子跑了。军中没有首脑，就好比人没长脑子，这仗还能怎么打？

在历史上，因将领的不负责任而导致战势崩溃的故事，不胜枚举。较为有名的，是南朝梁天监四年（505年），临川王萧宏在风雨之夜，弃军逃亡之事。当时，梁军无论是器械还是军容，都远超北魏，但怎知这个花架子王爷，却如此不堪一吓。十万大军瞬间乱作一团，这事不怪萧宏还能怪谁？北魏军歌中唱道："不畏萧娘与吕姥，但畏合肥有韦武。""萧娘"，便是萧宏所得的"荣誉称号"。

富平之战后，宋军节节败退，之前所收复的关中土地，几乎全都丢掉了。赵哲临阵脱逃，应为此战之败绩负上大半的责任。

金人虽然赢得了富平之战的战果，但考虑到张浚退至兴州（今陕西略阳），而派驻吴玠去扼守大散关东的和尚原（今陕西宝鸡西南），便调整了战略，将东线的战事交给了伪齐，而将主力都用在了西线上。

次年（1131年），赵构改元为"绍兴"，意为"绍祚中兴"，其后，升越州为绍兴府。因为绍兴在漕运上不够便利，绍兴二年（1132年）

初,赵构又把小朝廷迁回杭州,名之为临安,作为南宋政权的行在。

这么看来,赵构已经放弃汴京了。而让人哭笑不得的是,就在赵构设置行在期间,伪齐却迁都到了汴京,并且拷贝了南宋的行政制度。此举自然是为了招徕中原民心,虽说百姓对此并不怎么买账,但伪齐在人文上的优势十分明显。不妨回想一下,五代十国时期,为何国祚较长的十国,都不如五代来得"正统"?根据传统观念,中原之国,才为正统之国。

当然,将临安作为京城(后来证明果然不只是暂时而已),也是退而求其次的一个的选择——如果他们日后能重新入主中原。毕竟,临安这里不仅有长江这道天然防线,还是物产丰饶的鱼米之乡,漕运海运极为便利的繁华都会。

柳永在《望海潮》中就曾写道:"东南形胜,三吴都会,钱塘自古繁华……市列珠玑,户盈罗绮,竞豪奢。"更何况,此处还拥有"三秋桂子,十里荷花",令人心旷神怡。

绍兴二年(1132年)起,以赵构为首的流亡政府,基本上在江南站稳了脚跟,完成了宋室南渡。于是,赵构开始在这里修建明堂、太庙,并准许权贵富户们经营宅邸、置办产业。他的政治意图十分明显:朕不想走了,诸位也不妨在此安居乐业吧!

赵构得到了喘息之机,金人却从没放弃争夺关陕,进取四川。

张浚身为川陕京湖宣抚处置使,一直担心金军由陕入蜀,掠走东南,因此一直在全心全力地经略关陕。先前所说的富平之战,便发生在这样的背景之下。

在关陕之争中,宋军节节败退,现在也唯能走下一步棋,即一心退保川蜀了。

守备在和尚原的吴玠,很快迎来了他的大胜仗。绍兴元年(1131年)三月,金军初攻和尚原,被吴玠击退了。五月间,金军兵

分两路，汹汹而来，但吴玠、吴璘兄弟俩在兵力不足、物资奇缺的情况下，迎难而上，击退了乌鲁折合的东路军和完颜没立的北路军。

十月间，完颜宗弼率领着十万金军卷土重来。在那三日激战之中，吴玠先命"驻队矢"以弓弩轮番怒射；再派出奇兵，断截粮道追杀阵尾；最后还设伏于其必经之地。金军死伤数万，完颜宗弼也挂了彩，匆忙逃回燕山去了。

陕西经略使撒离喝，奉命与吴玠对峙。吴玠吩咐吴璘驻守于此，令王彦驻守金州，自己则率主力移守河池（今甘肃徽县）。

在这之后，金人分别在绍兴三年（1133年）和绍兴四年（1134年），企图攻取饶风关（今陕西石泉西）和仙人关（今甘肃徽县南）。按照他们的部署，是想绕过和尚原，避开吴氏兄弟的锋芒。不过，得到探报的吴玠，依然策应迅捷，一次次击退了敌军，并趁势收复了凤翔府和秦、陇等州。

和尚原、饶风关和仙人关这三场战役，被合称为"蜀口三战"。大战之后，吴玠在仙人关修筑了名为"杀金坪"的营垒，年底，完颜宗弼设法攻下了和尚原，但因吴玠在川蜀增强了战备，而未能有大的突破。

吴氏兄弟与金军对峙长达数十年之久，以其卓越的军事才能，屏卫了川蜀，也减缓了东线的抗金压力。不过，因为贪好女色、丹石，吴玠竟然中年丧命抱憾而去，这实在是南宋政府的一大损失啊！

【小贴士】

【赵构小档案】

生卒年：大观元年（1107年）——淳熙十四年（1187年）

登基时间：靖康二年（1127年）

年号:建炎、绍兴

谥号:圣神武文宪孝皇帝

庙号:高宗

陵寝:永思陵

父母:宋徽宗赵佶、显仁皇后韦氏

配偶:宪节皇后邢秉懿、宪圣慈烈皇后吴氏

子女:赵旉,宋孝宗赵昚、赵伯玖为养子

关键词:建炎南渡、屈膝求和、无力生养、颐养天年

名言:今立信誓,明言归我太后,朕不耻和

第八章

空怀：
三十功名尘与土，
八千里路云和月

第八章

"今老且病，久欲退闲。"这是赵构留给宰执们的一句话。很多人都以为，这是他作为天下至尊，留给大家的最后一句话，可事实上，退处德寿宫的赵构，又活了二十五年，并且利用赵眘的孝心，继续对南宋的政治方向，施加着不可忽视的影响。

第一节 青山有幸埋忠骨

一直以来,金朝都想趁着南宋小朝廷立足不稳,赶紧拿下川陕之地。

不料,因为吴玠等人实在难缠,他们始终没能称心如意,这种情形,无疑令赵构紧绷的神经稍微放松了一些。不过,那个以正统王朝自我标榜的伪齐,也与南宋战事频仍,闹得赵构有些上火。

绍兴三年(1133年)正月,南宋襄阳镇抚使李横攻占了颍昌,准备向汴京进发。刘豫和金朝的援兵联合展开反击。因为李横的兵力没有得到补给,最终丢失了襄汉六郡。至此伪齐占据了上可进抵川蜀,下可直取吴越的有利地势。

六月间,南宋枢密院事韩肖胄和工部尚书胡松年出使金朝。他们明里是去替皇帝探望徽钦二帝,暗里却承担了和谈的使命。"欲将血泪寄山河,去洒东山一抔土。"两位宋使离京前,李清照也慷慨陈言,企盼他们能不辱使命,力保国家尊严。

这一次,议和之事没有谈妥。

绍兴四年(1134年)三月,在川陕保卫战中表现差劲的张浚,被台谏官的唾沫星子淹没了,不过,深受皇帝信任的他,在次年又官复原职,继续为朝廷效力。

去岁丢掉襄汉六郡,让赵构感受到了一些生存压力,他便在五月间,令岳飞去解决这件事。岳飞果然当得起名将之称,发兵之后两三个月间就收复了襄汉六郡,攘除了威胁南宋安危的险情。这一年,他才三十二岁,正是血气方刚的年纪。依着岳飞的性子,本是想再有大动作的,无奈皇命在上,勒令他只可收复"所守旧界",而不能把脚伸到伪齐领土上,所以,他也只能止步于襄汉六郡了。

除此以外,在与金、齐的战事之中,南宋就算一时占了上风,也会被那个高高在上的人大声喊停。军士们当然不想"浅尝辄止",但他们的意见再大,赵构也充耳不闻。他很清楚,他要的不是战,而是和。

他之所以进行军事上的部署,只是为了用那些战果,来加大议和的筹码。"以战求和",一直都是赵构的外交思想。

九月里,金齐联军避开了岳飞所在的中路战场,攻向东线的两淮地区。赵构一边准备重操旧业——做"赵跑跑",一边命张俊增援镇江的韩世忠,令刘光世移军建康。比起临安而言,建康距离敌军要近得多。圣旨下达以后,害怕做炮灰的刘光世没什么动静,张俊则以"坠马伤臂"为由搪塞过去,死活不肯挪窝。只有韩世忠不愧他的大名,移师扬州,施展奇谋挫败了金军。

金军惹不起韩世忠,转而攻向淮西,哪知却在庐州(今安徽合肥)被岳飞暴揍一顿。到了年底,金太宗完颜晟病危在床,完颜宗弼与完颜昌(挞懒)不得不停止了南侵行动,迅速北归。

刘豫深谙"鸟尽弓藏"的道理,也懂得主动为主分忧的奴才准则,于是,尽管他已没有金朝为后盾,南侵的步伐也不能停下来。

绍兴六年(1136年)十月,刘豫征发了三十万军队,准备来一个三路攻宋。由于韩世忠、岳飞部署得当,伪齐的攻宋之战再告失败。此战中,张俊、刘光世畏敌如虎,没起到多大的作用。老实说,他俩虽和韩世忠、岳飞被并称为"中兴四将",但其实并不怎么够格。

此战之后,金朝对刘豫失望已极,决定丢掉这个大包袱。就在下年十一月,金熙宗完颜亶废去了伪齐这个藩属国,将刘豫贬为蜀王。至于汴京嘛,当然是自己接过来管理了。

之前说过,赵构抱着"以战求和"的想法,没有完全放弃应付金人的军事部署,但是,这时的赵构若是被金人逼到了死路,也不是没有跳起来咬人的可能。然而,因为秦桧的出现,赵构心里的天平,又在议和那头加重了砝码。

"青山有幸埋忠骨,白铁无辜铸佞臣",这是秦桧跪像背后岳飞墓阙上的楹联。绍兴十二年(1142年),岳飞被秦桧、张俊等人以"莫须有"的罪名诬陷为反叛朝廷,陷害至死。

到了清朝乾隆年间,清朝第四十三位状元秦大士,以才学名动天下,被授为翰林院修撰,负责编修国史,后来他又成为翰林院侍讲学士,做了皇子们的老师。据《清朝野史大观》所载,乾隆曾问秦大士是不是秦桧的后代。对方答道:"一朝天子一朝臣。"

结果,家谱翻出来一看,他是宋朝清官秦梓的后代。

无独有偶,秦大士的朋友们,也曾指着岳王坟前的秦桧夫妇跪像,戏谑了他一把。秦大士苦笑着题联道:"人从宋后羞名桧,我到坟前愧姓秦。"

看看,除了没人愿意给孩子取名为"桧"之外,连姓秦都是一件恼人的事,这个秦桧也称得上是"遗臭万年"了!

只是,秦桧的臭名不是一朝一夕得来的。当年发生的很多事情,还有一些鲜为人知的内情。

秦桧,字会之,籍贯江宁。政和五年(1115年)时,秦桧进士及第,担任了太学学正。宋钦宗继位后,秦桧曾在国难当头之时上书言事,反对议和。多年后的秦桧,自然是个不折不扣的主和派,可是在靖康年间,他却是货真价实的主战派成员。

要知道,在议和大潮涌动之时,有那个胆子站出来说"你们都太懦弱",这也不是一件容易的事。

在金兵围逼汴京之后,秦桧也上书陈说军机,请求宋钦宗不要割地求和,实在不行也只能割让燕山一路。宋钦宗没有理会他,不久之后让他去给河北割地使张邦昌打下手。秦桧觉得万分耻辱，认为"是行专为割地，与臣初议矛盾，失臣本心"，故此连上三折请辞。

康王赵构为质数日后，金人请求更换肃王赵枢为质。秦桧和程瑀被遣为割地使，负责护送肃王赵枢。当时，宋钦宗打算割让太原、中山、河间三镇，作为和议的条件。和议谈成后，赵枢得以释归，秦桧也安全返回了汴京。

言及此，我们可以看出，秦桧后来为主和派成员，但在自身利益受到损害时，他的思想也产生过一定程度的动摇。是主和还是主战？秦桧的内心也在纠结。于是下来，在延和殿再议割地的事件中，秦桧等三十六人，站在了七十余位议和派的对面。本质上，他当时还是个主战派。

之后，秦桧升任御史中丞。

靖康二年（1127年）二月间，莫俦、开传金将之命，要推立个新皇帝，在张邦昌被推上前台之时，秦桧却给他写信说："虽兴亡之命在天有数，焉可以一城决废立哉？"他与监察御史马伸等人共进议状，说应立赵氏为帝。此举自然是为了保存赵氏江山。如果我们认为，此时的秦桧就已是一个懦弱的叛臣，显然不符合史实。

眼见秦桧这么扫兴，金人大为光火，然要处置他一番。

死罪可免，活罪难逃，随军被押往北方，便成为秦桧的悲惨命运。而就在北上的这条路上，秦桧的思想开始彻底转变了。到达北方之后，同行的数位臣僚，都不失为守节之臣，而秦桧却选择了投靠金人，见风使舵。

秦桧先是帮助宋徽宗赵佶给新皇帝赵构寄去了信，要他永远奉金为正朔；再是一心讨好完颜宗翰，获得了不少馋人的财帛。不过，也有一种说法，是秦桧担心书信传不到赵构那里去，才委曲求全,靦颜侍敌的。

没多久,金太宗完颜晟把秦桧赐给弟弟完颜昌。其后,陈过庭等人都被流放到东北去了,唯独秦桧不仅赢得了完颜昌的信赖,还混得风生水起,做上了参谋军事。在建炎三到四年(1129—1130年)之间,秦桧便向楚州(今江苏淮安)军民写过劝降书。城终于破了,全城军民惨烈就义。到了这个份上,即便秦桧一开始真的只是想委曲求全,也很难洗掉他的污名了。

可让人奇怪的是,秦桧没有一条路走到黑。他选择在建炎四年随军期间,携眷跑回了赵构的身边。据他自己所说,他是在杀死监兵之后,才夺船而返的。这种说法遭到了朝臣的一致怀疑,"无间道"嘛,大家又不是不懂。万一秦桧是个间谍,皇帝和国家不都祖露在敌人跟前了?

然而,一则,秦桧与宰相范宗尹、枢密院李回私交甚密,他们为他说了不少好话;二则,秦桧带回来的不仅是自己的身体,还有一份"如欲天下无事,南自南,北自北"的南北分治方略和由他草拟的和议书;三则,赵构也很需要树立一个褒奖的忠臣典范。

在多种原因的作用下,赵构认为秦桧忠心可嘉,便任命其为礼部尚书。就此,秦桧重新成为大宋的朝臣。

绍兴元年(1131年)八月,秦桧在排挤掉范宗尹之后,首次拜相。其后,秦桧和他的党羽们又开始针对二度拜相的吕颐浩,最终造成吕颐浩专管军旅,他自己专管政务的局面。

吕、秦之争,掀起了一阵朝政风波,赵构对秦桧的自吹自擂很不满意,吐槽道,什么"为相数月,可耸动天下",可他啥也没看到,随即罢去了秦桧相位,让他去做观文殿学士。

说是不用秦桧,但赵构又舍不得他,加上宰相张浚也比较看重他,故而,在绍兴五到七年(1135—1137年)之间,赵构一次次将秦桧提拔起来,最终让他做了枢密使。

绍兴七年(1137年)初,徽宗及显肃皇后郑氏(赵佶第二任皇后)的死讯报了过来,赵构决定重礼发丧。在秦桧成为枢密使前后,赵构也授予了岳飞全国大部分军队(除张俊、韩世忠以外)的指挥权。谁是能将,谁是庸将,赵构还是基本看得清楚的,先期罢去刘光世,就是一个证据。

岳飞获得这样的信任,自然希望撸起袖子大干一场,对此,秦桧很是眼红,于是便煽动张浚一起劝说皇帝收回成命。可怜,岳飞刚着手直捣中原的准备,就不得不放下刀锋,他的心情可想而知。

八月间,因为刘光世被罢,引发了一系列后遗症,史称为"淮西之变",赵构在惊乱之余,更为猜忌握有实权的武官。之后,张浚引咎辞相,赵构任命赵鼎为相。因为议和之事再度被提上议事日程,绍兴八年(1138年)三月间,秦桧得以二度拜相,赵构嘱咐他要不惜一切代价议和,力保生母韦太后的安全。

看来,这次是认真的了。到了这个时候,秦桧却有些犹豫。根据《宋史·奸臣传》的描述,绍兴八年十月,秦桧私下里对赵构表达了若要议和,务请单独与他讨论的意思。赵构明白他的顾虑,当即就答应了。秦桧害怕背负罪名,还让皇帝深思了三天又三天,终于"知上意确不移,乃出文字乞决和议"。

值得注意的一点是,张浚是坚定不移的主战派,当初他十分欣赏秦桧,不太可能只是因为对方能说会道八面玲珑,也许在他看来,秦桧至少也算是个可以争取过来的同侪。

这就可以说明一个问题了,真正想主和的人,并不是秦桧。同理可推,真正想要岳飞性命的,也不只秦桧一个人。

绍兴九年(1139年)正月,宋金双方和议成功,但金人却在次年背盟入侵,攻陷了河南、陕西等地。赵构气得跳脚,当即下诏列举完颜宗弼的罪状。

宋金之间更为正式的"绍兴和议",是在绍兴十一年(1141年)达成的。为了讨好金人,促成和议,在赵构的授意下,秦桧先将韩世忠、张俊、岳飞召回朝中,以明升暗降的方式,收回了他们的兵权;再以淮水为界,割让了唐、邓二州;最后,答应金朝的条件,杀死抗金主帅岳飞。

客观地说,岳飞在军事上是个天才,在政治上却较为幼稚。他曾因立嗣问题对皇帝指手画脚,戳过宋高宗的痛处,但这显然不能作为构陷他的罪名。于是,秦桧、万俟卨和张俊等人,便以谩侮先皇、意图谋反(张俊告的是其部下张宪)、不救淮西等罪名来迫害他。

岳飞死于大理寺狱中——史料中没有"风波亭"的记载,卒年不过三十九岁;岳云和张宪,也被害死了。"天日昭昭,天日昭昭!"这是岳飞供状上的八个绝笔字。

"靖康耻,犹未雪,臣子恨,何时灭",一代名将就此殒没,岂不痛哉!

第二节 文臣领兵,亦有采石之胜

岳飞遇害之后,狱卒隗顺冒险将其遗体背出,暂时安葬在九曲丛祠旁。二十一年后,宋孝宗赵昚力主抗金,遂下令给岳飞翻案,以隆重的仪式将他迁葬于栖霞岭下。

小结一下,即便金人不要岳飞的命,赵构迟早都会把他送上断头台。其因有四:岳飞干涉了立储之事;岳家军并不把皇帝当偶像,保不齐会是下一个刘家军;赵构不想迎回父亲和哥哥是真,但想迎回生母和邢皇后,也是真的;主战派中岳飞的功劳虽大,但资历最浅,要想打击主战派,便只能拿他来开刀了。

如若不信,不妨来看看韩世忠的情形。

绍兴十年(1140年),韩世忠包围了淮阳,在泇口镇大败金军。其后,他因功被授为太保兼河南、河北诸路讨使,晋封为英国公,个人声望达到了一个沸点。

然而,打从韩世忠和岳飞、张俊的兵权被收回那日起,他就明白了自己功高震主的危险处境。之后,枢密使韩世忠,虽然也当面谴责过秦桧以"莫须有"之名构陷岳飞的恶行,但也没能拿他怎么样。

到了这种时候,他的保命之道自是少沾染政事。为此,韩世忠不惜以贪吝自污之法,力保一家老小的平安。纵然如此,这个昔日的救驾功臣,仍然遭到了赵构的怀疑。无奈之下,韩世忠索性跪在地上,请皇帝看看他身上的伤疤,和手上残存的四根手指。

不得不说,韩世忠明哲保身,得以安享晚年,既是一件幸运的事,也是一件悲凉的事。因为,最能体现军人价值的地方,不是春花秋月,而是金戈铁马。

绍兴二十一年(1151年)秋,韩世忠因病辞官,当年病逝于临安,享年六十三岁。死后,他被追赠为太师、通义郡王。相对于韩世忠而言,将星岳飞所受的不公待遇,更能引发时人和后人的愤慨之情。

"撼山易,撼岳家军难",岳飞一生之中,最值得称道的,是郾城、颍昌之战。

绍兴十年五月,完颜宗弼撕毁了和议盟约,领着大军向河南、陕西杀来。时任东京副留守的刘锜,带着王彦留下的三万多位八字军(王彦生前,八字军已被调离了抗金前线,绍兴九年时,王彦过世),和殿前司的三千步兵,在顺昌展开了城防战。可巧,顺昌知府陈规恰好是个防守专家,其军事理论著作《城守录》颇为知名。

不仅如此,岳飞、张俊、韩世忠的军队,都在一定程度上参与了作战,在他们的共同努力下,宋军大获全胜,赢得了顺昌大捷。

完颜宗弼一路退败下来,与岳飞在郾城展开了对决。虎父无犬子,岳云上阵之后,一气冲至敌阵间,一身好箭术射得金军人心惶惶,继而全面崩溃。接下来,完颜宗弼又在临颍、颍昌输给了岳家军。七月十四日,完颜宗弼主力大损,无心再战。而岳家军的伤亡也很大,在没有得到增援的情况下,无法再深入作战。

可惜啊可惜,由于赵构始终想再次和议,以接回生母和宋徽宗的遗体,完全不敢开罪金人,故而勒令刘锜择日班师,回守镇江;又停止供应前方的粮草。岳飞无力反驳,只能仰天长叹,退守淮中防区。

此后,南宋想要再进取汴京,都没有这样的好机会了。绍兴十一年(1141年),以"称臣于金","东以淮河中流为界,西以大散关为界","割让唐州、邓州以及商州、秦州的大半","每年进贡银二十五万两,绢二十五万匹","杀岳飞"为核心精神的绍兴和议,便这么敲定了。《宋史》中载道:"臣构言,今来画疆……臣今既进誓表,伏望上国蚤降誓诏,庶使弊邑永有凭焉。"言语中,赵构极尽卑微,以臣自许。

不久后,"绍兴和议"得以实现,徽宗的灵柩和生母韦氏本人,都被送还至临安。这一次,金朝没有放自己鸽子,赵构为此十分欣慰,顿觉纳贡称臣也是相当划算的了!

不仅如此,通过这种屈辱性和议,他还得到了东南半壁江山的统治权,得到了一个休养生息的机会,这难道不是一件好事吗?

是的,如果赵构是勾践那样的人,这当然是一件好事。可是,咱们需要明白一个道理:能屈能伸者,才能成大器;能屈而不能伸者,只会是一个懦夫。

因为赵构一心议和,张浚却无法投其所好,故而,随着秦桧地位的巩固,张浚被排挤出朝,已是板上钉钉的事情。

绍兴十六年(1146年)七月,张浚上言抗金,惹怒了赵构、秦桧,被罢去了检校少傅、节度使和国公爵,赋闲在家。后来,直到宋孝宗继位之时,他才迎来了人生的转机。

从绍兴十二年(1142年)算起,宋金之间的和平局面大约维持了二十年,此后双方也发生过一些较有规模的战事。采石之战,无疑是其中最具代表意义的一战。

绍兴二十九年(1159年),即金朝正隆四年,完颜亮看到了使节带回的临安山水图,一时诗兴大发,题诗画屏曰:"万里车书一混同,江南岂有别疆封?提兵百万西湖侧,立马吴山第一峰。"

这首诗,出自金史上一个得位不正(十年前弑君夺位),毁誉参半的皇帝。这个人,也是历史上第一个在北京建都的皇帝。他的传奇故事实在不少,但一些滥杀、乱伦的流言,多数都是小说家的敷衍。

比如,史上风传完颜亮极为好色,曾对大臣高怀贞说道:"吾有三志,国家大事,皆我所出,一也;帅师伐远,执其君长而问罪于前,二也;无论亲疏,尽得天下绝色而妻之,三也。"将对女色的渴望,和称帝一统天下的理想,放在同样的位置,真不知该说他什么好,不过,这样的小故事可信度不高,委实不必当真。

透过画屏上的诗,不难看出,谙熟汉文化的完颜亮,是将车同轨书同文的秦始皇,作为自己的第一偶像。那么,问题来了,要想"混同"南北天下,不拿南宋下刀又拿谁下刀呢?

一首气势雄健的诗歌里,倾注的是完颜亮兼并南宋的大志。

完颜亮无视女真贵族的反对,在取得了部分朝臣支持的前提下,做起了迁都的准备。天德五年(1153年),金人作别了白山黑水间的上京,在昔日的燕京扎下了根,将其定为中都。

此人的做事风格,可以说是孤注一掷,不留余地,这也是他在采石之战中有去无回的一个原因。我们都知道,迁都之事历来也不少见,但如明朝在内的王朝,在迁都之后,基本都尽量保留了旧都的原貌,作为陪都。

可完颜亮不这么想,迁都四年后,他不但将始祖至太祖太宗的棺椁迁葬到中都的皇陵里,还罢去了上京称号,委派大吏去拆毁以前的宫殿、宗庙、诸大族宅第及皇家寺院储庆寺。的确,拿这些土地来耕种,可以发挥它们更大的价值,但这种经济上的价值,并不能与旧都的象征意义相比。他的这种做派,显然是在给旧派人物敲警钟——老子是决心和女真旧制彻底决裂的皇帝!

迁都前后,完颜亮通过统一科举制、罢废元帅府、颁布新官制、发行统一的纸币铜钱等措施,完善了金朝的政治经济体制,客观上也增进了汉族和女真族的融合。

绍兴二十九年(1159年),宋使发现了金朝南侵的倾向,上书陈言备战。赵构抱着鸵鸟心态,认为对方只是在汴京营造行宫(完颜亮是想以此作为南侵的基地,准备再次迁都于此)。这样的苟安心态,自然为完颜亮所用,一颗颗烟幕弹砸得赵构晕头晕脑,还长舒了一口气。就在这年年底,赵构册立养子赵瑗为皇子,此举大有效仿他老爸"培养"背锅侠的嫌疑。

很快,赵构的这口气又提起来了。次年正月,因金使施宜生以"笔来"暗示"必来"的做法,赵构终于相信宋使所言,同意让宰相陈康伯着手战略部署。但是,安逸多年的皇帝,对于金人的种种挑衅,比如射杀宋民,都采取了一味忍让的态度,他甚至还以礼接待怒骂过他的金使。

如果战争不可避免,如何是好? 莫慌,"赵跑跑"已规划了一条"幸蜀"之道。只是,因为得不到陈康伯的支持,闹得他立刻没了脾气。"敌国败盟,天人共愤。今日之事,有进无退。"陈康伯掷地有声,赵构也不好再说个不字。

南宋绍兴三十一年(1161年),也就是金朝正隆六年时,完颜亮发动了六十万大军,南下侵宋。如此豪华的阵容,显是要打一场灭国之战,史载军"众六十万,号百万,毡帐相望,钲鼓之声不绝,远近大震"。看着都吓人。而南宋这头,所能派出的兵力,不过区区二十万。

按照完颜亮的计划,他自己负责攻取寿春(今安徽凤台),其他三路兵马则分别进发临安(今浙江杭州)、荆州(今湖北江陵)、大散关。为此,宋军也分为四路,四川宣抚使吴璘,要保卫川、陕的安危;淮南、江南、浙西制置使刘锜,要承担卫护江淮地区的重担;京湖制置使成闵,须与守襄阳的吴拱共同驻守长江中游;沿海制置使李宝则要由海道进击其水军。

战争初期,宋军溃不成军,甚至是不战而溃。金人只花了一个月的时间,就将战线推到了长江北岸的和州(今安徽和县)。由于负责淮西防务的王权,不听从刘锜的节制,导致金军轻而易举地渡过了淮河。

没几天,金军就杀到了滁县,刘锜得知此讯,选择了战略性后退。金军已然临江,如今临安是再也临不了安的了。恐怖的气氛笼罩在临安上空,赵构和官员们都在打着逃跑的主意。倒是陈康伯和黄中,很有担当,从头到尾都没有躁动。赵构最终也没能乘海出逃。

十月中旬,赵构派知枢密院事叶义问督视江淮军马,中书舍人虞允文一并参谋军事。事实证明,这个决策英明无比。

叶义问是个胆小鬼，当他到达建康之后，就不敢再向前一步了。虞允文倒是乐意去前线巡视，并发挥了超乎他能力的作用。

十一月八日，虞允文在军事要地采石矶巡防，得知了金人即日渡江的军情。让人气恼的是，接替建康都统制王权的李显忠人影都见不着，宋军哄哄地闹成一团，完全不知如何应对。国难当头，这个进士出身的文人，挺起胸膛走到了队伍的最前头。

话说，宋军虽然军纪涣散，但此时迎战金军尚有两个优势，一是水军的素质至少不输于对方，二是完颜亮后院起火——堂弟完颜雍在十一月二日那天登位了，完颜亮此时心里毛焦火辣的。

在虞允文的调度下，宋军的主力都隐藏在采石矶里。金人早就看扁了"弱宋"，自然不疑有诈，等他们渡江靠岸之后，才发现宋军这是在请君入瓮。

几日战事下来，金人的水军皆为宋师击败，伤亡惨重，被迫退至瓜州渡。

第三节　南宋最靠谱的皇帝

经过采石之战，南宋转危为安，金朝政变成功。

历来，都有人将采石之战用来比附淝水之战。

这两次战争，在作战双方的兵力和结果上，都有相当程度的相似性。"草木皆兵""风声鹤唳"的说法，即是来自于前秦苻坚；而以多欺寡，却又惨败而归的战争名单里，又多了一个完颜亮。

此外，完颜亮刚搞定了迁都燕京和正隆官制的大事，便否定了尚书令温敦思忠的十年灭宋计划，打算用几个月的时间来办成这件事。这种一口气想吃个大胖子的想法，与当年苻坚急躁地想要一统南北的心理如出一辙。

如果从大历史观来看,完颜亮无疑是雄心勃勃的帝王。然而,王朝内部的女真旧部却并不这么看,加上他的私人作风确实有问题,因此,很多人对他的统治的定义,便是"倒行逆施"四字。

这样的风评,对完颜亮是很不利的。东京(辽阳)留守完颜雍,就是在这种情形下,得到了军民的支持,才能够顺利地篡位夺权。当消息从东京(辽阳)传回南征前线时,完颜亮手下的将士,甚至有从前线逃回去拥立新皇帝的。如此一来,军心怎能不动摇呢?

输了采石之战,完颜亮颜面无光,更加没有退意。此刻,如果他及时回去打一场硬仗,也不是没有可能继续他的统治。可是,生性骄傲的完颜亮,非得扳回这一局,竟然在二十六日那天,强令将士必须在三日之内渡江,否则就提头来见。

落毛的凤凰还这么不讲道理?傻子才听他的呢!不,不仅是不听他的,而且还要来个废物利用,发挥他的最大价值。兵马都统领耶律元宜等人,很快就发动了兵变,缢杀了他。

事成之后,耶律元宜代行左领军副大都督事,率军北还。大定二年(1162年)四月间,完颜亮被降封为海陵郡王,谥号为炀。因为隋炀帝,大家对于"炀"字不会陌生吧!

完颜雍即位后,改元"大定",统治时长二十九年。他便是金朝历史上开创了"大定盛世"局面的"小尧舜"金世宗。值得思考的是,完颜亮一直厉行汉化,打压女真旧族,而完颜雍则是推行"女真为本"的民族政策,适当地降低了汉族人民的地位。

一个是促进了民族融合,一个是缓和了民族矛盾,如果不将他们的个人生活作风问题算在内,他们的历史成就到底孰高孰低呢?这个答案无解,因为完颜亮已经死了,他的汉化政策没机会再深入下去了。

金朝有"小尧舜",咱南宋这头也不差。

就在完颜雍即位的第二年,即绍兴三十二年(1162年),南宋的第二位皇帝赵昚,接受了父皇赵构的禅让,继位称帝了。"卓然为南渡诸帝之称首",这是后世的史评,说宋孝宗赵昚是南宋最有作为的皇帝,应该没有多少质疑之声。

之前说过,赵构再也没有生育能力了。那么,他这个皇太子是怎么选定的呢?

靖康二年(1127年)十一月二十七日,赵伯琮(后改名赵昚)出生于秀州(今浙江嘉兴)官舍里,他是宋太祖的七世孙。

原来,北宋太宗以来,赵匡胤的血胤不但与皇位没有关系,而且混得很挫。赵构思来想去,也觉得以太祖后人为继承人,会更有说服力一些,于是便在天下广为遴选,最终,赵伯玖和赵伯琮成了候选人。

绍兴二年(1132年),时年六岁的赵伯琮,入宫做了赵构的养子,其后被授为和州防御使,改名赵瑗。一直以来,生得更有帝王福相的赵琢(即赵伯玖),才是赵构心尖上的肉。相比而言,沉默寡言的赵瑗,没有绝对的胜算。

那么,问题来了,赵瑗也就是后来的赵昚,是在什么契机下,得到了父皇青睐的呢?您看好了,史上最荒诞的"处女选太子"事件,便发生在绍兴三十年(1160年)二月之前。

大概是因为多年来清心寡欲的经历——这也是没办法的事,赵构固执地认为,一个好色之徒不可能成为好皇帝。出于这样的考虑,某一日,赵构便给两个孩子都送去了十个美女。约莫一个月之后,赵构又派人召回了她们。检查结果是,赐予赵琢的美女都被享用了;而赏给赵瑗的美女,则全都"完璧归赵"。

这么一比较,赵琢的形象立刻猥琐起来,而赵瑗便成了赵构心目中唯一的储君之选。

能与这样荒诞的事件相提并论的,估计只有"独孤皇后偏宠杨广"的那件事了。

话说,杨广的哥哥杨勇,是隋朝的第一个太子。在两人的母亲看来,杨勇这个孩子什么都好,但崇尚奢侈,并且不听她的话,不宠老婆光宠爱妾。这一点,是推崇一夫一妻制的独孤伽罗所无法忍受的。

与此同时,二儿子杨广却是一个相当"正派"的人,又厉行节约,又疼爱萧妃。独孤伽罗看杨广越来越顺眼,长此以往,不听话的杨勇,终于失去了母亲的欢心。

后来的事,大家都知道了。矫情自饰的杨广,终于在开皇十二年(600年)取代了哥哥的地位。然而,大家更清楚的是,称帝后的杨广,绝对不是一个生活简朴忠于妻室的皇帝。

所以说,用感情生活和私人作风来选择皇位继承人,靠谱不靠谱?

只能说,赵构的运气着实不坏,他这一生中,除了无法生育和做过丧家犬这两个遗憾之外,一直都过得比较称心如意。这也包括,他有一个很不错的接班人。尽管,气血方刚的赵瑗,并不是完全不好女色,但他至少肯听从老师史浩的意见,懂得节制自己的欲望,并将这种能力保持下去——他所有的子女都是他和成穆皇后郭氏所生的,这也是值得称道的一件事。

就这么着,赵构歪打正着,选到了一个很靠谱的皇位继承人。

绍兴三十年(1160年)二月里,赵构下诏立赵瑗为皇子,并改名为赵玮,不久后,又授之为宁国军节度使、开府仪同三司,晋封为建王。

到了第二年,完颜亮南侵之时,三十五岁的赵玮主动上书,请求迎战金兵,为免父皇疑心他别有所图,赵玮便听从史浩的意见,说他想在父皇亲征之时随驾保护。

当然了,我们都懂得,赵构所说的亲征,不过只是说说而已。在得到完颜亮被弑杀的确信后,赵构才优哉游哉地携带着爱子一块儿北上建康去"御驾亲征"。从那时起,协助他处理政事的赵玮,便得到了臣子们的广泛赞誉。

既如此,他这个皇帝当来还有甚意思?

次年五月,赵构返回临安后不久,便下诏宣布禅位,立赵玮为皇太子,改名赵昚。"今老且病,久欲退闲。"这是赵构留给宰执们的一句话。很多人都以为,这是他作为天下至尊,留给大家的最后一句话,可事实上,退处德寿宫的赵构,又活了二十五年,并且利用赵昚的孝心,继续对南宋的政治方向,施加着不可忽视的影响。

六月里,赵构在禅位典礼上说道:"朕在位失德甚多,更赖卿等掩覆。"这句话,不能被视为一句谦逊之词,而应该是一句大实话。

宋朝皇位,就这样回到了太祖一系。赵昚继位第二个月,就做了一件振奋人心的大事。因为不想让太上皇难堪,赵昚没有明确地指出他的错处,但雷厉风行地平反了岳飞冤案,驱逐了秦桧党人(秦桧本人在绍兴二十五年寿终),起用了张浚等主战派官员,联络上了北方的抗金义军。

这个时候,张浚已经被流放在外接近二十年了。在这些年里,但有恢复之志的百姓,都十分怀念他。据说,金人每每遣使过来,都会关心张浚有没有被起复的问题。对此,秦桧自然能给出一个满意的回答:没有。

倒也是,秦桧最讨厌张浚,还将他骂作"国贼"——和他不对付便是"贼"吧——他怎么可能让张浚回到朝中,对他吹胡子瞪眼睛呢?在他死后,赵构也不可能再用张浚,来给自己添堵。于是,汤思退等秦派人物,便受到了重用。

完颜亮南侵之时,赵构的脸上很不好看,象征性地起用了张浚,让他出判建康府,但不予其实权,以免他破坏自己的议和计划。

现在好了,赵昚以迅雷不及掩耳之势,将威名素著的张浚召回朝中,于张浚而言是"莫等闲、白了少年头,空悲切";于国家而言,则是"待从头、收拾旧山河,朝天阙!"

赵昚让张浚担任江淮宣抚使后,听取了他的意见,一方面亲赴建康安抚民心,一方面命令军士陈兵两淮,往山东进发,以达到声援西线川陕军队的效果。此外,赵昚也重用了一大批抗金之才,在采石之战中崭露头角的虞允文自不消说,陈俊卿、汪应辰、王十朋等人,都成了新皇帝的心腹之臣。

短短数月之内,恢复中原的呼声日渐高涨,振作图变的气息也蔚然成风,主战派的力量随即壮大了起来。

赵昚继位第二年,改元为"隆兴"。隆者,尊崇;兴者,旺盛。这个由"建隆"和"绍兴"两个年号,各取一字合并而来的年号里,蕴含着赵昚对宋太祖赵匡胤和太上皇赵构的崇拜和尊敬,也暗示着他青出于蓝而胜于蓝的魄力与决心!

第四节 "隆兴和议"与"乾淳之治"

德寿宫中,偶尔也会传来反对的声音。

在中国的文化意识形态里,父死子继的不能只是身份地位,还包括长辈的思想观念。《论语》中就说道:"父在,观其志;父没,观其行;三年无改于父之道,可谓孝矣。"如今赵构还活得好好的,他儿子就敢改变让他沾沾自喜的议和国策,怎么能不让他大为光火呢?

所以赵构忍不住对赵昚说,张浚那个人虚有其表,必定是个误国之人,要想改变国策,先等老子死了再改不迟。这显然是一句气话了。

不过对于恢复中原一事,赵昚已是志在必得,故此便对朝臣说道:"朕倚魏公如长城,不容浮言摇夺!"这句话,无疑也是说给太上皇听的。

在此,我们姑且不论"父在"还是"父没"这个命题,关键看什么是"父之道"。赵昚死后,一个"孝"字将其一生予以定义,从他时常陪伴太上皇、太上皇后等诸多做法看来,他是当得起这个评价的。

其实,这句话里所说的道,指的只是长辈思想观念里的"合理内容"。换句话说,如果这些思想观念本来就有问题,而后人却明知故承,不尽快去修正那些错误,这恐怕才是真正的大不孝。

这不是说,南宋初期不该让百姓休养生息,发展生产;而是说,趁着这一代的军民尚知靖康之耻,赶紧收复山河,才是更紧要的事情。大量的军费支出,固然会影响经济的发展,但一个家财万贯却孱弱可欺的人,只会馋了对手的眼,肥了敌人的心。

打仗这种事本来就特别看重时机。您看,两三代之后,南宋的军民还有恢复之志吗?诗里说,"暖风熏得游人醉,直把杭州作汴州";词里也说,"可堪回首,佛狸祠下,一片神鸦社鼓"。到了那个时候,再来组织有效的抗金之战,晚矣!

隆兴元年(1163年)正月,赵昚任命张浚为枢密使,都督江淮军马,也就是说,此时的张浚掌握了抗金前线的军事指挥权。与此同时,史浩升为右相,陈康伯续为左相。这就是说,赵昚最为倚重的大臣,两个是主战派人物,一个是他的老师。按说,他们三个人的观点应该趋于一致,但实际上,史浩在赵昚继位之初,之所以赞附他的很多意见,其主要目的,只是为了维持南宋偏安江南的现状。

因为金人狮子大开口,要求南宋割让海、泗、唐、邓、商五州未

果,便在虹县、灵璧摆出进攻姿态,以张声势。对此,张浚力主先发制人,立即进行北伐。

什么?立即北伐?右相史浩第一个不同意,主和派们也都不乐意。

史浩认为,客观上,北伐是劳民伤财之举,主观上,南宋军士没那个能耐。与其行冒险之举,不如退守长江以南,来个以静制动,坐观其变。"公说公有理,婆说婆有理",那好,辩论吧。五天,连着五天的辩论,谁也说服不了对方。

不过,锐意求变的赵昚,心里还是悬着一杆秤。

四月间,孝宗绕过三省、枢密院,直接命令李显忠、邵宏渊等人出兵北伐。之所以不走程序,是因为不想再为主和派所扰。

起初,宋军气势如虎,很是给力,仅仅用了一个月的时间,就收复了灵璧、虹县和宿州等地。抗金形势一片大好,赵昚不禁喜上眉梢,又任命李显忠做淮南京东河北招讨使、邵宏渊为副手。

金军不甘战败,左副元帅纥石烈志宁败而不馁,再度领兵来袭。在这千钧一发之际,邵宏渊因为不满李显忠,故此不仅按兵不动,还做出一些动摇军心的事情来。李显忠孤军奋战,独木难支,不得不选择撤离宿州。

金军派来的都是精锐部队,而宋军主将不和之事,必然导致军心涣散。末了,宋军节节败退,在撤兵符离时,遭到了金兵的围追堵截,损失极为惨重。

消息传到京中时,赵昚脸都绿了。本来盼着以隆兴北伐之事,来个开门红,没想到,理想那么丰满,现实却又这么骨感。

隆兴二年(1164年),金世宗完颜雍再次发兵南下,攻陷楚州、濠州,滁州等地,做出渡江南下的样子。唉,打不过,可以不认怂——骨气问题,但一定要认输——现实问题。

为了争取生存之机,赵昚只能暂时妥协,与金朝签订新的和议。

这份协议史称"隆兴和议"。依照和议,宋人要将"岁贡"改称为"岁币",并将"绍兴和议"中的银、绢数量,降为二十万两、匹;除唐(今河南唐河)、邓(今河南邓州东)、海(今江苏连云港)、泗(今江苏盱眙北)四州以外,商(今陕西商县)、秦(今甘肃天水)二州也要交割给金朝。

对于赵昚来说,他已经在不利的情况下,争取到了最不失尊严的一条:宋朝皇帝对金朝皇帝不再称臣,而只是称侄。无论输什么,都不能输了骨气,这就是赵昚的想法。

隆兴和议之后,宋、金之间,大体上维持了四十多年的和平。

在这期间,从好的方面来说,便是赵昚事必躬亲,不断地加强集权,整顿吏治,轻徭薄赋,发行会子纸币(之前的交子只用于四川),兴修水利。在君臣的努力之下,南宋社会经济发展迅猛,人民安居乐业,出现了升平和乐的景象。隆兴这个年号只用了两年,史上将赵昚在乾道、淳熙年间的统治,美称为"乾淳之治"。"政善于内,则兵强于外也",政治的清平,对于军事能力的提升,肯定是有帮助的。

可是,如果从坏的方面来看,因为采取平稳收缩的国策,朝臣们大多沉醉在了歌儿舞女的温柔乡里。因为与皇帝有距离,百姓们未必能受到勤政节俭的皇帝的感召,能被他们"上行下效"的,也只是那些醉生梦死的朝臣们。

回说到隆兴北伐后,张浚在隆兴二年(1164年)四月间,被罢去了江淮都督一职。耳里,是太上皇的不满之辞;眼中,是汤思退等人的降金乞和之举,张浚失望已极,随即请求致仕归家。四个月后,张浚郁郁而终,葬于宁乡,赵昚追赠他为太保,后加赠太师。

很多人将战争的失败,归结为主将不和一事,仔细想来,这个认识还是有偏颇的。可以说,即便没有这档子事,宋军也很难取得最后的胜利。

我们不妨以运动赛场来进行比喻。在比赛中,宋军就像是一个个短跑高手,他们的确具有一股子闯劲,因此可以做好短期的冲刺突击,但遗憾的是,这样的选手,却不具备长跑运动员那样的充足耐力。

原因在哪呢?这时候,史浩之前的意见,就显出一些道理来了。由于战事仓促,准备不够充分,一贯懒散怠战的宋军,不可能在短期内拥有持续作战的耐力。

千百年来,一直有人说:"高宗朝有恢复之臣,无恢复之君;孝宗朝有恢复之君,而无恢复之臣。"这话说到点子上了。孝宗一朝可用之臣有哪些呢?张浚、李显忠、邵宏渊、虞允文。仅从数量上,已远远输于高宗朝的宿将们;而从质量上来看,张浚的名望显然高于他的实际能力,邵宏渊这个人又私心太重。

在这种情形下,赵昚还要和朝堂上的主和派交锋,和德寿宫里的太上皇维持微妙的平衡,难免有些心累。

更要命的是,赵昚虽有乾淳之治,但金朝也有英明武断的小尧舜。两人你看着我,我看着你,虽然都不会被对方的目光杀死,但也都没办法再有进一步的行动。如果说,赵昚遇上的对手是一个庸主,那么,在他的统治后期,也许能凭借充足的物质、军事实力,再搏一次的。

赵昚与赵构不同,签订和议并不意味着他就是个软骨头,因为他曾积极进取过。温斯顿·丘吉尔就说过:"成功不是终点,失败也不是终结,只有勇气才是永恒。"

既然有了鲲鹏之志,赵昚打心眼里不愿放弃北伐。为了再度北伐雪耻,多年以来,赵昚都在整军兴武这方面投入了大量的精力。

赵昚也认识到将士素质的问题,于是,在接下来的几年中,他一共举行了三次大规模的阅兵。"千军易得,一将难求",赵昚自己开始学习骑射,锻炼体格,又要求各地官员举荐出色的军事人才。

为了培养他们的综合素质,通过武举考试的军事人才,还须在军中熟悉军政长达七年之久。在此期间,赵昚随时都有可能来考察他们的业绩。枢密院中大小将领的花名册,被他翻查过很多次。

在兵源方面,考虑到养兵费用太大,赵昚开始着手改革军事制度。一方面,他在内地和边防都广泛征兵;另一方面,他又在国境内推行义兵制。"籍民家三丁取一,以为义兵,授之弓弩,教以战阵,农隙之时,聚而教之。"根据史料看,义兵制吸收了府兵制的部分优点,以农为兵的做法,使得百姓们农桑教阅两不耽误。

这样的军事制度,既提升了兵将素质,又减轻了国家的财政负担,实在是一箭双雕的两全之策。

南宋人民多少也都明白,他们这个打了鸡血的皇帝,做了这么多的准备,应该不会只为防守之用。乾道五年(1169年),张浚获赐谥号"忠献",这是赵昚在北伐之前,有意做出的一个安排。

八月间,赵昚诏令虞允文入朝,擢其为右丞相兼枢密使,掌握军政大权。虞允文感恩戴德,提出了修订隆兴和议中部分侮辱性条款的建议。比如说,金朝应归还祖辈们的陵寝之地,宋帝不应再站着接受金朝国书的礼仪。

赵昚深以为然,次年闰五月便派了范成大出使金朝。这次遣使,其实也是一种试探——试探对方对于战和一事的态度。不过,这结果令赵昚大为失望,完颜雍的态度十分强硬,金臣们也都词锋咄咄,纷纷谴责南宋擅自破坏和议。

范成大无功而返,北伐一事,也暂时搁置了下来。

【小贴士】

【赵昚小档案】

生卒年:建炎元年(1127年)—绍熙五年(1194年)

登基时间:绍兴三十二年(1162年)

年号:隆兴、乾道、淳熙

谥号:哲文神武成孝皇帝

庙号:孝宗

陵寝:永阜陵

父母:宋高宗赵构(养父)、秀安僖王赵子偁(生父)、张氏

配偶:成穆皇后郭氏、成恭皇后夏氏、成肃皇后谢氏

子女:宋光宗赵惇等四子二女

关键词:入继大统、平反冤案、隆兴北伐、乾淳之治

名言:岂有未至者乎?则求三两事反复思虑,唯恐有失

第九章

内患：
祖宗神灵飞上天，
可怜九庙成焦土

第二年,新修的太庙重现人间。再一年,史弥远病死,享年六十九岁。要说啊,这文人埋汰起人来都是狠角色,礼官们将他追封为卫王,谥为"忠献"。这个词儿,听着似乎很不错,但恰与臭名昭著的秦桧一样,您说这是在夸他,还是在损他咒他呢?

第一节 不作不死的李皇后

脱脱在《元史》中说:"宋之庙号,若仁宗之为'仁',孝宗之为'孝',其无愧焉,其无愧焉!"话虽如此说,但认真分析起来,赵昚的这种孝顺,其实也是他逃避现实的借口。

淳熙十四年(1187年)十月,八十一岁的赵构驾崩于德寿宫,谥号圣神武文宪孝皇帝,庙号高宗。惊闻太上皇的死讯,赵昚悲痛万分,茶饭不进,旋即表示要服丧三年,以尽孝道。

皇帝乃一国之主,一般来说,不必像寻常人那样守够三年(虚岁居多)。何况,就连孔子的学生宰予,都认为服丧一年足矣。故此,"以日代月"的做法,便成了皇帝守丧心照不宣的原则。可赵昚却执意如此,并以此为由让太子赵惇参与政事。

赵昚一共有四个儿子,赵惇是其第三子。按照宗法制度,储君之位本来是轮不到赵惇的,但因为庄文太子不幸早夭,赵昚又更为偏宠赵惇,加上虞允文的推波助澜,赵昚终在乾道七年(1171年),将赵惇立为太子。

让赵惇没想到的是,他这个太子一当就是十来年。看看镜子里已见老态的自己,四十来岁的赵惇,心里有些着急了。某一天,他向他父皇试探说,他都已经开始长白胡子了,有人恰好给他送了染胡须的药,但他不敢拿出来用。

身体发肤受之父母,随意改变它,当然不太好。很显然,赵惇的潜台词自然是——我已经老了,父皇您咋还不传位给我呢?在他看来,他的皇爷爷能让位,他的父皇也完全可以"见贤思齐"。

赵昚也听出了这意思,只笑说,有白胡须才能表现他稳重老成嘛!

这话听起来是在敷衍自己的孩子,但赵昚的内心渐渐动摇了。其后,吴太后也帮儿子暗示过赵昚,话说得多了,赵昚也就慢慢放下了栽培太子的良苦用心。

多年来,他筹谋着北伐之事,事必躬亲,劳心劳力,如今国泰民安,放手让接班人治理天下,也不算是一件坏事。事实上,皇帝当得太久了,不仅会讨储君的厌,还有可能会因为老糊涂,犯下很多年轻时不会犯的错,比如梁武帝和唐玄宗,这又何苦来哉?

太子的企盼是其一,不想晚节不保、多年夙愿落空的失落感,则是赵昚对政事心生倦怠之意的另外两个原因。在做好裁汰冗官等准备工作之后,赵昚便以守孝为名,内禅于赵惇。时在淳熙十六年(1189年)二月。

清朝贵族爱新觉罗·昭梿曾在《啸亭杂录》中评论道:"自汉文帝短丧后,历代帝王皆蹈其陋,惟晋武帝、魏孝文、唐德宗、宋孝宗四君绝意行之。然武帝终惑杜预之议,孝文妄尊篡逆之妇,唐德宗空骛虚名,宋孝宗感慕私恩,皆未得其正,故后世亦无述者。"

以他之见,宋孝宗赵昚因"感慕私恩"而守孝三年,是对于社稷江山的不负责任,这种以放弃天下大义为代价的孝道,是狭隘自私的。

他的说法,是很有道理的。不想当皇帝的原因可以有很多,但是以一个"孝"字来当挡箭牌,就有些令人失望了。偏偏大多数的古人,还很吃这一套,不曾思索赵昚禅位的深层原因。

然而,赵昚英明一世,却又糊涂一时,他的让贤之计,没有为他换来一个像自己这样孝顺的孩子。无人孝顺的日子,举目四顾,也只有一座不大不小的冷清寝殿——重华殿。

有件事可以充分地说明,啥叫"落毛的凤凰不如鸡"。

赵惇受禅之后,次年改元"绍熙"。绍熙初年时,赵惇时常带着后宫佳丽们,一起游赏于聚景园中。这个聚景园,乃是南宋的皇家园林,位于西湖边清波门外,此园不仅占地面积大,而且有遍地的垂柳和漫天的莺声,后有"柳浪闻莺"的美誉。

周密在《武林旧事》中记载道,太上皇赵构在乾道年间,时常来聚景园赏赏花,喝喝茶,看看戏,游游湖。看这小日子舒坦的,还真是在颐养天年了。再加上,他还能不时干预一把朝政,客串一下皇帝角色,您说他的生活美不美!

不仅如此,赵昚唯恐太上皇他老人家心情寂寞,只要自己一出游,都希望能与老父亲同行。什么四圣观啦,玉津园啦,聚景园啦,东园啦……都留下了太上皇、太上皇后和宋孝宗携游的足迹。

如今,赵惇连样子都不做,难免惹来朝臣们的种种非议。于是乎,总有一些建议皇帝恪守孝道的奏章,递到赵惇的御案之上。每每看到这种奏章,赵惇都极为气恼,不仅不接受意见,反而变本加厉地冷待太上皇,最后索性连重华殿都不去了。

皇上对他的生身父亲都没什么好态度,惯于拜高踩低的宦官们,又怎么可能善待太上皇呢?据说有一次,孝宗在游赏东园之时,满心期待他那个不孝子,会按制前来侍奉,可没承想,直到家宴之时,也见不到赵惇的影子。

宦官们见此情状,故意在园中做出一出好戏——抓不住放出来的鸡,肆意笑闹道:"现今捉鸡不着!"当时,临安人管乞讨酒食的人为"捉鸡"。真是"活久见"啊,一群宦官们竟然也敢拿太上皇打趣。很难想象,这样的事竟然发生在南宋的后宫之中。

赵昚寄人篱下本来就够凄惨了,如今还被下人如此羞辱,心里自然很是窝火,但他又能怎样呢?当初要禅位,要主动抖落凤毛的人,是他自己啊!借用时下小年轻的一句话,"今天流的泪,都是当年脑子进的水"。

绍熙五年（1194年），赵昚病逝于重华殿中，赵惇以生病为由，拒绝为亡父主持丧礼。群臣百般无奈之下，只能奏请赵昚昔日的皇后，如今的太皇太后吴氏为之代劳。

可怜，生性良善、秉持孝道，为南宋带来繁荣气象的中兴之主，就这样冷冷清清地死去了，他死的时候，他最亲爱的儿子，不肯为他送终。

要说赵惇这个人，起初也不是一个无情无义的人，他们父子之间的关系，为何会恶化到这个地步呢？这里头，有个非常关键的人物，这便是赵惇的皇后——美貌动人却又泼辣善妒的李凤娘。

李凤娘，本是庆远军节度使李道的次女。当年，术士皇甫坦在为她相面之时，坚决不肯接受她的拜礼，说她生着国母的面相，他可不想折了寿命。因为皇甫坦对赵构吹嘘了好大一通，赵构心里舒服得不得了，很快将之聘为恭王妃。

但不久之后，这个小肚鸡肠，又喜好搬弄是非的女人，便让她的皇祖父和父皇失望了。赵昚觉得她的做法实在有些辣眼睛，曾经不止一次地警告她要修德润身，否则总有一天，会废了她的妃位。

赵昚嘴上虽然这么说，但其实是个"刀子嘴豆腐心"的人，他也不想皇室之中搞出休妃的闹剧。故而，到了赵惇当上太子，李凤娘又诞下了赵扩之后，她的地位已经很难有人再能撼动了。

赵惇登位之时，已经四十三岁了。他体弱多病，病情时好时坏，需要有人从旁协理政务，所以李凤娘得到了干预朝政的机会。从绍熙三年（1192年）开始，朝政大权几乎都落在了李凤娘的手中。

历史上，女人干政也不见得不好，所谓的"牝鸡司晨"实则是对女性的不公蔑视，权作一哂。如果李凤娘具备刘娥那样的能力，倒是能帮衬皇帝。只可惜,她感兴趣的,不是权力本身,而是权力为她和她的娘家带来的好处。

朝廷大政,国计民生,那是什么?高兴的时候,管管;不高兴的时候,边儿去!

短短两三年间,李凤娘将娘家三代人,都册封为王,她的亲朋好友包括李家门客们,也充分体会到了啥叫"一人得道,鸡犬升天"。这个混账儿媳妇,竟然对外戚滥加恩荫,太上皇赵昚始料未及,想起他当年严格遵守外戚不预政的"家法",更对未废她的妃位悔恨难当。

恩荫过滥也就罢了,李凤娘甚至还明目张胆地僭越规制,把家庙搞得比太庙还像太庙。当今皇后的吃相如此难看,朝中又哪来的清明政治呢?就此,前朝的清平局面,已经一去不复返了。

就像今天的大老爷们纵容媳妇败家一般,这样的事情,赵惇也只笑笑而已。但有些事,却让他一边流泪一边后悔,却又一边手足无措。

先前就说过,李凤娘是个泼辣善妒的女人。赵惇要是夸赞了宫女的柔荑,当日就能收到盛放着美女双手的食盒;赵惇要是宠爱某贵妃,不久后她就能死得不明不白。

说到历史上的妒后,贾南风敢认第二,便没人敢说第一,毕竟,敢于直接剖刺龙胎的皇后,实在难得一见。王夫之对赵惇的评价十分之低,他曾说:"夫光宗之视晋惠,差辨菽麦耳;其于唐高,犹在层累之下也。"这意思便是,赵惇比起贾南风的傻子老公(经典名言"何不食肉糜")来说,也只强在分得清五谷而已。

生性懦弱的赵惇畏妻如虎,敢怒而不敢言,在遭受双重精神压力的情况下,渐渐神思恍惚,成了一个间歇性神经病患者。

这里,我们说到了一个双重压力,除了变态皇后的压力以外,

赵惇感受到的另外一股压力,来自太上皇赵昚。

原来,赵昚之所以选择赵惇来做储副,是因为相比二子魏王赵恺而言,他要显得"英武类己"一些。饶是如此,生性敏感的赵惇,总觉得父皇迟迟不肯让位于他,可能还有别的用意在里面。

那么赵昚有没有别的用意呢?除了赵惇和李凤娘以外,别人都没这么觉得。否则,赵昚那么看重赵恺的儿子赵抦,为何不能爱屋及乌地将皇位传给赵恺呢?如果没有什么特别的原因,先把皇位传给老三,再把皇位传给老二的儿子,这是吃得有多撑?

所以说,赵昚一直都想传位给赵惇,想传位给深自砥砺后的赵惇。可惜的是,赵惇没能领会这层意思,赵昚在后来也确实看上了赵抦,而忽视了赵惇的感受,所以才导致了儿子和儿媳妇的强烈不满。

说回到李凤娘身上,她之所以憎恶太上皇赵昚,除了因为当年的警语,还因为她唯一的儿子赵扩资质平庸,讨不到赵昚的欢心。因此,依着她的性子,怎么可能不去挑拨太上皇和皇帝的关系呢?

人说,"有孝顺媳妇,才会有一个孝顺儿子",这真是一句大实话了!

第二节 如今正如客人卖伞,不油里面

淳熙末年时,赵昚曾经对宰执大臣提起内禅之事,知枢密院事黄洽的看法与众不同,特意禀道:"太子可负大任,但李氏不足以母仪天下。"黄洽看出赵昚不肯采纳他的意见,退朝之后,即请求辞职归乡,免遭报复。

那时候的赵昚,正处在当局者迷的状态,他一直说服自己李凤娘只不过是刁蛮任性了些,想必将来一旦受到皇帝和家法的管制,

就会收敛许多,绝不可能做出把持皇帝、祸乱朝纲的事情来,但事实却为旁观者黄洽所不幸言中。

因为李凤娘后来傲慢无礼,太上皇赵昚也找过史浩商议废后之事,但史浩认为此举不利于稳定政局。为了坐稳后位,李凤娘不断刺激赵惇,又假称太上皇要谋害他,闹得赵惇紧张不安,甚至可笑地怀疑父皇并没有死。他是想用假死的办法,把他骗去杀了。

这也是赵惇无论如何都不愿主持丧礼的原因。其后,他虽确认人是真的死了,却仍担心有人会暗算他,因此总是佩剑带弓地住在深宫之中,看着都令人发噱。

这边厢,是赵惇日防夜防心弦紧绷;那边厢,却是自己的皇位,被宣布过期作废了。

是的,皇帝虽为天下之至尊,但皇帝的妈还真的能把他拉下马来,只要她有决心这么做。历史上,由太后废黜皇帝的事件,并不少见。赵惇不是第一个,也不是最后一个。

至于太后(也就是赵扩继位后的太皇太后),为何要听从赵汝愚、韩侂胄等人的建议,强行让赵惇提前下课呢?简言之,便是皇后不作不死,而他是不死不作——到死也不会有啥作为。

自古以来,以孝为大,赵惇夫妇一个疯一个泼,哪有施行德政,为天下表率的样子?让他们早些丧失权位,绝对不是一件坏事。

被推上皇位的,是那个虽然不讨他爷爷欢心,但符合继承法的嘉王赵扩。宋宁宗赵扩在位长达三十年之久,在南宋诸帝之中仅次于高宗、理宗二帝。如果他是一个行政能力很强的皇帝,那么他完全有可能消除前朝负面影响,将南宋社会发展推向新的高度,然而遗憾的是,他不是这样的人。

在一次内廷宴会之上,曾经演过一出具有讽喻意味的戏。"顾客"故意刁难"卖伞者",便说:"如今正(政)如客人卖伞,不油(由)

里面。"

相信稍有智慧的人,都不难听出其弦外之音——政事不由内(宁宗)做主。可南宋的这位官家,却一脸懵然不晓其意。以赵扩的智力水平,御下的能力也就可想而知了。

只是,相对前任而言,赵扩的心智还是正常的,而且多年以来,他也确实办了不少事,我们不能因为他的缺点而否定他的努力。

乾道四年(1168年)十月十九日,赵扩出生于恭王府邸,次年五月赐名为"扩"。

淳熙十六年(1189年)三月间,赵扩晋封为嘉王。到了绍熙五年(1194年)初,赵扩如愿以偿地当上了太子。兄长赵梃早夭,委实是福薄了。

赵扩本来以为,他也会像他父皇那样,等到长白胡子了,才能即位登基,却哪里想到,幸福来得太突然。绍熙五年六月间,赵惇的不孝言行,令赵汝愚、赵彦逾、叶适、徐谊等朝臣忧心忡忡,他们与外戚韩侂胄(韩琦之孙、太皇太后的外甥)取得联系,联合太皇太后发动了宫变,逼迫赵惇内禅让贤。

当然了,不管实际情况如何,对外界说出的理由还得冠冕堂皇才是。于是,为天下百姓所知的版本很快便定型了。

今上体弱,没办法主持丧礼。大臣奏请孝顺能干的嘉王即位,以定人心。对此,今上批示道:"历事岁久,念欲退闲。"在举行祭礼之时,太皇太后望着一众朝臣,也宣读道:"皇帝心疾,未能执丧,曾有御笔,欲自退闲,皇子嘉王扩可即帝位。"

在这样的说法里,真实的情况又有几多呢?只有他们自己才知道。

在赵汝愚和太皇太后的坚持下,百般推拒的赵扩终于乖乖地坐上了皇位,接受了文武百官跪拜。不过,因为赵惇心里极其不爽，长期拒绝与接班人说话，又死赖在皇宫之中不走，因此病情一再加重。

到了这个时候，李凤娘反而生出了同病相怜之心，对他温言细语不说，还叮嘱内侍、宫女，不要用"太上皇""内禅"这样的字眼来刺激他。

所谓是"善恶到头终有报"，李凤娘的晚年生活，虽在青灯木鱼之中度过，但一直受到宫人们的冷待。庆元六年（1200年），李凤娘和赵惇先后染病离世。李凤娘无人照料，先走一步。管理钥匙的人完全不配合，宫人们取不到礼服，便用席子包裹住尸体，准备返回。因为路上受到别人的捉弄，她们竟将尸体直接扔在了七月骄阳之下，过了好一阵子才去取回。

怎么说呢？"可怜之人，必有可恨之处"，如是而已。

赵扩登位之后，对于拥他为帝的赵汝愚和韩侂胄委以重任。赵汝愚做了宰相，韩侂胄则为枢密院都承旨。与此同时，韩夫人（韩侂胄的族人）一跃而为皇后，因为两重亲故，韩侂胄才是赵扩跟前的第一红人。

赵汝愚和韩侂胄，一个是皇族宗室，一个是外戚宠臣，他们之间身份各异、政见不同，时间一长，难免产生摩擦。

起初，韩侂胄起用京镗、何澹、刘三傑、刘德秀等人，一心排挤赵汝愚。理学家朱熹憎恶他们的嘴脸，便与吏部侍郎彭龟年一起弹劾韩侂胄，结果却得到了罢官去职的不公待遇。

伴随而来的，是庆元元年（1195年）赵汝愚被罢相流放、赵党被清理，和一场严酷的"庆元党禁"。在这场党禁风暴中，被禁止的，正是朱熹所倡导的理学。在韩侂胄的教唆下，赵扩把理学列为伪学，罢斥朱熹等理学家，不允许他们担任官职，参加科举。爱国诗人陆游，便曾写诗谴责过韩侂胄此举。

从这件事情上看来,赵扩对韩侂胄的信任程度很深,几乎到了言听计从的地步。

除了"庆元党禁"一事,韩侂胄还力主北伐,以期为自己赢得更高的声望。赵扩接受他的建议,也因为自己确实觉得憋屈,觉得应该通过北伐,为南宋挣回一些脸面。

嘉泰四年(1204年)四月,赵扩先贬秦桧,再追封岳飞为鄂王。做足铺垫之后,赵扩取宋太祖"开宝"年号和宋真宗"天禧"的头尾两字,改元为"开禧",其恢复之心溢于言表,令有志于北伐的军民们,精神为之一振。因开禧北伐之故,韩侂胄起用了主战派辛弃疾等人,此中详情容后再表。

开禧二年(1206年),赵扩削去了秦桧的申王爵位,将"忠献"的美谥,改谥为"谬丑",并痛打落水狗,追其误国大罪。此次平反事件,比起赵昚当年,更为彻底有力,颇能鼓振士气,凝聚人心。

五月里,宋军不宣而战,收复了一些地方,但因为金朝早有准备,及时进行了反击,所以想要获得更辉煌的战果,绝非易事。更要命的是,韩侂胄志大才疏,所用之人并不靠谱,前后出现了中路军统帅皇甫斌兵败唐州、溱水,以及两淮统帅邓友龙连连溃退之事。

韩侂胄的处理办法也很粗暴,撤职,即刻撤职。

不久后,金军兵分三路,分别布置了东、中、西三个战场。大好的攻势已经丧失,宋军只能以防守之势来勉强应对。其后,金军攻陷了真州、扬州,也占领了川陕之地的和尚原和大散关。

为今之计,只能靠陕西河东招讨使吴曦了。然而,始料未及的是,吴曦早已与金人暗通款曲,就差叛变称王了。在这段时间内,陆游多次写诗激励催促,没有得到任何理睬。

抗金形势越来越坏。吴曦终于叛变投敌,东线丘崈也倡导和议,毫无战意。到了第二年,宋军全面战败,举国上下哀声一片。

在此之前,平章军国重事韩侂胄,曾将二十万贯家财充作军费,以显作战之决心。客观说来,他的确是一个权欲膨胀,且才能撑不起野心的外戚,但他北伐的坚定信念,还是得到了一些正面评价。

也正是这个原因,赵扩不忍降罪于他,对于金人索要主谋人头一事,也连连摇头说不。可是,如果不要韩侂胄的命,和议一事根本无法进行。

此时此刻,赵扩的后宫和前朝,便跳出了两个关键人物。前者,是现任皇后杨桂枝;后者,则是礼部侍郎史弥远。他们两人,都是主和派的代表人物。

表面上,他们想杀韩侂胄,是为了天下苍生;实际上,他们都有自己的一点私心。

因为聪慧美貌,杨桂枝从婕妤升至贵妃,一路都走得特别顺利,但没想到,韩侂胄会阻止她登上后位。就在杨桂枝成为贵妃之后,韩皇后不幸病亡。韩侂胄建议赵扩将柔顺贞静的曹美人册立为后,当然是挡了她的道。此仇不报,非君子,也非女子。

至于尚书右仆射史浩第三子史弥远,他与韩侂胄没有大的恩怨,但也没有什么过硬的交情。以落井下石之法,来获取政治资本之事,是旧时官场的常态。用他人之人头,来换一己之富贵,有毛病吗?史弥远说,真的没毛病。

杨皇后和史弥远、参知政事钱象祖等人密谋之后,一拍即合,暗中命令夏震在玉津园槌杀了韩侂胄。赵扩听到风声,想要救他性命之时,已然不及。

赵扩含着眼泪,任由朝臣将韩侂胄及其亲信苏师旦的人头,送到了金朝,以望讨好金人,赢得稍微好一些的谈判条件。让他意外的是,金人因为感佩于韩侂胄的气节,不仅封他为"忠缪侯",还将他的头颅葬在了韩琦的墓地之侧。

南宋罗大经在《鹤林玉露》中,为韩侂胄在宋朝的不幸遭遇,很是鸣了一番不平。同时代的周密在《齐东野语》中,也写道:"自古和戎有大权,未闻函首可安边。生灵肝脑空涂地,祖父冤仇共戴天。晁错已诛终叛汉,于期未遣尚存燕。庙堂自谓万全策,却恐防边未必然。"

不平之语固然不少,但韩侂胄还是因为"庆元党禁"(后来理学成为显学)和排斥异己一事,被《宋史》列入了《奸臣传》中,这样的安排显然有失公允。

第三节 史弥远有个牵线木偶

韩侂胄惨死之后,赵扩叹息复叹息,对大臣道:"恢复岂非美事,但不量力尔。"

这句话,是切中肯綮的一句话,尽管说这话的人,只是事后诸葛亮。正如辛弃疾所以为的那样,北伐本是一件大好事,但是如果急于事功,仓促北伐,就有可能会遭到重创,重蹈"元嘉草草"的覆辙。

在准备不充分的情况下,轻启兵端,发动战争,这就是赵扩所说的"但不量力尔"。

嘉定元年(1208年),南宋签订了比"隆兴和议"更为屈辱的"嘉定和议"。和议里改动的条款,在于增加岁币为银帛各三十万,和两朝皇帝由侄叔改为侄伯的关系这两条。此外,南宋还须赔偿所谓的犒军费三百万贯。

赵扩在位期间,最值得一说的还有他在台谏制度、"嘉定更化"、通好蒙古等方面的政事。

"台谏者,公论自出,心尝畏之。"这是赵扩对台谏制度的看法。有宋以来,多数皇帝都比较重视台谏。不过,我们要清楚的一点是,在重视台谏制度之前,皇帝还需要有识人之明,将话语权交付给正直的士大夫。在这一点上,宋孝宗赵昚就做得很好。他任用的台谏官,几乎都是经由他亲自选拔的,他们与宰执集团没有什么天然的联系,自然也很难出现私相授受,互相包庇的事情。

但是,赵扩并不具备赵昚这种能力,因此由官员荐举来的台谏之臣,多为他们的党羽。这下子可好了,台谏官们对异己人物大加攻讦,闹得朝野之内乌烟瘴气,御座上的皇帝怎么可能听得到公允的言论呢?谁都知道,广开言路是好事,闭目塞听没好处,但是什么都听什么都不判断,难道就好?不落得个为人操控的田地,都不太可能。所以说,台谏虽好,可不要贪听哦!

此外,赵扩虽然得到过很好的教育,自己也较为勤奋向学,奈何天分有限,无法将他消化不多的知识,灵活运用到理政之上,因此,让他批复奏疏着实有些为难,这就为居心叵测之人,提供了代批御笔的机会。同时,赵扩在临朝听政之时,能做到十年如一日地聆听各种意见,始终面有和色,但臣子们却很少听到他自己的意见。说得好听点,这叫谦虚待下;说得难听点,这便是脑子不够用,耳朵前来凑。

再说"嘉定更化"。

带着革除弊政的目的,赵扩将修正韩侂胄掌权时期的政令,摆在了第一位置。清洗包括邓友龙在内的韩党,成了首要大事。陆游曾经支持过北伐,也被视为韩党,削去了职名。至于赵汝愚和朱熹这两位已经作古的前辈,则尽力予以补偿平反,特别是朱熹,还得到了文臣最高荣誉的一字谥"文"。

在重新起用的人才之中，很多人都是不够资格的，因此当人们认清这位庸主的面目之后，大多失望地叹息道："有更化之名，无更化之实。"

末了，咱们来说说通好蒙古这件事。

应该说，这件事本非赵扩的初衷。当时蒙古崛起，严重妨害了金朝的安危，于是，他们决定迁都汴京。赵扩听从廷议，在嘉定十年（1217年），金兵伐宋之际选择了迎战抵抗。这一次，交战的线路东起山东，西至秦陇，拉得很长。不但如此，因为两国之间互有胜负，战事竟然迁延六年之久。

嘉定十四年（1221年），蒙古军进击汴京，顺便扇了北伐宋军一耳光，赵扩只好暂时与蒙古通好。正是应了"敌人的敌人就是朋友"这个理，因为新登基的金哀宗完颜守绪，被蒙人蜇得满头是包，所以他觉得宋人可以和他做朋友，三年后，他放下了身段，主动派人与宋通好。

时光无情，暗中偷换。转眼之间，赵扩已是一位年过半百的老人，在他过去的生活里，最为痛心不已的事情，除了挽救不了韩侂胄的命运，还有孩子一个一个离他而去。

两宋皇帝的生育能力大多不强，宋徽宗是一个例外，他在被俘之前生育了三十二子三十四女，身在五国城时又生了六子八女（真是心宽啊），堪称生儿育女大户了。赵扩虽然比他不得，但还是生了九个儿子，只是没一个能成活下来。此情此景，如何能不让他痛心流泪呢？

倒霉催的事还在后头呢，赵扩精心挑选的宗室子弟赵询，也在嘉定十三年（1220年）撒手而去。他便在次年挑选了赵柄（即赵昚疼爱的那个孙子）的嗣子贵和入宫抚养，并赐名为"竑"。

从血亲关系和基因方面看来，济国公赵竑都是一个不错的选择。他的身体也很健康,没道理挨不到继位那日。然而,意外的情况发生了。

嘉定十七年(1224年)闰八月,赵扩病死于福宁殿,享年五十七岁。赵竑消息不太灵通,等到登基大典之日,才发起牛脾气来,怎么都不肯向新皇帝磕头。当然,反对无效。末了,赵竑被人强按着行了朝拜之礼,又被踢出了宫闱,到了湖州做了一个济王。

那么赵竑为何会与皇位失之交臂呢?新任的皇帝赵昀又是如何上位的呢?

这一切,要从赵竑不知韬光养晦说起。自从韩侂胄去世以来,史弥远便得到了重用,后来担任独相,乾纲独断接近二十年。

赵竑看史弥远十分不顺眼,曾说过待他继位之后,要把这厮发配到琼崖的话。史弥远从眼线那里得知此事,自然不能坐以待毙。他先是离间赵扩和赵竑的关系,再是得到了杨皇后的默许,偷偷去民间找来了赵与莒,继承沂王的王位,以备不时之需。

您看,史弥远的权势,竟然大到了一手遮天的程度。

这还不算,《宋史》中没有记载赵扩的死因,而《东南纪闻》中却有史弥远在其病危之际,进奉金丹百余粒的记载。新皇帝继位之后,史弥远以之为牵线木偶,延续他自己的政治生命,因此,我们有理由怀疑,史弥远谋害了老皇帝。

泰昌元年(1620年),明光宗朱常洛才继位一个月,便因过度宠幸郑贵妃所献的美女们,而身患重疾。鸿胪寺丞李可灼见皇帝状态很差,冒险进献了红丸,没想到其药性正好与之前崔文升所进的大黄相反。这么一折腾,回光返照的"小白鼠"暴毙而亡,而郑贵妃唆使下毒、阴谋夺权的嫌疑,也很难洗掉。

因为身体不好,赵扩晚年时,清心寡欲,开始修炼道术。他既有如此爱好,服食金丹也不在情理之外。

总之，这年八月间，史弥远趁着皇帝病重之际，矫诏立赵贵诚为皇子之事，是史有明载的。赵贵诚改名为赵昀，当即进封成国公。这才有了史弥远联同杨皇后，假传遗诏，册立其为南宋第五位皇帝的后情。

在到他为止的宋朝皇帝中，赵昀是最名不正言不顺的一个。他本是赵德昭的十世孙，算是皇室疏支了，他的生父赵希瓐甚至没有得到任何封爵，其地位相当于一个普通老百姓。

要说人这运气好了，真是挡都挡不住。作为宋宁宗赵扩的远房堂侄，他本来无缘问津皇位的，但偏偏就遇到了史弥远的幕僚余天锡。那时，早早丧父的赵与莒，与弟弟赵与芮依靠着母亲全氏的娘家生活，日子过得很是拮据。没承想，余天锡在绍兴躲雨之时，遇到了全氏的哥哥。举止得体、应对从容的赵与莒，引起了余天锡的注意，也赢得了史弥远的青睐。

赵昀是个识时务的人，他知道自己和史弥远比起来，有着胳膊和大腿的区别，所以根本就不想跟史弥远较劲，在那人老死之前，他一直都对其独揽大权的做法听之任之。为了表示谢意，赵昀发自真心地尊杨皇后为太后，并请她垂帘听政。

时年六十二岁的太后，这时已经没有多少干政的欲望了，骨子里她还是一个醉心诗词、热爱书法的女子。"思贤梦寐过商宗，右武崇儒汉道隆。总览权纲术治理，群臣臧否疏屏风。"在她的诗歌里面，蕴含着求贤举才的政治理想，这与跋扈专权的史弥远不同。等到七十大寿之日，太后退出了政坛。

私以为，心机颇深的赵昀，以杨桂枝为太后，感恩之心尚在其次，以她来掣肘史弥远的权力，倒有可能是更主要的原因。只可惜，她似乎更想做个才女，而不是政主。

绍定四年（1231年），发生了不少大事。

元太宗窝阔台召开了官山会议，兵分三路伐金；同时，他们也因暂时拿不下南宋，而将铁蹄踏入了高丽、波斯等地，一路高歌猛进。

　　而在那年九月间，临安城里，却燃起了滔天巨火。这场特大火灾，将南宋太庙烧了个一干二净，神主牌位之类的东西都荡然无存了。究其原因，倒不是人为纵火，而是太庙殿室狭窄而人口稠密，无法及时疏散。

　　您要说，宋朝时的消防员巡铺、防隅一类的人物都干吗去了，莫不是吃干饭的？答案是否定的。只不过，他们觉得到了这个关键时刻，保护太庙不如保护宰相史弥远的家宅来得重要，所以，连同着殿前司将士们，一起跑去那帮忙了。

　　呵，吃朝廷的饭，却连守护太庙这样的事都不愿去做，这是多么荒诞的一件事！

　　"九月丙戌夜未中，祝融涨焰通天红……大涂小撒嗫不讲，拱手坐视连宵焚。殿前将军猛如虎，救得汾阳令公府。祖宗神灵飞上天，痛哉九庙成焦土。"洪咨夔在《哭都城火》中，讽刺了史弥远，也讽刺了牵线木偶赵昀。

　　第二年，新修的太庙重现人间。

　　再一年，史弥远病死，享年六十九岁。要说啊，这文人埋汰起人来都是狠角色，礼官们将他追封为卫王，谥为"忠献"。这个词儿，听着似乎很不错，但恰与臭名昭著的秦桧一样，您说这是在夸他，还是在损他咒他呢？

第四节　不见九州同，谁揾英雄泪

　　赵昀在位四十年，已经打破了宋高宗赵构的个人记录——三十五年。在这么长的统治时间内,出现一些风流人物,是极有可能的事情。上天也确实待他不薄,除了为赵昀所尊崇的理学大师朱熹之外,陆游和辛弃疾都是赫赫有名的英才志士。

陆游生于宣和七年(1125年),字务观,号放翁,越州山阴(今浙江绍兴)人,尚书右丞陆佃是他的爷爷;辛弃疾则出生在绍兴十年(1140年),小陆游十五岁,言字幼安,号稼轩,山东历城(今山东济南市历城区)人,身在金朝心在宋的辛赞,便是他的祖父。

从高祖陆轸、祖父陆佃(王安石的学生)、父亲陆宰一路看下来,陆游家中世代为官,算得上是名门望族了。南宋初年时,陆宰受到主和派的排挤,不愿同流合污,故而居家不仕,每以诗书为乐。陆宰的清正节操,有如雪天红梅,灼灼地燃烧在家人尤其是陆游的心上。许多年后,陆游以梅寄志的《卜算子·咏梅》,又何尝不是在向他父亲致敬呢?

陆游大名的得来很有意思。宣和七年时,陆宰在奉诏入朝的水路上,得了他的第三个儿子,因此便取了个"游"字。

为避靖康之难和金兵南侵之乱,陆宰携眷而逃,先后在山阴和东阳安置家人。陆游从小年纪,饱受流离之苦,自幼便有恢复之志,报国之心。天赋过人的陆游师从多人,十二岁时便能写得一手好诗文,真是羡煞旁人。

陆游十五岁时,辛弃疾出生在金朝统治地区。出于谋生的需要,其祖父辛赞在金朝当了个不大不小的官,这无可厚非,能屈能伸也是一种本事。辛赞从不曾忘记家国之耻,从不曾泯灭收复之志,遂将这种思想植入到孙儿的心里,直至它开出明灼灼的花来。

乾道元年(1165年)时,二十六岁的辛弃疾向宋孝宗赵昚呈上了《美芹十论》,其书不仅有充满真知灼见的军事主张,也有对往昔岁月的回顾。那时,祖父带着他"登高望远,指画山河",心情是多么的凄凉悲愤；那时，他亲眼见到山河破碎、民生艰难，遂誓报国雪耻。

"有志不在年高"，小小的辛弃疾，已是一个壮志在怀的孩子了。说他是书生吧，他确实很有文学天分，成为刘瞻的得意弟子，但仅仅以此来概括他，又未免显得狭隘了。生活在北地，孔武有力，精于武艺的他，身上又自带着一股子燕赵奇士的侠义之气。

绍兴十四年（1144年）左右，以恩荫被授予登仕郎之职的陆游，与表妹（有争议）唐婉成婚，随后被迫分手，演绎出一段《钗头凤》的凄美爱情故事。被迫从爱情中抽身而出的陆游，将精力都投入到事业中去，绍兴二十三年（1153年）时，陆游在进士科考试中，将秦桧之孙秦埙抛在后面，遭到了秦桧的嫉恨，之后陆游在礼部考试中，便因为这人的阻挠而未被录用。

绍兴二十八年（1158年），秦桧病逝后，陆游才正式步入仕途，做了福州宁德县主簿，其后在临安担任敕令所删定官。陆游正直敢言，对于宋高宗的滥行封赏、玩物丧志等行为，都提出过意见，奈何对方左耳进右耳出，丝毫不以为然。

绍兴三十一年（1161年），陆游因进谏罢免势大骄纵的杨存中一事，得到皇帝的赏识，被擢升为大理寺司直兼宗正簿。

也就在这一年里，堪称"南宋双子星"的另一位人物——辛弃疾，也回到了临安。比起辛弃疾的传奇经历，陆游的过往岁月就显得有些四平八稳了。如果只能用一个字来概括二十一二岁的辛弃疾，那一定是一个"帅"字！

这个帅，既是说他趁着完颜亮南侵，后方汉民抗金情绪高涨之时，拉起了两千人的起义军一事；更是说他在次年得知张安国杀了耿京后，以五十余人马突袭万人敌营，擒拿叛徒的壮举。

辛弃疾投奔了耿京之后，做了他的掌书记，次年正月便奉命前去归附南宋朝廷。他可没想到,义军内部竟然出了张安国这样的败类。光是义愤填膺没啥作用,眼见义军流散四方的惨况,辛弃疾这个文武全才,竟然直入敌营,把张安国拉出大厅,直接绑上了马背,"快递"回了南宋朝廷。

如此英勇,如此果决的年轻人,若是能得到足够的锻炼机会,说不准能成为岳飞一样的将星。然而,一个岳飞已经让宋高宗吃不消了,他怎么可能愿意栽培一个"壮声英概"的青年呢!

准确说来,对于这个难得一见的人才,栽培还是要栽培的,只是,宋高宗不可能给他从戎打仗的机会。辛弃疾被授为江阴签判,时年不过二十五岁。初来乍到之人,并不了解朝廷里的投降主义,因此他便献上了《美芹十论》《九议》这样的军事文章。

始料未及的是,尽管宋孝宗怀有主战意识,但由于北伐失败,没有对书中之策加以采纳,反倒觉得以作者的实干精神,更适合做地方官,于是,江西、湖北、湖南等地,便成了安置辛弃疾的绝佳去处。

辛弃疾在这些地区,担任了多年的转运使、安抚使,负责治理荒政、整顿治安等要务。说来,这些官职都不算小,但与他的初衷相去甚远。每当他夜半读书时,总免不了惆怅叹息,嗟叹时光无情。

此外,辛弃疾"归正人"(沦于外邦而返回本朝者)的身份,也无助于他的仕途,加上他性格刚烈,无法为主和派所容,平生所担任的最高官职,不过是从四品龙图阁待制。

"壮岁旌旗拥万夫,锦襜突骑渡江初。燕兵夜娖银胡觮,汉箭朝飞金仆姑。追往事,叹今吾,春风不染白髭须。却将万字平戎策。换得东家种树书。"失望之余,辛弃疾写下了许多类似于《鹧鸪天》一般的作品。

失望,不等于绝望。虽然,淳熙八年(1181年),辛弃疾赋闲于林泉之中,再也不能过问政事,但他在上饶、铅山、瓢泉等地的明山秀水之中,一边与朱熹等文朋诗友寄傲山水、衔觞赋诗,一边也在等待起复的机会。

说回到陆游身上。绍兴三十二年(1162年),宋孝宗赵昚继位。陆游担任了枢密院编修官,赐进士出身。因批评皇帝放松取乐一事,赵昚一怒之下,将他罢为镇江府通判。

宋孝宗隆兴元年(1163年),张浚主持北伐,陆游上书言事,望他不要轻率出兵,但对方没有采纳他的意见。命运惊人的相似,宋宁宗开禧元年(1205年),六十六岁的辛弃疾,也以镇江知府的身份,戍守着京口之地。当他为韩侂胄轻敌冒进的行为而深感担忧之时,忍不住写下了《永遇乐·京口北固亭怀古》一词,再次表达不应草率伐金的观点。

时隔四十二载,两位仁人志士,都以他们忧国伤民的思想和睿智洞彻的眼睛在观照这个世界。只是,他们的声音没有引起当权者的足够重视,这真是一件令人喟然太息的事情!

隆兴二年(1164年),陆游因议论"隆兴和议"和提议剪除曾觌、龙大渊之势,被宋孝宗贬为建康府通判,后调任隆兴府通判。乾道元年(1165年),因为有人弹劾陆游鼓吹北伐之事,他便从隆兴府通判一职上被罢免,开启了他的军僚幕府生涯。

无论是从文学的角度来说,还是从军事主张的方面而论,陆游这几年的经历都很有意义。《入蜀记》写成了,《平戎策》做好了,大散关为期八个月的军旅生活,也成为他一生中最美好的回忆。

乾道八年(1172年),陆游担任了成都府路安抚司参议官,这是一个闲职。蜀中岁月里,陆游曾改任数次,深受其风土民情的影响,真正爱上了这块天府之地,竟然有些舍不得离开了。

最值得一说的,是陆游和范成大的交情。淳熙二年(1175年)间,范成大担任了四川制置使,陆游做了他的锦城参议,二人意气相投,极为合拍。可由于主和派攻击陆游是个颓放狂放之人,范成大不得不将其免职。其后,陆游便在杜甫草堂附近的浣花溪畔,开始当起了菜农,并自号为"放翁",以此来嘲弄主和派。

在宋孝宗统治后期,陆游以诗明世,得到了皇帝的青睐,其间虽也屡历宦海风波,但还算受到一定程度的尊重。遗憾的是,在宋光宗期间,因为倡议北伐的"老毛病"又犯了,陆游被主和派们以"嘲咏风月"的罪名,罢去了官职。直到宋宁宗嘉泰二年(1202年),陆游才获得了修撰孝宗、光宗《两朝实录》和《三朝史》的机会。

不久后,陆游兼任秘书监,并勉励韩侂胄北上伐金。

嘉泰三年(1203年)四月,七十九岁的宝章阁待制陆游乞骸骨,回到了山阴。因为人生轨迹的不同,辛弃疾和陆游此前没有多少交集,但是人生贵在知心嘛,老白曾说过:"相逢何必曾相识!"

这一年,因北伐之事而被起用的绍兴知府辛弃疾,专程前来山阴拜访陆游。同样的理想信念,使得两位老人秉烛夜谈,成为一双忘年之交,留下了一段动人的文坛佳话。

嘉泰四年(1204年)间,辛弃疾奉诏入朝,陆游以诗勉之,殷切之情溢于言表。辛弃疾也如他所激励的那般,一边做足北伐准备,一边规劝韩侂胄不要心急出征。

然而,开禧北伐终告失败,南宋还签订了屈辱的"嘉定和议"。陆游悲痛万分,情不能自已,病情愈发严重。

陆游卒于嘉定二年(1209年)十二月二十九日,弥留之际,以一首《示儿》作为遗嘱:"死去元知万事空,但悲不见九州同。王师北定中原日,家祭无忘告乃翁。"

壮志未酬的人,岂止陆游一个。北伐失败后,在谏官的攻讦下,辛弃疾心灰意冷,不能不接受各种降职处分。"哀莫大于心死",开禧三年(1207年)秋,辛弃疾因病推辞了枢密都承旨一职,九月病逝。他辞世时,不过六十八岁,比他的忘年交陆游还早去了两年。

辛弃疾临终之际,大呼"杀贼!杀贼!"朝廷闻讯之后,前前后后颁赐了对衣、金带等物,追赠了光禄大夫一职,但是,"死去元知万事空",这些死后哀荣对于他来说,又有何意义呢?

"倩何人唤取,红巾翠袖,揾英雄泪?"说到底,英才盖世如陆、辛二人,最需要的不是功名利禄,而是一个实现自己理想,恢复山河社稷的机会啊!

【小贴士】

【赵惇小档案】

生卒年:绍兴十七年(1147年)—庆元六年(1200年)

登基时间:淳熙十六年(1189年)

年号:绍熙

谥号:宪仁圣哲慈孝皇帝

庙号:光宗

陵寝:永崇陵

父母:宋孝宗赵昚、成穆皇后郭氏

配偶:慈懿皇后李凤娘

子女:宋宁宗赵扩等三子三女

关键词:体弱多病、李后干政、过宫风波、绍熙内禅

名言:历事岁久,念欲退闲

【赵扩小档案】

生卒年:乾道四年(1168年)—嘉定十七年(1224年)

登基时间:绍熙五年(1194年)

年号:庆元、嘉泰、开禧、嘉定
谥号:仁文哲武恭孝皇帝
庙号:宁宗
陵寝:永茂陵
父母:宋光宗赵惇、慈懿皇后李凤娘
配偶:恭淑皇后韩氏、恭圣仁烈皇后杨桂枝
子女:赵埈等九子一女,景献太子赵询、祁国公赵竑为养子
关键词:颁《统天历》、庆元党禁、开禧北伐、嘉定和议
名言:恢复岂非美事,但不量力尔

【赵昀小档案】
生卒年:开禧元年(1205年)—景定五年(1264年)
登基时间:嘉定十六年(1223年)
年号:宝庆、绍定、端平、嘉熙、淳祐、宝祐、开庆、景定
谥号:圣明安孝皇帝
庙号:理宗
陵寝:永穆陵
父母:荣王赵希瓐、全氏
配偶:谢道清
子女:祁王赵维等一子一女
关键词:平民登位、为人所制、联蒙灭金、端平入洛
名言:必使道路无啼饥之童

第十章

终局：
山河破碎风飘絮，
身世浮沉雨打萍

文天祥的妻子欧阳氏为之收敛遗骸,见其面色如生,与活人无异,对此她是不疑惑的,因为答案就在他的衣带里面。临死之前,文天祥为自己写下了一个赞文:"孔曰成仁,孟曰取义,唯其义尽,所以仁至。读圣贤书,所学何事?而今而后,庶几无愧。"

第一节　宋、金、蒙的新局面

绍定四年（1231年）三月间，六十七岁的史弥远和他的牵线木偶一起喝酒。得知最近有一些弹劾自己的奏疏发到赵昀那里去了，史弥远便试探性地说："陛下不可偏信矣！"

赵昀的回答很有意思，先说他自己压根不管那事，再以宋真宗年间江南闹蝗灾一事为喻，暗示自己和他是拴在一条绳上的蚂蚱（蝗虫），荣损一体，他不会做出对对方不利的事情来。

史弥远听了这话，终于放心了。过了两年，史弥远终于咽下了最后一口气，赵昀也终于可以直起腰来，做一个真正的皇帝了。

明人李贽曾评道："理宗是个得失相半之主。"

这里所说的"得"，可以简单概括为，他从端平元年（1234年）开始，通过严控进士人数和升迁制度，试图解决冗官问题；他曾任用洪咨夔等人做监察御史，弹劾了史党"三凶"，以期能拨乱反正；他也一度停发新币，尽量动用库存平抑物价；他还将理学奉为正统官学，影响了后世文化体系的构建。

最值得肯定的是，赵昀从淳祐七年（1247年）创立慈幼局的仁行。可能因为赵昀来自民间，他对民生疾苦的体会和对孤幼的救济之心，会比别的皇帝来得深切。他先在临安试行运作慈幼局，九年后更是下诏要求"天下诸州建慈幼局"。用他自己的话来说，他的理想就是"必使道路无啼饥之童"。作为世界上最早的官办孤儿院，这样的举措无疑体现了社会的文明程度。

那么赵昀的"失"又在哪里呢？

赵昀的第一失，失在他"联蒙灭金"的策略上。史弥远死前几年里，关于宋廷如何与蒙古相处一事，朝堂之上众说纷纭。

有人说,蒙古崛起之遽,史上罕有,看这节奏是想建国啊!之前的辽、金都让咱们呛了一鼻子灰,现在若是再来个强敌,那日子可没法过了。为今之计,应是抛却成见,以金为藩屏,勿蹈当年联金灭辽的覆辙。想当年,挟金灭辽之后,铁蹄上的金人却更猛更贪,这惨痛教训大家都还记得。

但也有人说,金朝和咱们是宿敌,现在要和敌人联合作战,呸,还有节操没有?况且,蒙古目前并没跟咱们过不去,为何咱们不能先与他们合作,走一步看一步呢?唇亡,也未必齿寒嘛。

到底是援引"海上之盟"的教训,或者保持中立,或者联金抗蒙呢?还是联蒙灭金,或能恢复中原,告慰祖宗呢?朝堂之上众说纷纭,赵昀的心里也很是没谱,直到绍定五年(1232年)十二月间,蒙古遣使而来,商议宋蒙结盟之事,他才有了自己的决断。

在此之前,金朝已经被蒙古打残了。对于这样垂死挣扎的对手,没准宋人再刺出一剑,它就会呕血身亡了。如此一来,靖康之仇可报,大好江山可复,岂不美哉?

朝臣们大多支持联蒙灭金,只有两淮制置使赵范提出了反对意见。无奈,海上之盟的教训,是"壮志凌云"的赵昀看不到的。一雪前耻,恢复中原,建不朽之功业,做中兴之良主,这是赵昀的理想,也是南宋噩运的起始。

这不是说,赵昀不让史嵩之答应蒙古的要求,就一定没有后来元朝灭宋的祸事。但比时赵昀乐晕了头,竟然只在口头上与对方提出归还河南的要求,这难道不是一个非常大的隐患吗?也不是说,白纸黑字就一定管用,但有书面协议,总会稍微有些约束力吧!

再者,唇亡齿寒的道理,搁哪儿都有道理。赵昀的冒险主义,实不可取。

懂得唇亡齿寒这个道理,并愿将它说给曾经的敌人听的人,便是完颜守绪。他听说宋蒙已达成了联战协议,也忙不迭遣使过来,又劝又求地说:"大元灭国四十,以及西夏,夏亡及于我,我亡必及于宋。唇亡齿寒,自然之理。若与我连和,所以为我者,亦为彼也。"

这一次,赵昀干脆地拒绝了他们,旋即让史嵩之做了京湖制置使兼知襄阳府,负责灭金之事。绍定六年(1233年),也就是史弥远过世那年,宋军先后攻占了邓州、唐州等地,将完颜守绪的退路一刀切断。十月间,京湖兵马钤辖孟珙带领了两万军士,与蒙军一起围攻蔡州。

第二年南宋改元端平(1234年)。正月间,蔡州城终于被攻克了,完颜守绪走投无路,自缢于幽兰轩中,时年三十七岁。《礼记·曲礼》中说,"国君死社稷",说的便是,家国沦亡之际,国君不应做什么降臣,但据不完全统计,历朝历代的皇帝里,真正与社稷共存亡的,除了明朝的崇祯帝朱由检,也只有完颜守绪了。

"蝼蚁尚且贪生",虽说他俩的殉国行为,也有一些别的驱动因素,但是他们在生时一度想再建中兴,力挽狂澜,到了大厦将倾之时也没有下跪求饶,行牵羊之礼,这种铮铮铁骨,还是值得人们为之立碑的。

说到完颜守绪,他登位之后,对内则大刀阔斧地改革,所任之人多为能人(完颜陈和尚便曾以1∶20的劣势,创下了大昌原之战的佳绩);对外则力促与西夏、南宋结盟之事。他算是个有为之君了,最后落得这般田地,咱们也只能为他叹一声,"生不逢时"。

正如他自己所言,他非昏暴之君,"所恨者,祖宗传祚百年,至我而绝,与古荒淫暴乱之君等为亡国,独为此介介耳!"后来,元朝大臣郝经为之写诗道:"天兴不是亡国主,不幸遭逢真可惜。十年嗣位称小康,若比先朝少遗失。"算是来自敌方的公正评价吧。

临死之前,完颜守绪道:"亡国之君,往往为人囚执,或为俘献,或辱于阶庭,或闭之空谷。朕必不至于此!卿等观之,朕志决矣!"其后,他执意传位于东面元帅完颜承麟,对他说:"卿平日矫捷有将略,万一得免,祚胤不绝,此朕志也。"

这种做法,不能与当年宋徽宗的甩锅之举等同视之,其一,完颜守绪卸下担子之后,是殉国而不是去"巡行"了;其二,完颜承麟文韬武略,若有万一之幸得以逃脱,或有能力重建家园。

只是,这种万一之幸还是没有发生,完颜承麟继位之后,不过一个时辰,就被迫迎战,死在了乱军之中。这之前,他们刚刚为自缢的皇帝上了庙号,其名为"哀"。

完颜忽斜虎等将士五百余人,皆跳入汝水,以身殉国了。四十五年后,十万军民殉难的悲壮之举,会与他们一道被载入史册之中。抛去狭隘的民族成见,他们都是可钦可敬的义士。

自此,金朝享祚一百二十年,终亡于宋蒙联军之手。根据一些史料的记载,赵昀听取了洪咨夔的建议,将金哀宗的遗骸,藏在了大理寺狱库之中。

这样的胜利,使得皇帝陛下心花怒放,使得南宋上下欢欣鼓舞,但是他们不知道,端平元年这一年,距离宋恭帝德祐二年(1276年)的投降仪式,只剩下四十二年了。果然,唇亡齿寒的历史法则就摆在那里,饮鸩止渴的人性劣根性也始终在发挥作用。如果赵昀选择坐山观虎斗,或是以完颜守绪为合作对象,结果可能会好得多。

回说到赵昀的得矢之上。

赵昀的第二失,失在他"端平入洛"的决策上。端平元年(1234年)三月,赵昀派人去河南拜谒皇陵,并将金哀宗的遗骨奉入太庙,以慰亡灵。两个月后,赵昀试图收复河南,却在开封和洛阳等地遭到蒙军的阻击。这么着,恢复旧江山的愿望再次落空了。

更糟糕的还不是南宋在人力物力上的损失,"端平入洛"的行为,成为蒙古进攻南宋的借口,没有金朝这道屏障,凶悍的邻居随时都有可能打来。赵昀这才真的明白,什么叫作唇亡齿寒,对此,他十分后悔,不久后降下一道罪己诏,对自己的冒进行为做了充分的检讨。

赵昀的第三失,失在他对后宫的管制上。晚年时,赵昀非常宠爱阎贵妃和临安名妓唐安安等绝色女子。

为了前者,他动用国库,为其修建功德寺,搞得比祖宗的功德寺还像样子。他也无心于政事,放任阎贵妃和宵小们干权乱政,闹出"阎马丁董"和贾似道这两股相生相克的势力来。

为了后者,赵昀让她的物质生活有了一百八十度的大转变。当时,起居郎牟子才和状元郎姚勉等人都劝诫过赵昀,但他们得到的回应却是这样的——牟子才,嘘,保密!姚勉啊,你拿唐玄宗来比拟朕是不对的,朕可没他那么会折腾。

人心,往往是因当政者的晚节不保而失去的。到了赵昀病入膏肓之际,无人愿意应诏为其诊治,难道不是一个明证吗?

景定五年(1264年)十一月间,赵昀驾崩,卒年六十岁,庙号为"理"。起初,朝臣们拟了"景""淳""成""允""礼"五字备选,最后大家属意于"礼"字,因有人说这个庙号的"礼"恰与金哀宗的谥号相同,遂改做"理"字。这个改动倒也恰切,赵昀一生推崇理学,如此称来也算名实相副。

太子赵禥奉旨继位,他便是南宋的第六位皇帝宋度宗。赵禥本是赵昀的侄子,按说他是没有机会成为皇帝的,但由于赵昀的独子赵维早就夭折了,所以智商不足、能力欠佳的赵禥,便走了红运,成了人上之人。

第二节　丧钟因谁敲响

赵禥继位的那年,二十五岁,正是意气风发的年龄,可是他毫无危机意识,不懂得西夏、金朝、大理等国的灭亡,意味着什么。可以毫不客气地说,赵禥是南宋诸帝中最差劲的一个。

前人大家都有所了解了,宋度宗之后,宋恭帝赵㬎、宋端宗赵昰、宋怀宗赵昺的继位年龄,分别是四岁、七岁、八岁,我们能让这些搁今天只能读幼儿园或小学的孩子们,为南宋政权的沦亡,负上什么责任吗?

南宋,实亡于这三个孩子的父亲——宋度宗赵禥。

好了,闲话少叙,咱们一起来看看,这个当政十年的真正意义上的亡国之君,到底都做了一些什么乱七八糟的事情。

上节咱们提过,赵禥是有些智商不足能力欠费的。明末清初的思想家王夫之便评价道:"呜呼!迹其为君,盖周赧、晋惠之流,得死牖闲,犹为幸矣。"这是说,赵禥和周赧、王姬延(堪称史上最穷的天子)的悲惨遭遇以及晋惠帝司马衷的智力水平,完全在一个层次上,不过他的运气却比他们好得多,并未死于非命。

大家应该还记得,王夫之也曾说过"夫光宗之视晋惠,差辨菽麦耳"这句话,晋惠帝要是知道后世有这么个后生,老是拿他来和南宋的皇帝做比较,不知会被怄成什么样子。真是,什么仇什么怨哪!

除了这个点评之外,王夫之还说宋度宗赵禥是"以柔逊无骨,貌似仁孝,宵小以此惑上,幸其得立,而居门生天子之功也",他这是在分析,赵禥得到储君之位,恰恰是因为他的柔顺,而他的柔顺,表面上是仁孝,实际上是因为笨。笨人当皇帝,贾似道那样的宵小才有市场,他们当然会在老皇帝赵昀的面前,替他说好话咯!

私以为,王夫之的分析很有道理。

时间回到赵禥出生那年,嘉熙四年(1240年)。那一年,蒙古军队夺取了波兰、俄罗斯的大部分领土,威名四播。

赵禥原名赵孟启,其母身份卑微,只是荣王赵与芮的一个小妾,平素里被正房夫人欺负得死去活来,甚至被逼服了打胎药。不知是赵禥命硬,还是打胎药的质量不好,他还是在王爷夫人的恶毒目光里,呱呱坠地了。

作为官家近亲里唯一的男孩,赵孟启自然比熊猫宝宝还珍贵。可遗憾的是,被药过的孩子,体质与智力都不能与常人相比。面对这个七岁才会说话,开窍也开得很晚的侄儿,赵昀气得那叫一个惨啊!可他又有什么办法呢?让其他宗室子弟来继位吗?他不愿意。

皇位好容易才轮到了赵德昭这一脉,说什么也不能让它跑路了。至于左相吴潜的反对意见,赵昀充耳不闻。外戚贾似道(其姐为宋理宗贵妃)窥测到了官家的心意,赶紧用逸言诋毁吴潜,最终导致吴潜被贬往外地,朝中无人敢说真话的结局。

景定元年(1260年)六月,赵孟启被立为太子,七月初一入居东宫。赵昀为他安排了出色的老师,但奈何赵禥资质有限,很难完全消化那些内容。一来二去,他也有些厌学情绪,只是当着老皇帝的面,没有发作出来而已。

令人称奇的是,赵禥虽然智商不足能力欠费,但他在某些方面的能力,则远远超过了体格健壮的男子。还是拿事实来说话吧,两宋宫廷中有一条老规矩,后妃们要在自己被临幸次日一早,跑去合门"谢主隆恩"。如此这般,管事的宦官才好记录其受幸的日期,以确定后妃肚子里怀的是不是龙种。

《续资治通鉴》中,曾有过这样一段记载:"帝自为太子,以好内闻;既立,耽于酒色。故事,嫔妾进御,晨诣合门谢恩,主者书其月日。及帝之初,一日谢恩者三十余人。"

一晚上临幸三十个美人是什么概念?"郑贵妃进侍姬八人,上疾始念",先前说过的"红丸案"主角明光宗朱常洛,便曾因纵情女色而累垮了身子。所以,如果史载无误,宋度宗赵禥的这种"超能力",也太令人瞠目结舌了。

大概是为了表达自己的谢意吧,赵禥做出了谁得宠谁执政的决定。当年枯坐东宫,看书学习都是煎熬,现在自己能够做主了,没必要再受罪不是?估计赵禥的内心戏就是这样。于是乎,他将批答公文的事,交给四个心爱的女人去做,还美称其为"春夏秋冬四夫人"。

古有掌事各异的天地春夏秋冬六官,北周对此有所承继改造。到了明初,朱元璋曾临时设置过一套四辅官的制度,以春夏秋冬四季为其名。以上种种,说的都是官吏,至于春夏秋冬四夫人,还真是宋度宗赵禥"别具一格"的独创,令人有些"叹为观止"呢!

当然了,这四位夫人只能在后宫干政,至于前朝的政治,赵禥就尽数放权给了贾似道。此时的贾似道,深获赵禥的信任,被任命为太师,尽掌朝政大权。贾似道摸准了赵禥对他的依赖心理,有意摆高姿态,凡事稍不如意就拍拍屁股打算走人——当然是装的。

赵禥怕的就是贾似道撂挑子,每次都急得又哭又跪,甚至将开罪贾似道的胡贵妃送去当尼姑。这样荒诞至极的做法,哪有一国之君的体面?因为担心贾似道的工作压力太大,滋生罢工情绪,赵禥特授其为平章军国重事,并不断降低工作强度,不想每天上朝,就三天上一次朝,实在不行的话,十天也行吧……

咸淳七年(1271年),忽必烈取《易经》"大哉乾元,万物资始"之意,将蒙古国改国号为"大元",次年以燕京为都,称之大都。之前,他们与宋军在钓鱼城(理宗时期)和襄樊都展开过恶战,但赵禥并不怎么关心这些事情,他只知道,当一天和尚撞一天钟,当一天皇帝享一天乐,如此而已。

赵禥是在咸淳十年(1274年)七月间,死在酒色上头的。偌大的福宁殿中,四岁的太子赵㬎看着御榻上的大行皇帝,都不太明白死亡是怎么一回事。但是阖宫上下的丧钟之声,已嗡嗡盈耳,印刻在了他苍白的生命里。

第三节 从钓鱼城大战,到襄樊之困

宋度宗赵禥驾崩以后,留下了三个未成年的儿子,他们分别是杨淑妃所生的赵昰(宋端宗),全皇后所生的赵㬎(宋恭宗,俗称宋恭帝),俞修容所生的赵昺(宋怀宗)。按照宗法制度,赵㬎虽然比赵昰要小一些,但因嫡子身份,最先继承了皇位。当然,这样的皇位不承也罢,亡国之君这个名头,谁想要呢?

蔡东藩在《中国历朝通俗演义》中说道:"度宗念册立功,始终宠任似道,又每日召幸嫔御,至三十余人,岂以宗社将亡,聊作醇酒妇人之想欤?史谓度宗无大失德,夫色荒已足亡国,况拱手权奸,凡一切黜陟举措,俱受制于大憨之手,不亡亦胡待也。彼如帝显以下,更不足讥矣。"

这种说法也得到了很多人的认同。宋蒙之间战事不断,江山社稷已危在旦夕,这个时候即便出现一位守成之君,都不足应付外敌,更何况宋度宗还是这么一个不理政事又贪好酒色的跷脚老板呢?

也是老天给面子,咸淳十年那年,赵禥"有幸"早走一步,没有

看到两年后,他的儿子赵㬎一把鼻涕一把泪地送上降表,作别山清水秀的临安,成为元大都的囚徒的情形。当然,我们都知道,延祚三百余年的两宋实际上是被赵禥和贾似道送上断头台的。

话说宋亡之后,元世祖忽必烈曾问过南宋降将,说你们投降起来怎么就那么干脆呢?对方回答道:"宋有强臣贾似道擅国柄,每优礼文士,而独轻武官。臣等积久不平,心离体解,所以望风送款也!"忽必烈听了这话,不由感喟道:"正如所言,则似道轻汝也固宜!"

这就是说,贾似道这个权相,压根看不起武将,以至于武将对他积怨过重,甚至对南宋王朝也产生了离心力。然而,历史上同样留下了1279年(南宋祥兴二年,元至元十六年)崖山海战,十万军民以跳海殉国的方式,诠释壮节意义的故事。这又是怎么一回事呢?

不妨以贾似道为线,来看看南宋从钓鱼城之战,到襄樊之战的前后经过。

之前说过,贾似道是理宗一朝的外戚。他本是京湖制置使贾涉之子,不过在他十一岁那年,父亲就过世了。端平元年(1234年)时,贾似道以父荫步入仕途,四年后又中了进士,就此引起了宋理宗赵昀的注意。

其后,在姐姐的帮助和京尹史岩之(史嵩之弟)的推荐下,贾似道愈发得到皇帝的赏识。在淳祐年间,余玠被派往四川主持军政事务之时,贾似道已经混得很不错了,最后加了宝文阁学士,做了京湖安抚制置大使。

宝祐年间,贾似道被加为同知枢密院事,临海郡开国公;其后又被擢升为参知政事、知枢密院事。

知名的钓鱼城之战,就发生在开庆元年(1259年)那年。可以说,南宋政权之所以能再延续二十年,与余玠、王坚、张珏等人的多年经营,有着直接的关系。

钓鱼城之战,又称合州之战。这是因为,钓鱼城的坐标,乃是在今重庆市合川区城东五千米的钓鱼山上。此处不仅山势奇险,而且下有嘉陵江、渠江、涪江这样南、北、西三面环水的有利地势,当然值得守将们去好好经营。

继彭大雅之后,余玠采纳建言,命冉琎、冉璞兄弟再筑钓鱼城,并将合州治及兴元都统司搬了过来。钓鱼城筑好之后,分为内、外两城,各尽其妙。外城自是要依恃天险的,而内城呢,其间田地和水源都很充足,想来城内军民即便被围困数年,也完全不会"压力山大"。之后,合州守将王坚犹不放心,再次设法完善城筑。

开庆元年(1259年)时,蒙军对钓鱼城强攻无果,已经黔驴技穷,准备慢慢熬死对手。没承想,他们"收获"的却只是两条三十多斤重的鲜鱼、一百多张面饼,还有一封宣称"再困咱们十年你也没辙"的书信。

从宝祐五年(1257年)开始,蒙军由蒙古大汗蒙哥带队,南下侵宋。这一路上,他们所向披靡,无往不利,很快攻占了四川绝大部分的城池,但哪知钓鱼城是一块啃不下的硬骨头。蒙哥表示不服,遂在开庆元年初命军士以最为精良的攻城器械,对其发起轮番进攻。

到了这年六月间,易守难攻又兵精食足的钓鱼城,终于赢得了防御战的胜利。原来,蒙军久攻不下,水土不服之际,军中已流行起了种种疫病。更糟糕的是,蒙哥为宋军所伤,重伤难治。七月间,蒙军悻悻而退,蒙哥死于北归路上,短时间内他们无法再组织起大规模的侵宋行动了。

很显然,钓鱼城之战的胜利,标志着这场侵宋之战的失败,延续了南宋王朝的生命。自此以后，不甘认输的蒙军也曾多次试图进攻钓鱼城，但无不以失败告终，直至其守将开城投降，钓鱼城才成为对方的战利品。

也就在主将王坚、副将张珏取得钓鱼城之胜的当年，贾似道被拜为右丞相兼枢密使。有了这样的权柄，贾似道更是忘乎所以，其后居然自作主张地和忽必烈签订了议和条约，称其愿意称臣，岁奉银二十万两、绢二十万匹。

最不要脸的是，贾似道还夸大自己的抗蒙事迹，编出了一本《福华编》。算了，拉倒吧，要是平日里无事可做，他还不如搞他的艺术鉴赏和写他的《促织经》呢。至少说，贾似道在艺术鉴赏方面的确大有成就，他的《促织经》也是世界上第一部研究蟋蟀的专著。

唉，想想看，像贾似道这样的权臣，一旦遇上智商有限能力欠费的皇位继承人，哪有不揽权谋私的呢？这些年来，他一边逗着蟋蟀，一边玩弄权术，可不就是在帮着宋度宗一起敲响南宋的丧钟吗？

咸淳三年（1267年）时，将贾似道奉为"师相"的宋度宗赵禥，许给他三日一入朝的特权，为了拍贾师相的马屁，朝臣们都尊称其为"周公"。赵禥又将位于西湖旁的超豪华别墅赏赐给了他。贾似道也不客气地住了进去，在其间日夜喝酒淫乐，甚至还弄来了一些尼姑和老宫女，把这么个明山秀水的所在，弄得乌烟瘴气。

由于贾似道太喜欢这个地方了，于是将其名为"后乐园"。是不是觉得有点眼熟？此名出处自然便是"先天下之忧而忧，后天下之乐而乐"了。一代奸臣汉相，竟然如此亵渎前贤圣才，这估计是范文正公被黑得最惨的一次了……

当然了，百姓们肯定是不买账的，他们对这位平章军国重事的看法是，"山上楼台湖上船，平章醉后懒朝天。军书莫报樊城急，新得蛾眉正少年"。

就在昏君奸臣醉生梦死之际,元(蒙)军又对南宋展开了襄樊之战,时在咸淳三年(1267年)至咸淳九年(1273年)之间。

根据《宋史》的记载:"襄阳围已急,似道日坐葛岭,起楼阁亭榭,取宫人娼尼有美色者为妾,日淫乐其中。惟故博徒日至纵博,人无敢窥其第者。其妾有兄来,立府门,若将入者。似道见之,缚投火中。尝与群妾踞地斗蟋蟀,所狎客入,戏之曰:此军国重事耶?"

这是说,襄阳受困已久,但贾似道仍然"心无旁骛"地斗蟋蟀,并且说这才是南宋的"军国大事"。朝中重臣如此折腾,战中的情形到底如何呢?

参战双方大人数对比不太悬殊,宋军大致有十五万兵力,元军也只多了两万军士而已。交战双方的主将分别是吕文焕、李庭芝和阿术、史天泽。

这场旷日持久的战争,以宋军失守襄阳而告终,元军赢得了最后的胜利。

位于南阳盆地南端的襄阳和樊城以汉水为带,因其"跨连荆豫,控扼南北"的地理特点,自古便是兵家必争之地。南宋也以其为抵御元军的重镇。南宋将领刘整在降附元朝之后,献上了"无襄则无淮,无淮则江南唾手可得"的策略,忽必烈大呼有理,全盘接纳。

这种战略思想,与燕王朱棣在靖难之役中,绕过济南而直下南京的做法,有些相似之处。很多时候都是这样的,咬不下的硬骨头,不必非得去咬,换个思路便可能有意外收获。

咸淳三年时,忽必烈通过贿赂南宋荆湖制置使吕文德的方式,得到在襄樊城外设置榷场的机会。宋军没料到对方的真实意图,

是想以此对襄阳进行战略包围。有了建立榷场这个借口,元军又先后修筑了土墙堡垒,拥有了围困襄樊的第一个据点。

咸淳四年(1268年)时,元将阿术又在襄阳附近修筑了两个城堡,宋军要想从陆路赶来救援,十分困难。两年后,元军在山岭之间修筑了坚固的围墙和堡垒,彻底孤立了襄樊。在此期间,他们也训练了高素质的水军,以防对方从水路赶来增援。

为了救援襄阳,从咸淳三年(1267年)开始,吕文德的弟弟吕文焕便被任命为襄阳知府,兼京西安抚副使。他们想要打破对方的封锁,自然不能打防御战。于是,在其后的作战中,宋军的姿态较为主动,可遗憾的是,无论是吕文焕,还是张世杰、夏贵、范文虎等人,都被元军打得灰头土脸,一败再败。

三年的拉锯战打到这个程度,为今之计,也只能退守自保了。

咸淳八年(1272年)初,元军正式吹响了攻城的号角。仅仅花了两个月的时间,他们就攻破了外城,迫得宋军退守内城残喘不息。

四月里,南宋京湖制置大使李庭芝,命张顺、张贵等人由水路赶去增援襄阳。他们士气盈旺,作战勇敢,解救了被困五年之久的襄阳城。可惜的是,张顺于此役壮烈牺牲,而后张贵也死在了一场反攻战中。

元军烧毁了襄樊之间的汉水浮桥,失去增援的樊城很快陷落了。其后,镇守襄阳的吕文焕考虑到他们内无钓鱼城的充足粮草,外无朝廷的有力援助,唯能在次年二月投降保命。此战中,宋军一度阻击了元军的投石兵器,间接促成了元军对投石兵器的改革。

《神雕侠侣》中有一个情节:

> 杨过问道:"郭伯伯,你说襄阳守得住吗?"郭靖沉吟良久,手指西方郁郁苍苍的丘陵树木,说道:"襄阳古往今来最了不

起的人物，自然是诸葛亮。此去以西二十里的隆中，便是他当年耕田隐居的地方。诸葛亮治国安民的才略，我们粗人也懂不了。他曾说只知道'鞠躬尽瘁，死而后已'，至于最后成功失败，他也看不透了。我与你郭伯母谈论襄阳守得住、守不住，谈到后来，也总只是'鞠躬尽瘁，死而后已'这八个字。"

郭靖、黄蓉是虚构人物没错，但这种"知其不可为而为之"的精神，确实成了南宋军民的一种坚强信念，张顺、张贵等人，都是杰出的英雄。

襄樊陷落之后的第二年，宋度宗就去了，将所有的烂摊子都留给了太皇太后谢氏和年幼的赵㬎。贾似道因其三朝元老的身份，仍然在操控着朝政。

打开了襄樊这个门户，临安已经无险可守。元军趁势大举南下，宋王朝的统治陷入了瘫痪状态之中。就在宋度宗驾崩当年九月，元军便向南宋发起了总攻。到了这年年底，伯颜已经攻陷了汉阳、鄂州，并招降了吕文焕，继续东下。

因为吕文焕的旧部多分散在沿江城池，故而归降之人数不胜数。第二年，赵㬎改元"德祐"。就在这年春天，元军攻克了南宋的军事重镇安庆、池州，兵临建康城下。

早在鄂州陷落之后，南宋朝野都将希望寄托在了贾似道的身上，希望"师臣能亲征前线，保住长江防线"的呼声也越来越高。贾似道听得头皮发麻，好容易挨到次年刘整去世，才跑去前线，不过，他这是在亲征吗？

十余万精兵，是应该带的。可那些盛装着财物的箱箧呢？那些娇艳妖冶的妻妾呢？二月，贾似道行至芜湖，淮西制置使夏贵从合肥赶来与之会合。眼见夏贵暗中递给他的字条上，写着"宋历三百二十年"这几个字，贾似道愈发坚定了弃国自保的念头。

贾似道试图与忽必烈议和,为此不惜释放元朝俘虏,表达称臣纳币以求和平的愿望,但元军旨在灭宋,断然拒绝了这位三朝老臣的提议。交战之中,伯颜冲破了孙虎臣、夏贵的两道防线,一气杀到了鲁港,吓得贾似道赶紧跑去扬州避难。

这,便是平章军国重事、都督诸路军马,度宗的"师臣"、众臣的"周公",在宋元之战中的"精彩表现",无怪时人作诗讥嘲道:"丁家洲上一声锣,惊走当年贾八哥。寄语满朝谀佞者,周公今变作周婆。"

第四节　留取丹心照汗青

周公变成了周婆,朝廷中的风向也就变了。

处死贾似道!这是群臣的呼声。太皇太后谢氏念及"不得杀士大夫及上书言事人"这条祖宗家法,只将贾似道贬为高州团练使,并抄没了他的家产。可是早已惹得民怨沸腾、群臣侧目的贾似道,怎么可能侥幸躲开大家伙的暗算呢?

前有蔡京流放潭州,因无人卖粮给他活活饿死之事。如今,有人亲自动手愤杀恶臣,也不足为奇。贾似道终在木绵庵为人所杀,那人正是他的监押官郑虎臣。据说,此前贾似道也曾服食冰片求死,但他的身体素质实在有点好……

贾似道不光彩地走了,但他和理宗、度宗多年来乱搞一气——推行公田这一善举的作用显得微乎其微,早就伤到了南宋王朝的根本。这棵百年大树的内部,已被啃噬一空,但有一把霹雳雷火,便再无活命之理。

鲁港之役以后,伯颜循江东下,在德祐元年(1275年)十月间,兵分三路向临安挺进。为了拿下扼守临安门户的常州,伯颜手段极为残忍,甚至把强征来的运土百姓筑进了环城堤防里,这跟负责修建统万城的叱干阿利有得一拼。

十一月二十日,伯颜攻陷了常州城,一场大屠杀下来,上万人成了孤魂野鬼。这样的手段,一是在宣泄愤怒,二是在杀鸡儆猴。果然,之后平江(今江苏苏州)的守将们,压根不敢与之交战,乖乖地献城投降了。

临安城中,有办法有本事的官员,没几个不想逃命的。同知枢密院事曾渊子、签书枢密院事文及翁、同签书枢密院事倪普等人,都先后逃命去了。太皇太后谢氏谴责他们是"内外合谋,接踵宵遁",但对于他们来说,脸皮和生命比起来根本不算什么事。要逃的人迟早都是要逃的,要走的人千方百计都要走。

于是,到了德祐二年(1276年)正月的时候,朝堂之上空空荡荡,肯来上朝的官员还不足十人。枉读圣贤书就枉读圣贤书,无面目对人就无面目对人,太皇太后的话,都是耳旁之风毫无用处。

官员已匿,斯文丧尽。民心何在?军心何安?连宰相陈宜中都一再抛弃宋室,他们还有什么指望呢?南宋皇室陷入了前所未有的孤境之中。

来说说陈宜中。贾似道死后,南宋皇室让绣花枕头陈宜中做了宰相。这个人本为贾似道所援引,但最后又对贾似道落井下石,首倡处死他的老上级。真是寡廉鲜耻,欺世盗名之辈。

三百六十八年后,明朝的崇祯帝朱由检曾一度为自己没及时迁都而懊悔,其实南宋的国祚,本来也有可能因为迁都之举,而得以延长。只可惜,提出迁都建议的殿前指挥使韩震,被陈宜中骗到家中杀了。无独有偶,文天祥、张世杰等人也提出了迁都东南的意见,陈宜中没把他们怎么样,脑袋却摇得跟拨浪鼓似的。

有人曾为陈宜中进行辩护,说他的这种做法是想要稳定军心,但咱们得首先搞清楚一件事,陈宜中不是于谦那样的能人,此时的情形也不像明朝中期那般,还有一些转圜的余地。南宋的根本已经坏透了,可陈宜中还盲目乐观、哗众取宠,真是一个不折不扣的糊涂蛋。

骨子里,他是一个怯懦畏战的人。所以口头上他时战时和,行动上则两度做了"陈跑跑"。第一次跑路,是在德祐元年(1275年)七月间,赶往前线督战之后;第二次,便是在刚刚提过的德祐二年(1276年)正月十八日了。

那段时间里,太皇太后派监察御史杨应奎,去向元军乞降。

> 南宋国主赵㬎降表大宋国主㬎,谨百拜奉表于大元仁明神武皇帝陛下:"臣昨尝遣侍郎柳岳、正言洪雷震捧表驰诣阙庭……惟是世传之镇宝,不敢爱惜,谨奉太皇命戒,痛自贬损,削帝号,以两浙、福建、江东西、湖南北、二广、四川见在州郡,谨悉奉上圣朝,为宗社生灵祈哀请命……大元皇帝再生之德,则赵氏子孙世世有赖,不敢弭忘。臣无任感天望圣,激切屏营之至。"

降表、传国玉玺已经送去了,伯颜念不念上天好生之德,全看运气了。对此,对方的回复是,要跟宰相陈宜中面谈。陈宜中一听这话,心里蹦出一个声音——老子还不想死。这便是陈宜中再次抛弃宋室,连夜出逃的原因了。

到了危急关头,太皇太后任命文天祥为右丞相兼枢密使,去跟元军谈判。文天祥慨然而出,这位浩然正气的文武全才,到了元军军营之后,因其不为所屈地为国抗争,而被伯颜扣留下来,太皇太后遂再度派出了贾余庆。

二月初五日,赵㬎在临安城内举行了投降仪式,宣布退位。这个六七岁的孩子,成了延祚三百一十六年的宋王朝的最后一个皇帝。史家们将宋朝的享国时间定为三百一十九年,是考虑到在之后的三年里,宋端宗赵昰和宋怀宗赵昺这两位小皇帝,还在南宋军民的支持下,坚持抗元,不死不休。

但若按赵㬎投降的时间算来,南宋王朝的生命已经结束了。

三月初二,伯颜入京检视他的战果,旋即应诏将宋朝君臣送去大都。赵㬎和全太后,以及少数侍从,都被迫离开了临安。太皇太后谢氏因病晚了一些时日出发,但最终还是没逃过北上的命运。

前后三百一十六年之间,南宋的孤儿寡母,比后周的孤儿寡母的命运还要悲惨,令人不得不讶叹命运的吊诡。不知谁写出了一首诗来,文辞虽无可观之处,嘲讽之意却酸辣得很:"当日陈桥驿里时,欺他寡妇与孤儿。谁知三百余年后,寡妇孤儿亦被欺。"

此后,赵昰、赵昺兄弟俩,先后被南宋遗民拥立为帝。两个流亡小朝廷,坚持作战三年,一次次挣扎在死亡线上,他们的遭遇比组建起南明小朝廷的王爷们,还要凄惨。

太皇太后抱着为宋室保留遗脉的愿景,在元军入京之前,将赵昰、赵昺封为益王、广王,并命人护送他们出京避难。赵昰到达温州之后,陆秀夫寻来了陈宜中(可能真是太缺人手了),张世杰等人也从定海赶来会合。他们来到宋高宗南逃曾"巡幸"过的江心寺中,看到那个经年不用的御座,不由得悲声痛哭。

益王赵昰响应群臣,做了天下兵马都元帅,广王赵昺则为副元帅,他们便这样被推上了历史前台,先后成为遗民心目中的希望。

都元帅府成立之后,德祐二年(1276年)五月初一,赵昰在福建继位,史称"端宗",改元"景炎",杨淑妃理所当然地成了垂帘听政的太后,赵昺也晋升为卫王。陈宜中、陈文龙、刘黼、张世杰、陆秀夫、苏刘义等人各有任命。

在福州建立起的这个流亡小朝廷，虽然看上去还是个五脏俱全的麻雀，但内部的争斗倾轧十分激烈。在张世杰的反对声中，陈宜中最终没能驱逐陆秀夫，变相延续了流亡小朝廷的生命。

要想夺回失地，恢复社稷，这个小朝廷也不是全无胜算的。至少说，多与元朝死磕几年，还是大有希望的。因为包括福建、两广在内的领土，大多还在宋室遗民的手中，李庭芝也在淮东、淮西地区拼死作战。

可惜，随着淮东、淮西的陷落，李庭芝的战死，抗元的形势越发严峻了。

景炎元年（1276年）十一月，元军逼犯福建，因为陈宜中和张世杰不敢迎战，所以他们在坐拥十七万正规军、三十万民兵、万人的淮兵下，依然不敢与兵力有限的元军一决生死。于是，他们护送着皇室乘船入海，借助大雾的掩护成功脱身。

脱身，就是胜利吗？不然。他们离开了福州，便失去了陆地上最后一个可靠的根据地。此后，也只能在海上漂来荡去，以之为行朝了。这画风，大家可以自行想象。

泉州、潮州、惠州、雷州……

到了景炎三年（1273年）春日里，陈宜中以联络占城为借口，又玩了一次"黄鹤一去不复返"。四月间，可怜的小皇帝赵昰则因惊恐成疾，无可挽回地夭折了，时年不过十一岁。

左相陆秀夫以古人凭借一城一旅复兴家国的豪言，激励大家不要放弃最后的希望，遂将年方七岁的赵昺拥立为帝，改元为"祥兴"。

在元军的攻势之下，雷州失守，宋人想在陆地上重新立足的计划告破，唯能将流亡政权转移到海上。与此同时，一直在江西、广东坚持抗元的文天祥，也被元将王惟义生擒于五坡岭（今广东海丰北)上。到了这个时候,几乎所有陆地上的抗元势力已尽数覆灭。

原来,文天祥在被伯颜扣押之后,想尽办法逃出生天,来到了真州。在艰难的抗元路上,文天祥先是被李庭芝怀疑,再是以同都督职出任江南西路(很快被罢了右相),负责江西的抗元事宜。景炎二年(1277年)时,文天祥的妻妾子女几乎都落入了敌手之中。

"几日随风北海游,回从扬子大江头。臣心一片磁针石,不指南方不肯休。"虽然势单力孤,但文天祥依然心志坚定,一片忠诚。一首《扬子江》,道尽人臣情。

其后,文天祥在广东循州、丽江浦、潮阳等地辗转作战,背叛、瘟疫、丧子丧母之事,都没打倒这个铁血硬汉。因为陈懿暗中勾结了元将张弘范,文天祥终为王惟义所擒。信国公文天祥吞食龙脑求死未果,眼睁睁地看着将士们以身殉国。

陆秀夫和张世杰护送着赵昺来到崖山(今广东省新会市南),之所以做此选择,是因为崖山恰与西面的汤瓶山相对,形成一个十分窄小内可藏舟的天然港口。

不过,此处每逢涨潮落潮时分,既能"乘潮而战",也能"顺潮而出",因此绝对算不上什么易守难攻之地,顶多只能说是一个易守之所。一旦元朝的水军破译了地形密码,流亡政权的命运就有些岌岌可危了。

数万不擅水战的元军,和擅长水战的二十余万正规军和民兵,谁会取得最后的胜利?赵宋王朝并不是没有胜算的,可坏就坏在张世杰的部署上。

张世杰没有命人把守崖门入海口,而是将千余艘战船锁在一起结成水寨方阵,以至于丧失了作战的机动性。结果,等到张弘范到来之时,他们便从北、南两面控扼了崖山的入口,并在骚扰宋军多日之后,择了一个暴风雨之日,对宋军发起总攻。

从清晨战至中午,北面的宋军已经被击败了;张弘范又指挥南面的元军,利用中午涨潮的有利时机,再次向宋军发动突袭。在前后十来天的防御战中,将士们没有淡水解渴,只能吃干粮饮海水,哪还有什么战斗力呢?

在这场海战之中,宋军全线溃败,张世杰赶紧令人砍断绳索,"化整为零",又派了十余战舰,去护卫杨太后。为了接应赵昺,张世杰派出一只小舟。夜色漫漶,陆秀夫担心为元人所骗,不肯把小皇帝送上船。

阴差阳错之下,南宋遗民就这样失去了拯救流亡政府的唯一机会。

眼见元军逼近,败局已定,陆秀夫不忍天子受辱于敌手,便将妻儿赶下大海,铿然道:"事已至此,陛下当为国捐躯。德祐皇帝受辱已甚,陛下不可再辱!"

就这样,身穿龙袍、胸挂玉玺的赵昺,和陆秀夫一起沉入了深海之中,宋室最后的希望,也随之沦灭了。家国沦亡之痛,如天风海浪一般,拍打在十万军民的心上。他们眼见复国无望,纷纷跳海自尽,以一腔腔殷红热血,奏出了一曲曲壮烈悲歌。

这一次,张弘范也将文天祥带来了崖山,其目的当然是想让他招降张世杰。可没承想,文天祥不仅义正词严地拒绝了他,还写下了《过零丁洋》以明其必死之志。"辛苦遭逢起一经,干戈寥落四周星。山河破碎风飘絮,身世浮沉雨打萍。惶恐滩头说惶恐,零丁洋里叹零丁。人生自古谁无死,留取丹心照汗青。"

当目睹十万军民殉国之惨烈,文天祥又在《南海》中写道:"羯来南海上,人死乱如麻。腥浪拍心碎,飙风吹鬓华。"

此后,杀出重围的杨太后投水殉国了,张世杰逃亡海上心力交瘁,也溺死在了一个暴风雨之夜。陆秀夫的尸体为乡人所葬,赵昺的尸身去所不明,唯有上书"诏书之宝"的金玺为张弘范所得。

崖山之战后,流亡小朝廷彻底灭亡了。文天祥不愿独活,甚至试图在被送往大都的路上绝食求死。因为王积翁的极力推荐,忽必烈尤为看重文天祥,但文天祥誓死不从,坚决不肯仕元。到了至元十九年(1282年)十二月间,为了斩绝后患,文天祥终于被推上了刑场。

大限将至,文天祥向南跪拜之后,方才含笑就义,终年四十七岁。

几天后,文天祥的妻子欧阳氏为之收敛遗骸,见其面色如生,与活人无异,对此她是不疑惑的,因为答案就在他的衣带里面。临死之前,文天祥为自己写下了一个赞文:"孔曰成仁,孟曰取义,惟其义尽,所以仁至。读圣贤书,所学何事?而今而后,庶几无愧。"

"从容伏质,就死如归,是其所欲有甚于生者,可不谓之'仁'哉!"元人在《宋史》中将他和伯夷、叔齐相比,高度赞扬了他的气节与忠贞。

【小贴士】

【赵禥小档案】

生卒年:嘉熙四年(1240年)—咸淳十年(1274年)

登基时间:景定五年(1264年)

年号:咸淳

谥号:端文明武景孝皇帝

庙号:度宗

陵寝:永绍陵

父母:荣王赵与芮、黄定喜

配偶:全皇后

子女：宋端宗赵昰、宋恭帝赵㬎、宋怀宗赵昺等七子二女

关键词：昏弱无能、酒色过度、襄樊之战、胆小怕事

名言：襄阳之围三年矣

【赵㬎小档案】

生卒年：咸淳七年（1271年）—至治三年（1323年）

登基时间：咸淳十年（1274年）

年号：德祐

谥号：孝恭懿圣皇帝

庙号：恭宗

陵寝：不详

父母：宋度宗赵禥、全皇后

配偶：孛儿只斤氏（元朝公主）

子女：赵完普

关键词：俘虏生涯、佛学大师、翻译专家、文字狱

名言：大元皇帝再生之德，则赵氏子孙世世有赖，不敢弭忘

【赵昰小档案】

生卒年：咸淳四年（1268年）—景炎三年（1278年）

登基时间：德祐二年（1276年）

年号：景炎

庙号：端宗

陵寝：永福陵

父母：宋度宗赵禥、杨淑妃

关键词：惊病而亡

【赵昺小档案】

生卒年：咸淳八年（1272年）—祥兴二年（1279年）

登基时间:景炎三年(1278年)
年号:祥兴
别称:宋幼主、宋末帝、祥兴帝
陵寝:宋少帝陵
父母:宋度宗赵禥、俞修容
关键词:崖山跳海

跋

相看只有山如旧

"大江东去,浪淘尽,千古风流人物",多少年过去了,历代人物的风采,历朝青史的传名,无一不是一个时代的见证。无论是治乱兴亡的经验,还是荣辱兴衰的教训,它们都是值得我们铭记与深思的精神财富。

不知古,不能论今,亦不可鉴今。

我们今天说宋朝历史,其主要的史料来源,是一部《宋史》。在二十四史当中,合计四百九十六卷、五百万字的《宋史》以其卷帙浩繁的特点,居于二十四史之冠。

本着为前朝修史的优良传统,元朝的统治者们在灭宋之后,即刻展开了资料的搜集工作,以便编撰《宋史》。为此,董文炳一边在南宋史馆中负责整理工作,一边接收宋人所修的国史及注记。

因为朝野上下在史书的编排体例等方面存有不同意见,故修史之事一直延迟到元顺帝即位后即元末时,才正式开始。与《宋史》一同被修撰的,还有辽、金两朝的历史。风雨飘摇的时局,明显影响了《宋史》在内容上的严谨程度,但不管怎么说,这一部由丞相脱脱和阿鲁图先后主持修撰,耗时两年零七个月而成的官方正史,还是为我们保留了研究宋史的第一手资料。

有一个人物,是笔者很想在成稿之后,特别提一提的。他叫作留梦炎,本是南宋末年的一位左丞相。德祐二年(1276年),元军进犯杭州,留梦炎不仅弃官而逃,其后还率众投降,失节保命。元世祖之所以非杀文天祥不可,乃是因为留梦炎的一句"天祥出,复为号召江南义士抗元,吾辈将置于何地?"

"悠悠成败百年中,笑看柯山局未终。金马胜游成旧雨,铜驼遗恨付西风。黑头尔自夸江总,冷齿人能说褚公。龙首黄扉真一梦,梦回何面见江东。"文天祥曾写过一首讥刺留梦炎的《为或人赋》,正是这个原因,留梦炎恨透了他。

历史，其实是生着一双慧眼，长着一颗明心的。

那个名节尽丧，并为元朝招纳宋臣一事"鞠躬尽瘁"的留梦炎，虽然风光半生备受宠幸，却没有得到史家的认可。《宋史》和《元史》的编撰者，都没有给他留下属于他自己的传记。很多人，都认为他为人龌龊，是遗臭万年、堪比秦桧的小人。

如浙地有言："两浙有留梦炎，两浙之羞也。"如乾隆，也说留梦炎是"背国以降元"的叛臣。故此，明清之时，但凡浙江留姓人家参加科考，都要验明正身才能进入考场。

是啊，谁说历史总是一脸铁青，谁说历史总是冰冷无情？

正是因为历史是有温度的，人们是有情感的，所以我们才会谴责盗窃皇陵，将宋理宗的头颅做成酒器的杨琏真迦；我们才宁可相信，因触犯文字狱而被元英宗赐死的宋恭帝，也以西藏佛学大师的身份，经历了许许多多的传奇故事。

"相看只有山如旧。叹浮云、本是无心，也成苍狗。"物换星移，一千多年前宋朝似乎离我们已经很遥远，但只要我们静坐一隅，徜徉在史卷之中，也许便会惊喜地发现，那些年的悲欢岁月，都不曾走远。